MINISTÈRE

DE LA MARINE ET DES COLONIES.

DÉCRET DU 4 JUILLET 1853

PORTANT

RÈGLEMENT SUR LA POLICE

DE LA PÊCHE MARITIME CÔTIÈRE

DANS

L'ARRONDISSEMENT DE BREST,

PRÉCÉDÉ DE DOCUMENTS

CONCERNANT

LA PÊCHE ET LA DOMANIALITÉ MARITIMES.

PARIS.

IMPRIMERIE NATIONALE.

1880.

Extrait de l'édition refondue du Bulletin officiel de la Marine et des Colonies.

MINISTÈRE DE LA MARINE ET DES COLONIES.

DÉCRET DU 4 JUILLET 1853

PORTANT

RÈGLEMENT SUR LA POLICE

DE LA PÊCHE MARITIME CÔTIÈRE

DANS

L'ARRONDISSEMENT DE BREST

PRÉCÉDÉ DE DOCUMENTS

CONCERNANT

LA PÊCHE ET LA DOMANIALITÉ MARITIMES

PARIS.

IMPRIMERIE NATIONALE.

1880.

ABRÉVIATIONS.

A. M. p.....	Annales maritimes, page.
B. O. p.......	Bulletin officiel de la marine, page.
Circ.........	Circulaire.
Édit. ref......	Édition refondue du *B. O.* et des *A. M.*
J. M. ref......	Journal militaire refondu.
(**M.**)........	Mentionné sommairement dans l'édition refondue.
(**N. R.**).......	Non reproduit dans l'édition refondue.
Ord..........	Ordonnance.
(**R.**).........	Reproduit dans l'édition refondue.

PÊCHES

ET DOMANIALITÉ PUBLIQUE MARITIMES.

LOI DU 9 JANVIER 1852

SUR LA PÊCHE MARITIME CÔTIÈRE.

ACTES À CONSULTER

sur la loi du 9 janvier 1852 (Pêche maritime côtière).

1850.

13 mars 1850 (R.).

Rapport relatif à l'examen d'un projet de loi sur la pêche côtière (et projet).

25 novembre 1850 (R.).

Rapport de M. Royer-Collard, professeur à la faculté de droit de Paris, sur ce projet.

1851.

1er avril 1851 (R.). — *B. O.* p. 285.

Prétention manifestée par plusieurs concessionnaires d'établissements de pêche.

3 avril 1851 (R. R.). — *B. O.* p. 288 et 292.

Demandes en autorisation d'établissements sur le domaine public maritime.

22 juillet 1851 (R.). — *B. O.* p. 49.

Confirmation des instructions déjà données en matière de domanialité et de pêche maritimes.

13 septembre 1851 (R.). — *B. O.* p. 335.

Établissements sur le rivage de la mer. — Opinion erronée d'un commissaire de l'inscription maritime.

21 octobre 1851 (R.). — *B. O.* p. 344.

Destination donnée directement par un préfet à un agent de la marine.

20 et 31 octobre 1851 (R. R.). — *B. O.* p. 369 et 367.

Défense aux agents des douanes de se livrer à la pêche maritime.

1852.

20 janvier 1852 (R.). — *B. O.* p. 37.

Circulaire notificative portant instructions pour l'exécution de la loi du 9 janvier 1852 et pour la préparation des décrets réglementaires à intervenir.

21 février 1852 (R.). — *B. O.* p. 159-161.

Rapport et décret concernant la pêche et la domanialité publique maritimes.

12 mars 1852 (N. R.) — *B. O.* p. 273.

Tableaux des rivières affluant à la mer. — Omissions à réparer.

23 mars 1852 (R.). — *B. O.* p. 330.

Exécution du décret du 21 février 1852, en ce qui touche la détermination des limites de l'inscriptidn maritime et de la salure des eaux dans les fleuves, rivières et canaux affluant directement ou indirectement à la mer.

24 mars 1852 (**R.**). — *B. O.* p. 402.

Décret-loi disciplinaire et pénal pour la marine marchande.

Voir notamment les deux derniers paragraphes de l'article 58 de ce décret-loi pour les infractions peu graves à la loi du 9 janvier 1852, et les rapprocher de l'article 18 de cette dernière.

2 avril 1852 (**N. R.**). — *B. O.* p. 452.

Envoi de documents relatifs au travail de réglementation sur la pêche maritime côtière.

13 avril 1852 (**R.**). — *B. O.* p. 471.

Application du décret du 9 janvier 1852 sur la pêche côtière. — (Ouverture et clôture de la pêche. — Poursuites directes des commissaires de l'inscription maritime.)

27 avril 1852 (**R.**). — *B. O.* p. 500.

Nouvelles explications concernant l'application de la loi du 9 janvier 1852 sur la pêche côtière.

7 mai 1852 (**R.**). — *B. O.* p. 524.

Infraction en matière de parcs et pêcheries. — Juridiction compétente. (A rapprocher de l'article 18 de la loi du 9 janvier 1852.)

5 juin 1852 (**R.**). — *B. O.* p. 629.

Institution des prud'hommes pêcheurs de la Méditerranée.

8 juin 1852 (**R.**). — *B. O.* p. 613.

Relativement à la poursuite des infractions à la police de la pêche et de la navigation maritimes. (**Voir** article 19 de la loi.)

9 juillet 1852 (**R.**). — *B. O.* p. 33.

Exécution de la loi du 9 janvier 1852 sur la pêche côtière.

24 juillet 1852 (**R.**). — *B. O.* p. 83.

Au sujet du recouvrement des amendes et autres produits de condamnations en matière maritime, dévolus à la Caisse des invalides. — Correspondance à engager pour cet objet avec MM. les directeurs de l'enregistrement et des domaines. (**Voir** articles 15 et 23 de la loi.)

27 août 1852 (**R.**). — *B. O.* p. 218.

Indemnités aux témoins. — Avance et remboursement des frais de justice. — Recouvrement du produit d'amendes et de saisies attribué à la Caisse des invalides. (**Voir** articles 15 et 23 de la loi.)

29 octobre 1852 (**R.**). — *B. O.* p. 389.

L'autorité maritime ne doit intervenir, pour la remise et l'enregistrement des citations et des significations, qu'en matière de pêche côtière. (**Voir** article 21 de la loi.)

29 décembre 1852 (M.). — *B. O.* de 1853, 2ᵉ semestre, p. 786 à 799.

Instructions émanant de l'administration des domaines pour l'exécution des diverses lois rendues en 1852 et concernant la police de la pêche et de la navigation maritimes.

1853.

21 et 25 février 1853 (R. R.). — *B. O.* p. 150 et 157.

Fixation du point de cessation complète de la salure des eaux dans les canaux et rivières canalisées.

8 mars 1853 (R.). — *B. O.* p. 190.

Domanialité publique maritime. — Application de la loi du 21 février 1852.

8 mars 1853 (R.). — *B. O.* p. 193.

La police de la pêche maritime côtière s'exerce sur tous les étangs salés indistinctement.

19 avril 1853 (R.). — *B. O.* p. 323.

Application de l'article 14 de la loi du 9 janvier 1852. — Saisie, transport et dépôt des filets et engins de pêche prohibés.

26 avril 1853 (R.). — *B. O.* p. 329.

Droits à acquitter par les syndics des gens de mer et les gardes maritimes pour prestation de serment devant les tribunaux de 1ʳᵉ instance. — (**Voir** article 20 de la loi du 9 janvier 1852.)

28 avril 1853 (R.). — *B. O.* p. 334.

Exercice de la pêche par les bateaux de plaisance. — Caractère des dépêches ministérielles. — Observations.

19 mai 1853 (R.). — *B. O.* de 1854, 1ᵉʳ semestre, p. 222.

Au sujet de la mise en ferme de la pêche dans les anses de Saint-Nicolas et de Saint-Jean, à Marseille.

8 juin 1853 (R.). — *B. O.* p. 526.

Pêche côtière. — Contraventions. — Adoption d'un modèle de procès-verbal spécial.

4 juillet 1853 (R.). — *B. O.* p. 33 à 404.

Circulaire d'envoi, rapport et décrets portant règlement sur la pêche maritime côtière dans les quatre premiers arrondissements maritimes.

26 octobre 1853 (M.). — *B. O.* p. 786.

Instructions émanant de l'administration des domaines pour l'exécution des diverses lois rendues en 1852 et concernant la police de la pêche et de la navigation maritimes. (*Remplacées par instructions du 20 septembre 1875*, notifiées le 13 mars 1876.)

3 novembre 1853 (R.). — *B. O.* p. 801.

Prestation de serment des prud'hommes pêcheurs, des gardes-jurés de la marine et des gendarmes de la marine. — Dispense du droit d'enregistrement.

1854.

3 janvier 1854 (R.). — B. O. p. 224.

Au sujet de la mise en ferme de la pêche dans les anses de Saint-Nicolas et de Saint-Jean, à Marseille.

31 janvier 1854 (R.). — B. O. p. 72.

Les dépenses restées à la charge de l'État, et résultant de poursuites en matière de police de la navigation ou de pêches maritimes, sont supportées par le département de la justice.

21 février 1854 (R.). — B. O. p. 221.

Adhésion du ministre de la guerre à l'entière application du principe de la liberté de la pêche maritime et à l'exercice exclusif de la police de cette pêche par le département de la marine.

21 février 1854 (R.). — B. O. p. 227.

Application du décret du 4 juillet 1853. — Récolte de goémon.

21 février 1854 (R.). — B. O. p. 228.

Police et surveillance de la pêche.

4 avril 1854 (R.). — B. O. p. 443.

Parcs et pêcheries. — Les détenteurs de pêcheries supprimées, qui ne se conforment pas aux prescriptions des arrêtés de suppression, sont passibles des peines édictées par les articles 2 et 5 de la loi du 9 janvier 1852.

5 mai 1854 (R.). — B. O. p. 558.

Infractions en matière de pêche côtière. — Récidive. — Application de l'article 11 de la loi du 9 janvier 1852. — Distinctions entre la grâce et l'amnistie.

21 novembre 1854 (R.). — B. O. de 1855, p. 4.

Rapport du ministre à l'Empereur concernant les pêcheries sédentaires et temporaires.

1855.

10 janvier 1855 (R.). — B. O. p. 3.

Notification d'un rapport à l'Empereur concernant les pêcheries sédentaires et temporaires.

19 janvier 1855 (R.). — B. O. p. 53.

Police de la pêche maritime côtière. — Compétence exclusive de l'autorité maritime et de la juridiction ordinaire. — Pêcheries. (**Voir** l'article 18 de la loi du 9 janvier 1852.)

19 janvier 1855 (R.). — B. O. p. 58.

Surveillance de la pêche côtière. — Les infractions peuvent être reconnues au moyen d'une longue-vue.

30 janvier 1855 (N. A.). — B. O. p. 63.

Les extractions ou l'exploitation, *en mer* ou *sur le rivage*, de produits de toute sorte, peuvent être considérées comme exploitation d'amendements marins. (*Circulaire non reproduite dans l'édition refondue du B. O.* par suite de modifications ultérieures.)

6 avril 1855 (R.). — *B. O.* p. 175.

Amendements et produits marins. — Définition du mot règlement employé dans l'article 9 de la loi du 9 janvier 1852.

Corrélation des titres du décret du 4 juillet 1853 avec les diverses catégories mentionnées dans l'article 3 de la loi du 9 janvier 1852.

7 avril 1855 (R.). — *B. O.* p. 180.

Pêcheries. — Établissements huîtriers. — Défense, en ce qui les concerne, de les vendre, louer ou transmettre. — Moyens judiciaire et administratif d'assurer l'exécution de cette disposition.

Corrélation des titres des décrets du 4 juillet 1853 avec les diverses catégories de l'article 3 de la loi du 9 janvier 1852.

7 avril 1855 (R.). — *B. O.* p. 185.

Correspondance officielle concernant la pêche. — Mesures d'ordre pour son élaboration.

12 juin 1855 (R.). — *B. O.* p. 339.

Pêcheries. — Définition des chaudières et instruments sédentaires autorisés pour la pêche des chevrettes. — La pêche du poisson assimilé au frai ou de dimension non réglementaire doit, en tout état de choses, être qualifiée délit.

18 août 1855 (R.). — *B. O.* p. 755.

Pêcheries. — Pouvoir discrétionnaire du ministre. — Établissements détenus par plusieurs individus. — Manière de procéder en cas de contravention et d'éviction.

(Voir l'article 12 de la loi du 9 janvier 1852.)

1856.

12 février 1856 (R.). — *B. O.* p. 283.

Arrêt de la Cour de cassation, annexé à la circulaire du 14 mars 1856, confirmant la prohibition de l'emploi des guideaux.

19 février 1856 (R.). — *B. O.* p. 113.

Un engin ou instrument employé en dehors des conditions déterminées devient un engin ou instrument prohibé, dont l'usage doit être réprimé par les articles 7 et 14 de la loi du 9 janvier 1852.

Corrélation des titres des décrets du 4 juillet 1853 avec les diverses catégories de l'article 3 de la loi du 9 janvier 1852.

12 mars 1856 (R.). — *B. O.* p. 173.

Application des articles 8 et 11 de la loi du 9 janvier 1852.

12 mars 1856 (R.). — *B. O.* de 1858, p. 290.

Arrêt de la Cour de cassation (*Chambre des requêtes*) annexé à la circulaire du 4 mai 1858 (*B. O.* p. 289).

14 mars 1856 (R.). — *B. O.* p. 281.

Confirmation de la prohibition de l'emploi des guideaux.

10 avril 1856 (R.). — *B. O.* p. 453.

Arrêt de la Cour de cassation, annexé à la circulaire du 9 mai 1856 (*B. O.* p. 452). — Pêche de poissons de dimension non réglementaire.

9 mai 1856 (R.). — *B. O.* p. 452.

La pêche de poissons de dimension non réglementaire constitue un délit, quand bien même ces poissons seraient sans valeur et non susceptibles d'arriver à une croissance de 81 millimètres.

9 mai 1856 (R.). — *B. O.* p. 454.

Un engin ou instrument de pêche employé en dehors des conditions déterminées devient un engin ou instrument prohibé dont l'usage doit être réprimé par les articles 7 et 14 de la loi du 9 janvier 1852.

L'action publique une fois mise en mouvement, il n'appartient pas aux officiers du ministère public d'en suspendre ou d'en arrêter les effets.

9 juin 1856 (R.). — *B. O.* p. 1255 et 1277.

Affaire Messager. — Observations tendant au rejet du pourvoi. (Lettre au procureur général de la Cour de cassation.)

Rapport de M. Legagneur, conseiller à la Cour de cassation, sur le pourvoi du sieur Messager.

19 juillet 1856 (R.). — *B. O.* p. 1294.

Arrêt de la Cour de cassation : Affaire Messager.

19 septembre 1856 (R.). — *B. O.* p. 875.

Réprimer, autant que possible, les infractions à la loi et aux règlements concernant la pêche côtière, au moyen des dispositions contenues dans l'article 58 du décret-loi du 24 mars 1852. (**Voir** l'article 18 de la loi du 9 janvier 1852.)

24-25 septembre 1856 (R.). — *B. O.* p. 1133.

Arrêté du ministre de la guerre portant règlement sur la pêche maritime côtière en Algérie.

23 décembre 1856 (R.). — *B. O.* p. 1252.

Circulaire faisant envoi de l'arrêt du 19 juillet 1856. — Pêche maritime côtière. — Exécution de la loi du 9 janvier 1852 et des décrets du 4 juillet 1853.

Suppression des pêcheries non autorisées par le ministre de la marine.

1857.

17 mars 1857 (R.). — *B. O.* p. 190.

Affirmation des procès-verbaux de la gendarmerie maritime. (**Voir** les articles 17 et 20 de la loi du 9 janvier 1852.)

23 juillet 1857 (R.). — *B. O.* p. 704.

Arrêt de la Cour de cassation, annexé à la circulaire du 14 août 1857 (*B. O.* p. 703).

14 août 1857 (R.). — *B. O.* p. 703.

Corrélation des titres des décrets du 4 juillet 1853 avec les catégories de l'article 3 de la loi du 9 janvier 1852.

28 août-22 septembre 1857 (R.). — *B. O.* p. 792 et 793.

Notification d'un arrêt de la Cour de cassation, du 28 août 1857, en matière de récolte de goémon de rive.

29 décembre 1857 (R.). — *B. O.* de 1858, p. 303.

Arrêt de cassation annexé à la circulaire du 4 mai 1858 (*B. O.* p. 289).

1858.

15 janvier 1858 (N. R.). — *B. O.* p. 12.

Nouvelles dispositions relatives à l'exploitation ou aux extractions de produits quelconques sur le rivage de la mer et sur les fonds sous-marins.

(**Voir** arrêté et circulaire des 2 et 27 décembre 1875, *B. O.* p. 695-696.)

4 mai 1858 (R.). — *B. O.* p. 289 à 310.

Pêche côtière. — Exécution de la loi du 9 janvier 1852 et des décrets du 4 juillet 1853. — Arrêts de la Cour de cassation consacrant à nouveau le principe de la séparation des pouvoirs administratif et judiciaire.

Annexe A. — Arrêt de la chambre des requêtes, du 12 mars 1856.

Annexe B. — Arrêt de la chambre civile, du 29 décembre 1857.

1859.

18 janvier 1859 (R.) et 17 juin 1859 (R.). — *B. O.* p. 332 et 330.

Achat de poisson frais de pêche étrangère.

19 novembre 1859 (R.). — *B. O.* p. 379.

Décret sur la police de la pêche maritime côtière dans le 5ᵉ arrondissement maritime.

25 novembre 1859 (R.). — *B. O.* p. 453.

Application de l'article 14 de la loi du 9 janvier 1852, en ce qui concerne la saisie et la destruction des filets et engins de pêche prohibés.

27 novembre 1859 (R.). — *B. O.* p. 479.

Décret qui attribue aux syndics des gens de mer, gardes maritimes et gendarmes de la marine, le droit de constater les délits de pêche commis entre le point de cessation de la salure des eaux et les limites de l'inscription maritime.

6 décembre 1859 (R. R.). — *B. O.* p. 476 et 483.

Circulaires notificatives du décret du 27 novembre 1859, qui attribue aux syndics des gens de mer, gardes maritimes et gendarmes de la marine, le droit de constater les délits de pêche commis entre le point de cessation de la salure des eaux et les limites de l'inscription maritime.

1860.

6 décembre 1860 (R.). — *B. O.* de 1861, p. 238.

Arrêt de la Cour de cassation, annexé à la circulaire du 23 mars 1861.

1861.

19 février 1861 (R.). — *B. O.* p. 241.

Arrêt de la Cour de Toulouse, annexé à la circulaire du 23 mars 1861.

23 mars 1861 (R.). — *B. O.* p. 237.

Pêcheries. — Étangs salés. — Arrêts rendus par la Cour de cassation et par la Cour impériale de Toulouse.

3 juin 1861 (R.). — *B. O.* p. 396.

Application de l'article 14 de la loi du 9 janvier 1852.

Dispositions à observer à l'égard des filets et instruments prohibés seulement d'une façon relative.

1862.

7 mai 1862 (R.). — *B. O.* p. 454.

Décret portant création de chefs de division sur le littoral de l'empire.

10 mai 1862 (R.). — *B. O.* p. 443.

Rapport suivi d'un décret sur la réglementation de la pêche côtière dans les cinq arrondissements maritimes.

12 mai 1862 (R.). — *B. O.* p. 449.

Circulaire notificative du décret du 10 mai 1852 sur le régime de la pêche côtière.

1864.

26 mars 1864 (R.). — *B. O.* p. 222.

Exercice du droit de discipline en matière de contraventions aux règlements sur la pêche côtière.

18 mai 1864 (R.). — *B. O.* 2e semestre, p. 37.

Arrêt de la Cour de Rennes, notifié par circulaire du 22 juillet 1864.

10 juillet 1864 (R.). — *B. O.* p. 4.

Décret autorisant les habitants de la commune de la Tour-du-Parc à prendre part à la récolte des goémons de rive sur le territoire de la commune de Sarzeau (articles 3 de la loi du 9 janvier 1852 et 110 du décret du 4 juillet 1853, 3e arrondissement).

22 juillet 1864 (R.). — *B. O.* p. 37.

Incompétence des gendarmes départementaux pour constater les contraventions au décret-loi du 19 mars 1852. — Notification d'un arrêt de la Cour impériale de Rennes, du 18 mai 1864. (**Voir** articles 16, 17 et 20 de la loi du 9 janvier 1852.)

23 septembre 1864 (R.). — *B. O.* p. 179.

Le droit de réglementer la chasse des oiseaux de mer sur les étangs salés appartient aux préfets maritimes.

24 octobre 1864 (R.). — *B. O.* p. 253.

Les agents qui constatent des contraventions en matière de police de la navigation et de pêche maritime côtière n'ont jamais droit qu'au cinquième de l'amende totale prononcée par un même jugement contre le délinquant, ou à 25 francs si le cinquième de l'amende excède cette somme. (**Voir** article 15 de la loi du 9 janvier 1852.)

1865.

31 mai 1865 (R.). — *B. O.* p. 320.

Loi relative à la pêche.

17 juin 1865 (R.). — *B. O.* p. 338.

Décret autorisant les détenteurs d'établissements de pêche à se former en associations.

1866.

5 septembre 1866 (R.). — *B. O.* p. 259.

Correspondance. — Pêche et domanialité. — Une lettre par affaire.

7 novembre 1866 (M.). — Document n° 5214.

Règlement général sur : 1°. . . . 2°. . . . 3°. . . . et 4° *Les pêches maritimes.* (**Voir** Livre V.)

1867.

16 août 1867 (R.) — *B. O.* p. 131.

La confiscation du poisson ou du coquillage saisi doit être prononcée par les tribunaux. (**Voir** l'article 14 de la loi du 9 janvier 1852.)

16 août 1867 (R.). — *B. O.* p. 132.

Récolte des algues épaves dans les étangs de Berre et de Bolmont.

1868.

8-12 février 1868 (R.). — *B. O.* p. 134.

Rapport, décret et circulaire réglementant à nouveau la récolte des herbes marines dans la Manche et dans l'Océan.

1869.

12-29 mai et 26 juin 1869 (R.). — *B. O.* p. 510 à 513.

Réquisitoire du procureur général à la Cour de cassation.

Arrêt de la Cour de cassation. — Notification de cet arrêt, qui confirme le principe de la liberté et de la gratuité de la pêche maritime.

1872.

14 août 1872 (R.). — *B. O.* p. 167.

Décret concernant le transport des huîtres dans la rade de Brest.

1873.

31 mars-2 avril 1873 (R.). — *B. O.* p. 344 et 345.

Récolte des goémons de rive. — Décret et circulaire notificative.

17-24 avril 1873 (R.). — *B. O.* p. 451.

Arrêté des ministres des finances et de la marine et des colonies. — Circulaire notificative de cet arrêté.

Exécution de la loi de finances du 20 décembre 1872.

Accord intervenu entre les départements de la marine et des finances, quant à la redevance à laquelle les détenteurs, non marins, d'établissements de pêche seront désormais soumis.

1875.

20 septembre 1875. — *B. O.* de 1876, 1er semestre p. 409.

Instruction concernant le service des amendes et condamnations pécuniaires (faisant suite à la circulaire du 13 mars 1876). — (**Voir** l'article 23 de la loi du 9 janvier 1852.)

2 décembre 1875. — *B. O.* p. 696.

Arrêté concernant les extractions, sur le rivage de la mer, des sables, pierres et autres matières non considérées comme amendements marins.

27 décembre 1875. — *B. O.* p. 695.

Circulaire notificative de l'arrêté du 2 décembre 1875 au sujet des extractions de matériaux sur le rivage de la mer.

1876.

13 mars 1876. — *B. O.* p. 407.

Notification d'une instruction du 20 septembre 1875 concernant le service des amendes et condamnations pécuniaires.

Vente des poissons, coquillages et objets saisis.

Recouvrement des sommes dues par les marins de l'État et par les marins du commerce.

(**Voir** l'article 23 de la loi du 9 janvier 1852.)

10 mai 1876. — *B. O.* p. 1024.

Arrêté relatif aux extractions, sur le rivage de la mer, des sables coquilliers et des autres matières constituant des amendements marins.

12 mai 1876. — *B. O.* p. 1032.

Arrêté concernant les concessions temporaires de terrains maritimes pour l'exploitation d'établissements de pêche.

10 juin 1876. — *B. O.* p. 1027.

Parcs et pêcheries. — Exécution de la loi de finances du 20 décembre 1872.

Notification d'un arrêt du 12 mai 1876 (*B. O.* p. 1032), intervenu entre les départements des finances et de la marine, et qui modifie celui du 17 avril 1873 (*B. O.* p. 451).

Franchise entre les fonctionnaires de la marine et les directeurs des domaines.

10 juin 1876. — *B. O.* p. 1023.

Extraction d'amendements marins.

3 août 1876. — *B. O.* p. 322.

Arrêt de la Cour d'appel de Rouen, annexe à la circulaire du 8 septembre 1876.

8 septembre 1876. — *B. O.* p. 319.

Un instrument ou engin employé en dehors des conditions déterminées devient un engin ou instrument prohibé dont l'usage doit être réprimé par les articles 7 et 14 de la loi du 9 janvier 1852.

Relativement à la remise aux délinquants des engins prohibés seulement d'une façon relative.

8 novembre et 7 décembre 1876. — *Journal officiel* du 7 décembre 1876, p. 9076 et suivantes.

Rapport au ministre, signé de Bon, commissaire général de la marine et directeur des services administratifs. — Statistique des pêches maritimes pour l'année 1875.

26 décembre 1876. — *B. O.* p. 795.

Relativement à la vente des poissons et des coquillages saisis pour contraventions en matière de pêche côtière.

29 décembre 1876-22 janvier 1877. — *Journal officiel* du 22 janvier 1877 et jours suivants, p. 459 et suivantes.

Rapport au ministre, signé Bouchon-Brandely, secrétaire du Collège de France, relatif à l'ostréiculture sur le littoral de la Manche et de l'Océan.

1877.

3 mars 1877. — *B. O.* p. 244.

Les officiers-mariniers qui ont constaté des délits de pêche ont droit à la portion des amendes et confiscations qui est dévolue à l'agent verbalisateur (articles 15 et 16 de la loi du 9 janvier 1852).

11 mai 1877. — *B. O.* p. 576.

Les inspecteurs des pêches ont droit à la portion des amendes et confiscations qui est dévolue à l'agent verbalisateur (articles 15 et 16 de la loi du 9 janvier 1852).

1878.

7-10 octobre 1878. — *Journal officiel* du 10 octobre 1878, p. 9666 et suivantes.

Rapport au ministre, signé Cousin, commissaire général de la marine, directeur des services administratifs au ministère de la marine. — Statistique des pêches maritimes pour l'année 1877.

1879.

16 août 1879. — *Journal officiel* du 21 août 1879, p. 8659 et suivantes.

Rapport (1) sur la statistique des pêches maritimes pendant l'année 1878.

13 août 1879. — *B. O.* p. 187-188.

Rapport et décret portant extension de l'une des zones dans lesquelles la création de pêcheries à poissons pourra être autorisée (*quartier des Sables-d'Olonne, commune de la Tranche*).

RAPPORT

de la Commission instituée par décision ministérielle du 25 juin 1849, pour l'examen d'un projet de loi sur la pêche maritime côtière. (*Loi du 9 janvier 1852* (**R.**).

Du 13 mars 1850 (**2**).

Monsieur le Ministre,

Avant d'entrer dans les détails du projet de loi sur la pêche côtière dont l'examen lui avait été confié, la Commission a dû se demander dans quelles limites et à quelles personnes cette loi pourrait être applicable.

Bien que l'étude à laquelle la Commission s'est livrée l'ait promptement amenée à reconnaître que ces questions ne sauraient être résolues par le projet de loi, il ne lui en a pas moins paru nécessaire d'exposer les motifs sur lesquels s'appuie son opinion à cet égard, et d'émettre un avis qui pourra tout à la fois faciliter l'application de la loi et jeter peut-être quelque jour sur les questions dont il s'agit.

La première de ces questions préliminaires est relative à l'étendue de la *mer territoriale*, par rapport à l'exercice de la pêche; la seconde concerne les pêcheurs étrangers qui pratiquent cette industrie près des côtes de France.

Liberté des mers.

Il est universellement admis aujourd'hui que, par sa nature, la mer ne saurait devenir la propriété de qui que ce soit, homme ou nation (**3**).

Ce principe souffre, toutefois, des exceptions qui s'appliquent aux ports et aux rades, aux golfes et aux baies, aux mers fermées (**4**), et enfin aux parties

---

(1) Les rapports sur la statistique annuelle des pêches sont également publiés dans la *Revue maritime et coloniale*.

(2) Transmis aux autorités maritimes par la circulaire du 2 avril 1852 (**N. R.**) (*B. O.* p. 452).

(3) Ce principe, péremptoirement établi par Grotius dans son ouvrage publié en 1609, sous le titre de *Mare liberum*, a pourtant prêté depuis lors à la controverse; mais en vain certains auteurs, notamment Selden, dans son livre de *Mare clausum*, écrit en 1635, se sont-ils efforcés de le détruire. Le droit naturel et la nécessité ont triomphé de ces attaques.

(4) Les ports et les rades, les golfes, les baies et les mers fermées sont considérés comme la propriété de l'État qui possède le territoire adjacent. Le Code civil, dans son article 538, emprunté à l'article 2 de la loi du 22 novembre - 1er décembre 1790, compte dans le territoire

de la mer qui baignent les côtes, les avoisinent immédiatement, et sont désignées par les publicistes sous le nom de *mer territoriale*.

Mer territoriale.

Les droits de souveraineté et de propriété exercés sur la mer territoriale par les nations maîtresses des côtes adjacentes peuvent-ils avoir pour conséquence l'interdiction aux autres peuples d'y naviguer et d'y pêcher?

Le plus grand nombre des publicistes sont d'accord sur ce point, que la mer territoriale est la propriété des nations souveraines des rivages adjacents; qu'elles jouissent, en conséquence, dans cet espace, de tous les droits de la souveraineté, sans exception, comme s'il s'agissait de leur territoire même.

De ce principe il résulte que la mer territoriale peut être fermée aux navigateurs et aux pêcheurs étrangers. Mais il faut reconnaître que si un droit aussi absolu existe en principe, dans la pratique il n'est pas généralement exercé dans toute sa rigueur.

En fait, le pouvoir particulier reconnu à toutes les nations sur cet espace dérive du soin de leur propre sûreté et de la défense des intérêts publics. C'est ainsi que chaque État jouit du droit de faire les règlements et les lois nécessaires, à son avis, pour atteindre ce but, et emploie la force publique afin d'en assurer l'exécution. En un mot, les nations n'exercent sur la mer territoriale qu'un droit d'empire et non de propriété, un pouvoir de législation, de surveillance et de juridiction.

Quant à la pêche, à moins que des traités internationaux ne la prohibent, l'usage le plus communément suivi en permet l'exercice à tous, sans distinction d'origine, dans la mer territoriale comme dans la haute mer, sous la seule réserve de se soumettre aux règlements établis par les nations souveraines des côtes adjacentes aux *mers territoriales*.

Ce principe souffre toutefois une exception, relativement à la récolte de certaines productions, de certains coquillages, qui demeurent la propriété exclusive des habitants des côtes près desquelles on les rencontre. En effet, d'une part, ces productions, telles que les perles, l'ambre, le corail; ces coquillages, tels que les moules et les huîtres, ne sont pas inépuisables : ils ne sauraient suffire à une exploitation libre et commune; de l'autre part, ils exigent des soins, des travaux, que les riverains seuls sont à même de leur consacrer. On a dû, dès lors, considérer les parties de la mer territoriale où ils croissent comme un champ cultivé par les peuples du littoral voisin et leur en abandonner la propriété exclusive. C'est un bienfait accordé à ces peuples par la nature, et il eût été injuste de les en dépouiller.

Mais la faculté de pêcher le poisson dans la mer territoriale tout comme dans la haute mer, sous les réserves ci-dessus énoncées, peut être restreinte par des traités internationaux, qui n'engagent toutefois que les parties contractantes.

Au nombre des actes de cette nature intervenus jusqu'à ce jour figurent :

(*Suite.*)

français, les rivages, les lais et relais de la mer, les ports, les havres et les rades. Toutefois, les golfes et baies ne sont rangés dans cette catégorie que lorsque l'entrée n'en excède pas la double portée du canon, ou, en d'autres termes, quand elle peut être défendue par l'artillerie de terre. On entend par mers fermées celles qui, enclavées dans le territoire d'une seule nation, ne peuvent servir de moyen de commerce qu'aux citoyens de cette nation, et ne communiquent avec l'Océan que par un détroit assez resserré pour être défendu dans toute sa largeur par l'artillerie des côtes.

1° Le traité conclu, en 1456, entre Henri IX et Philippe, archiduc d'Autriche, relativement à la pêche dans la mer d'Allemagne;

2° Le traité souscrit, en 1654, par Cromwell, entre les Anglais et les Hollandais, portant que les Hollandais ne pourraient se livrer à la pêche qu'à dix lieues des côtes de la Grande-Bretagne;

3° Les stipulations du traité d'Utrecht, du traité du 3 novembre 1762, entre l'Angleterre, la France et l'Espagne, et des traités d'Amiens, du 27 mars 1802, relatives aux pêcheries sur les côtes de Terre-Neuve, des îles adjacentes et dans le golfe de Saint-Laurent;

4° Enfin, la convention stipulée à Paris, le 2 août 1839 (R.), entre la France et l'Angleterre, d'après laquelle les droits de pêche ont été limités sur les côtes des deux pays, convention suivie d'un règlement général du 23 juin 1846 (R.), relatif à la même matière, et d'une loi rendue à cette dernière date pour sanctionner, en France, le règlement dont il s'agit.

En résumé, le droit de navigation et de pêche dans la mer territoriale appartient sans doute exclusivement aux nations maîtresses des côtes adjacentes; mais il est généralement d'usage qu'en l'absence de traités internationaux sur la matière, ce droit soit restreint aux mesures de police nécessaires à la sûreté de l'État et à la défense des intérêts publics dont la garde lui est confiée.

Tel est l'usage pratiqué partout où des traités internationaux ne le modifient pas, et notamment dans la Méditerranée, sur le littoral français comme sur les côtes de Naples, de la Toscane et des États-Sardes.

On remarque toutefois une déviation à ce principe:

1° Dans l'ukase de l'empereur de Russie, du 16 septembre 1821 (1), sur les limites maritimes de l'Amérique russe, des îles Aleutiennes et de la côte orientale de la Sibérie;

2° Dans une ordonnance du roi de Danemark, du 26 mars 1751, en ce qui concerne le Groënland (2);

3° Dans diverses ordonnances relatives aux mers d'Islande (3).

Mais ces actes, d'une légitimité contestable sous certains rapports, ne sauraient infirmer la règle généralement admise par les autres nations.

Il résulterait donc de ce qui précède que le projet de loi concernant la pêche maritime côtière serait applicable à tous les pêcheurs nationaux ou étrangers qui se livreraient à leur industrie dans l'étendue de la mer territoriale. Mais la loi devait-elle le déclarer? La Commission ne l'a pas pensé; car c'eût été, en quelque sorte, reconnaître le droit de ceux-là mêmes qui ne nous accorderaient pas un droit semblable. C'est au droit des gens à trancher et à régler la question de réciprocité. La loi qui nous était soumise est une loi pénale, *une loi de police*:

---

(1) «Art. 1er. Il n'est permis qu'aux sujets russes de se livrer au commerce, à la pêche de la baleine et autres poissons, et à toute branche quelconque d'industrie, dans les îles, ports et golfes, en général, le long des côtes N. O. de l'Amérique, à commencer du détroit de Behring jusqu'au 51e degré de latitude nord, ainsi que le long des îles Aleutiennes, et sur la côte orientale de la Sibérie et des îles Kouriles, savoir: du détroit de Behring jusqu'au cap sud de l'île Ouroop nommément, jusqu'au 45e degré 41′ latitude nord.

«Art. 2. Il est, en conséquence, défendu à tous bâtiments étrangers d'aborder aux établissements russes désignés dans le paragraphe précédent, et de s'en approcher à une distance moindre de *cent milles italiens*. Tout contrevenant perdra sa cargaison.»

(2) Cette ordonnance fixe à quinze lieues l'étendue de la mer réservée.

(3) Par ces ordonnances, l'étendue de mer réservée est fixée à quatre milles (*Mercure historique*, 1741, p. 693, tome Ier).

elle sera applicable, à ce titre, à tous ceux auxquels le Gouvernement ne refusera pas l'exercice du droit de pêche. Mais cette loi ne devait pas aller au delà ; elle ne pouvait pas *elle-même reconnaître ce droit à tous*, sous peine de désarmer d'avance le Gouvernement contre les nations qui n'accepteraient pas l'application des principes que nous avons rappelés relativement aux mers territoriales.

Cette question résolue, la Commission a dû examiner également s'il était utile de déterminer dans ce projet de loi les limites de la mer territoriale.

Si les auteurs sont d'accord sur le droit de souveraineté attribué, relativement à la mer territoriale, à la puissance qui possède le rivage, il n'en est point ainsi quant à l'étendue de cette mer.

Les anciens sont enclins généralement à porter très loin les limites du territoire maritime. Baldus, Bodin et Le Torga fixent ces limites à soixante milles, Loccenius à deux journées de chemin de la rive; un grand nombre d'écrivains, dont l'opinion a prévalu dans le siècle dernier, assignent même à cette étendue cent milles de distance (1).

Valin, dans son Commentaire sur l'ordonnance de la marine de 1681, combat cette doctrine, et propose de prendre pour borne de la mer territoriale le point où la sonde cesse d'atteindre le fond; mais, reconnaissant l'insuffisance de ce procédé sur certaines côtes, il conseille d'y substituer la portée du canon.

Galliani, Hubner, Vatel, Binkershoek, Azuni, Kluber, partagent cette dernière opinion, qui a été adoptée par l'impératrice de Russie dans son règlement sur les corsaires, du 13 décembre 1787; par le grand-duc de Toscane, le 1er août 1778; par la république de Gênes, dans deux manifestes, dont l'un porte la date du 1er juillet 1779, et par la république de Venise, dans un manifeste du 9 septembre de la même année (2).

La majeure partie des auteurs qui depuis lors ont écrit sur le droit international considèrent la portée du canon comme la seule limite rationnelle de la mer territoriale; mais, jusqu'à ce que les peuples se soient entendus pour déterminer cette limite d'une manière exacte, elle restera livrée à l'arbitraire des parties intéressées.

Dans cet état de choses, la Commission a pensé qu'il ne convenait pas de fixer la limite où l'action du projet de loi cesserait de se faire sentir. Il lui a paru préférable, en effet, de laisser à cette limite un caractère variable, suivant les circonstances, de telle sorte qu'il fût toujours possible d'établir, sous ce rapport, une juste réciprocité entre la France et les nations sur les rivages desquelles nos pêcheurs pourraient vouloir exercer leur industrie, et de conclure librement, sans avoir à modifier la loi, des traités internationaux déterminant des limites conventionnelles.

Elle s'est fortifiée dans cette opinion par la lecture :

1° De la loi qui régit actuellement la pêche dans le royaume de Naples, laquelle dispose, articles 4, 5, 24 et 35, que les règlements sur la matière doivent être observés dans le golfe connu sous le nom de cratère de Naples, du cap Misène à la pointe de Campanella, mais elle se tait en ce qui concerne les autres mers voisines du même royaume;

2° De la loi de Toscane du 22 décembre 1822, déclarée, en termes indéfinis, applicable aux mers *Toscanes ;*

---

(1) Diplôme du roi Jacques d'Aragon en faveur de la ville de Cagliari en Sardaigne, daté de Barcelone, le 23 août 1727 (*Azuni*).

(2) Azuni, p. 59.

3° Des règlements de pêche applicables dans les États Sardes, qui sont rendus exécutoires jusqu'à la distance de quinze milles des côtes (1).

En présence de prescriptions si diverses, et qui s'écartent plus ou moins de la limite de la mer territoriale fixée par la convention du 2 août 1839 entre la France et l'Angleterre (3 milles de la laisse de basse mer), il n'y eût pas eu de prudence à déterminer dans le projet de loi l'étendue de la zone maritime où son action se fera sentir.

Mais, en dehors de la faculté laissée au marin étranger de venir pêcher dans la mer territoriale de France, il y a la faculté de la défense de venir vendre le produit de sa pêche dans un port français, et c'est sous ce point de vue que la question a une véritable importance, surtout pour la Méditerranée.

Marins étrangers pêchant sur les côtes de la Méditerranée.

La position des marins étrangers qui se livrent à la pêche sur les côtes françaises dans cette mer a été réglée législativement, en dernier lieu, par la loi du 8-12 décembre 1790 (**N. R.**), *Recueil des lois de la marine*, tome Ier, p. 204.

Ces étrangers font à nos nationaux une concurrence qui, dès 1814, a soulevé des questions graves et délicates, dont la solution, chaque jour plus désirable, présente des difficultés sérieuses.

La loi précitée porte :

« Art. 2. Les pêcheurs catalans continueront à jouir, d'après les conventions « subsistantes entre la France et l'Espagne (2), de la faculté de pêcher sur les « côtes de France et de vendre leur poisson dans les ports où ils aborderont, « en se conformant aux lois et règlements qui régissent les pêcheurs nationaux ; « en conséquence, lesdits pêcheurs catalans et autres étrangers domiciliés ou « stationnaires (3) à Marseille et sur les côtes de Provence seront soumis, comme « les nationaux, à la juridiction des prud'homies où il y en a d'établies, et « obligés de se faire inscrire au bureau des classes, où il leur sera délivré un « rôle d'équipage contenant le nombre d'hommes dont sera armé chaque bateau « pêcheur, ceux sous pavillon français pouvant être composés par moitié d'é- « trangers, et ceux sous pavillon d'Espagne pouvant aussi être composés par « moitié de Français.

« Art. 3. Sont également soumis les pêcheurs catalans *et autres étrangers*,

---

(1) La Commission appelée à préparer ce règlement adopta, à l'unanimité, la fixation de la limite qu'il présente, après avoir établi que l'application du principe napolitain au golfe de Gênes, par une ligne tirée de la Magra aux Bouches du Var, donnerait au territoire maritime des centaines de milles de largeur.

(2) Traité du 15 août 1761, dit *Pacte de famille*. Arrêt du conseil du 20 mars 1786.

Nota. — Les dispositions de ce Traité, concernant la pêche et la navigation, ont été abrogées par l'article 9 de la *Convention de commerce* conclue, le 8 décembre 1877, entre la France et l'Espagne, et promulguée le 29 mars 1878 (*Journal officiel* du 30 mars, p. 3641).

« Art. 9, ainsi conçu : — Sont et demeurent abrogés les articles relatifs au commerce et à la na- « vigation des anciens traités conclus entre la France et l'Espagne, et l'article 2 additionnel au « Traité signé le 20 juillet 1814. »

(3) On entend par *stationnaires* les étrangers qui viennent, chaque année, sur nos côtes avec leurs bateaux, leurs engins, leurs filets, etc. etc., pour profiter des saisons avantageuses à la pêche. Cette catégorie d'étrangers a été signalée comme employant des filets prohibés et cherchant à s'écarter des règlements. Valin, dans ses Commentaires de l'ordonnance de 1681, rappelle que les Catalans s'étant refusés, il y a plus d'un siècle, à reconnaître la juridiction des prud'hommes de Marseille et à contribuer aux charges des pêcheurs, il fallut un arrêt du conseil du Roi, rendu le 16 mars 1738, pour les y contraindre.

« comme les nationaux, au payement de la contribution dite de *la demi-part*,
« lorsqu'ils viendront vendre leur poisson dans les marchés français.

. . . .

« Art. 8. La parité de charges et d'obligations entre les nationaux et les Ca-
« talans assurant aux uns comme aux autres une parité de droit dans l'exercice
« de leur profession, les pêcheurs catalans domiciliés à Marseille jouiront en
« commun, pour l'étendage de leurs filets, des terrains appartenant à la com-
« munauté des pêcheurs, seront appelés à ses assemblées et délibérations, et pour-
« ront être élus prud'hommes aux mêmes titres et conditions que les nationaux.

. . . .

« Art. 8. Le Roi sera prié de donner ses ordres au ministre des affaires étran-
« gères pour concerter avec la cour d'Espagne les moyens d'attacher au service
« de l'une ou de l'autre nation les gens de mer français et espagnols domiciliés
« ou stationnaires sur les côtes de France et d'Espagne. »

Il est à remarquer que les stipulations du Pacte de famille (art. 24 et 25) s'appliquent aux Napolitains et Siciliens comme aux Catalans. La loi du 12 décembre 1790 n'avait donc en vue que les pêcheurs napolitains et siciliens, en faveur desquels il existait un droit antérieur, en ajoutant aux Catalans les mots *et autres étrangers*. Quelle que soit la solidité de cette interprétation, les termes peu précis, il faut le dire, de la loi de 1790 ont prêté à des doutes sur son véritable esprit, de sorte que l'on n'a pas cru devoir restreindre aux seuls pêcheurs étrangers qu'elle concerne réellement le bénéfice de ses dispositions. Il est résulté de cette regrettable tolérance que les marins de tous les pays baignés par la Méditerranée jouissent actuellement à Marseille des mêmes privilèges que les Catalans, les Napolitains et les Siciliens.

Parmi ces pêcheurs, les Sardes, dont le nombre toujours croissant tend à monopoliser en quelque sorte l'industrie de la pêche sur cette partie de notre littoral, sont notamment l'objet des récriminations de nos populations maritimes, qui gémissent, à juste titre, d'une concurrence si funeste à leurs intérêts.

Pour remédier à un pareil état de choses, c'est-à-dire pour exclure, autant que possible, de notre mer territoriale, les pêcheurs étrangers qui habitent Marseille ou y stationnent durant la saison convenable à l'exercice de leur industrie, il faudrait, en ce qui concerne les Espagnols, les Napolitains et les Siciliens, dont les droits sont garantis par le Pacte de famille et confirmés par la loi du 12 décembre 1790, soit dénoncer ces traités, soit négocier pour en obtenir la modification. Il est inutile d'entrer ici dans l'examen des difficultés internationales que soulèverait inévitablement l'application de l'un ou de l'autre de ces procédés. On a prétendu, il est vrai, que nos pêcheurs ne paraissant plus sur les côtes d'Espagne et d'Italie, la réciprocité avait cessé d'exister; mais cette considération n'enlève rien à la validité des stipulations du Pacte de famille.

Quant aux Sardes et aux étrangers non compris dans les traités qui forment ce Pacte, et auxquels la loi de 1790 n'est rigoureusement pas applicable, on ne pourrait leur interdire la faculté de pêcher du poisson dans notre mer territoriale qu'en s'écartant de l'usage général, qui laisse cette faculté à tous pêcheurs, sans distinction de nationalité, à la seule condition de se conformer aux mêmes règlements et aux mêmes mesures de police que nos pêcheurs nationaux: mais on serait fondé à prohiber l'admission en France des produits de la pêche de ces étrangers.

Cette mesure satisferait complètement les vœux des pêcheurs français de la

Méditerranée, car elle atteindrait du même coup, à l'exception toujours des Catalans, des Napolitains et des Siciliens, les marins étrangers qui possèdent dans nos ports des armements de pêche et ceux qui viennent y stationner pendant quelques mois chaque année pour exercer leur industrie sur le même pied que les nationaux. Délivrés de la concurrence dont ils se plaignent si vivement, les pêcheurs français s'adonneraient, prétendent-ils, à leur profession avec toute l'ardeur nécessaire pour assurer les besoins du commerce de poisson, qui a pris une extension considérable sur nos côtes de la Méditerranée depuis que les marins étrangers lui fournissent d'abondantes ressources. Ainsi qu'on le verra plus loin, les propriétaires des ateliers de salaison se montrent peu disposés à ajouter foi à cette assertion. En outre, les inconvénients attachés à la prohibition absolue sur nos marchés du poisson provenant de la pêche étrangère ont paru si graves aux divers administrateurs appelés jusqu'à ce jour à examiner la question, qu'un seul a osé conseiller l'essai de ce moyen, et que les autres sont tombés d'accord pour proposer l'adoption d'une mesure moins radicale, mais qui a néanmoins rencontré une opposition très ardente; cette mesure, c'est l'établissement d'un droit de douane sur les produits de la pêche étrangère admis en France.

Droits de douane sur les produits de la pêche étrangère.

Cette proposition, qui tout d'abord a rencontré beaucoup de faveur parmi les pêcheurs français, ne s'est néanmoins produite avec autorité qu'à partir de 1833.

Une étude générale de la question des marins étrangers ayant été ordonnée à cette époque par le ministre de la marine, le conseil d'administration du port de Toulon fut chargé de la discuter.

Deux opinions diamétralement contraires surgirent dans le sein du conseil.

M. le chef d'administration Bérard soutenait que le concours des étrangers n'était point indispensable pour mettre les produits de la pêche en rapport avec la consommation, et concluait de la manière suivante :

« 1° Interdire aux étrangers la faculté de pêcher sur nos côtes sous leur pavillon;

« 2° Les admettre seulement à faire partie des équipages de nos bateaux de « pêche, dans la proportion permise par l'acte de navigation;

« 3° Ne point les porter sur les matricules de l'inscription maritime, les équi- « pages des bâtiments de l'État ne devant être, comme l'armée de terre, com- « posés que de Français;

« 4° Abroger l'ordonnance de 1681 (M.), l'arrêté du 14 fructidor an VIII (M.), « et toute décision postérieure rendue sur cette matière. »

Avant d'aller plus loin, il est à propos d'indiquer ici la position réelle des étrangers, en général, par rapport à l'inscription maritime. Contrairement au vœu de l'article 8 précité de la loi du 12 décembre 1790 (1), aucune mesure n'a été prise pour attacher les Espagnols à notre service, c'est-à-dire pour les faire entrer dans l'inscription maritime.

Quant aux autres étrangers, ceux d'entre eux qui avaient été portés sur nos matricules, soit parce qu'ils avaient épousé une Française et servi sur les bâtiments de l'État ou du commerce français (arrêté du 14 fructidor an VIII), soit parce qu'ils s'étaient présentés volontairement à cet effet, ils ont souvent réussi, lorsque les levées venaient les atteindre, à obtenir leur exemption et leur radiation définitive, en faisant exciper de leur extranéité par les consuls des pays

(1) Loi du 12 décembre 1790 (N. R.), *Recueil des lois de la marine*, tome Ier, p. 204.

dont ils étaient originaires. Il faut ajouter d'ailleurs que, suivant l'opinion émise par M. le garde des sceaux dans une dépêche adressée au ministre de la marine le 16 juillet 1849, l'arrêté du 14 fructidor an VIII viole le droit international, et que son application peut avoir des conséquences fort regrettables.

M. l'inspecteur Samson combattit les mesures proposées par M. le chef d'administration Bérard, en se fondant sur le texte de la loi de 1790, qui garantit aux étrangers le droit de pêche près de nos côtes, et il déclara qu'il ne voyait d'autre moyen d'atteindre ces pêcheurs qu'en frappant *d'un droit de douane modéré* le poisson qu'ils apporteraient sur nos marchés. Cette disposition lui semblait devoir suffire pour écarter peu à peu les pêcheurs étrangers non domiciliés en France et pour engager les autres à devenir Français par la voie de la naturalisation, qu'il convenait de leur aplanir.

Le conseil d'administration du port de Toulon se rangea unanimement à l'avis de M. l'inspecteur Samson; il proposa, toutefois, d'exempter du droit de douane les produits de pêche des étrangers embarqués sur des bateaux français, et de ne l'appliquer, en conséquence, qu'au poisson introduit par les pêcheurs étrangers domiciliés ou stationnaires en France, et qui exercent leur industrie sous le pavillon de leurs nations respectives.

Le ministre de la marine ayant renvoyé l'affaire à l'examen du conseil d'amirauté, ce conseil émit, le 29 novembre 1833, les conclusions suivantes :

« Le conseil d'amirauté, après avoir pris connaissance des principales pièces « jointes au rapport de M. le directeur du personnel et avoir délibéré sur le tout, « adopte, à l'unanimité, l'avis exprimé par le conseil d'administration du port « de Toulon, qu'il regarde comme conciliant au plus haut degré possible les in« térêts divers des pêcheurs français, de l'inscription maritime et des consom« mateurs qui habitent le littoral.

« En conséquence, il propose :

« 1° De continuer à autoriser l'emploi des pêcheurs étrangers à bord des ba« teaux de pêche français, dans la proportion établie par l'acte de navigation;

« 2° D'imposer un droit spécial et modéré, à l'entrée, sur les produits de « pêche introduits par des marins naviguant sous pavillon étranger, soit qu'ils « aient leur domicile en France, soit qu'ils viennent seulement exercer leur in« dustrie sur nos côtes pendant une partie de l'année;

« 3° De favoriser, au moyen de la réduction des droits, la naturalisation des « pêcheurs étrangers. »

Mais pendant que cette question était, de la part de l'administration de la marine, l'objet d'une étude approfondie, l'administration des douanes, également saisie des plaintes des pêcheurs français, fit annoncer qu'un droit de 44 francs par 100 kilogrammes serait établi, à partir du 1er janvier 1834, sur le poisson frais introduit dans nos ports par des pêcheurs autres que ceux auxquels le Pacte de famille avait garanti le bénéfice du traitement national.

Aussitôt, M. l'ambassadeur de Sardaigne adressa des réclamations pressantes au Gouvernement français, et, de leur côté, les habitants de Cette se plaignirent vivement d'une mesure très pernicieuse, selon eux, à leurs ateliers de salaison, qui cesseraient ainsi d'être suffisamment alimentés.

Le ministre des finances, considérant que les droits des divers marins étrangers qui fréquentent nos ports de la Méditerranée n'étaient point nettement fixés, et que des inconvénients graves pourraient résulter de l'exclusion des pêcheurs sardes, prit, le 18 décembre 1833, de l'avis du ministre du commerce, une décision portant que les pêcheurs étrangers seraient maintenus provisoirement en possession des immunités dont ils avaient joui jusque-là pour le produit de leurs pêches.

Tel est encore l'état des choses.

Toutefois, l'étude de la question, au point de vue de l'établissement d'un droit de douane, a été poursuivie par les départements des finances et du commerce. Des renseignements ont été demandés aux préfets du Var, des Bouches-du-Rhône et de l'Hérault. Le premier de ces fonctionnaires proposa un droit modéré de 10 à 12 francs par 100 kilogrammes; mais ses collègues se prononcèrent pour le *statu quo*, vu la nécessité d'occuper les ateliers de salaison et de pourvoir à l'alimentation des grandes villes.

Par suite d'une nouvelle communication faite, en 1843, au préfet des Bouches-du-Rhône, le maire de Marseille s'éleva, dans un rapport très étendu, contre les immunités dont jouissent les marins étrangers, et il demanda, indépendamment de règles propres à favoriser leur naturalisation et leur incorporation dans notre personnel maritime, l'établissement, sur les produits de leur pêche, d'un droit de 10 p. o/o.

Tout récemment enfin la chambre de commerce de Carcassonne a transmis à M. le ministre de l'agriculture et du commerce un mémoire des pêcheurs de Port-Vendres, qui signale les inconvénients attachés à la concurrence des marins étrangers. Entre autres considérations, ce mémoire soulève la question de savoir si les ordonnances des 30 octobre 1816 et 27 septembre 1826, qui posent en principe que les sels ne doivent être délivrés en franchise que pour les salaisons de poisson de pêche française, ne fourniraient pas, par l'application stricte de cette disposition, un moyen efficace de satisfaire au vœu de nos pêcheurs.

Par une lettre du 17 octobre 1849, M. le ministre du commerce a communiqué ces documents à M. le ministre de la marine, en appelant son examen sur cette épineuse affaire, dont la solution, toute difficile qu'elle est, ne saurait être ajournée longtemps encore sans causer à nos pêcheurs un irréparable préjudice. M. le ministre du commerce pense d'ailleurs que, sans adopter aucune mesure nouvelle, la sévère application des règlements sur la composition des équipages et la délivrance des sels employés à la pêche suffirait pour interdire aux étrangers de participer à des opérations que nos lois réservent exclusivement aux nationaux. Il ajoute, néanmoins, qu'en droit strict il y a possession de fait, et que les étrangers peuvent, jusqu'à un certain point, arguer du privilège dont ils jouissent pour en réclamer le maintien; ce qui soulèverait une question fort délicate, car elle touche à nos relations internationales avec des pays que, dans les circonstances actuelles surtout, nous avons à ménager.

En admettant que l'application pure et simple de dispositions législatives ou réglementaires existantes atteignît le but indiqué par M. le ministre du commerce, en admettant même, malgré les probabilités contraires, que ce résultat pût être obtenu sans inconvénients politiques, on reconnaîtra encore qu'une pareille solution n'aplanirait les difficultés de la situation actuelle que pour en créer d'autres dont il convient aussi de tenir compte.

En effet, les pêcheurs étrangers, plus sobres, plus laborieux et plus économes que nos nationaux, en livrant leurs produits à des prix modérés, maintiennent le poisson frais ou salé à la portée de toutes les classes. Sans leur concours, cette denrée de première nécessité, dont la consommation toujours croissante a déjà notablement élevé la valeur vénale, cesserait d'être abordable pour la majeure partie des populations méridionales, habituées à ce genre de nourriture. Il est en outre permis de craindre que la pêche nationale ne serait point assez féconde pour entretenir les ateliers de salaison, qui emploient aujourd'hui de nombreux ouvriers, et dont le chômage froisserait des intérêts généraux d'un ordre fort important.

Ce n'est pas à dire pourtant que les plaintes des pêcheurs français soient dénuées de justice et que leur industrie ne se développerait pas dans une large mesure si la concurrence étrangère ne pesait pas si rudement sur elle. On ne saurait nier, au contraire, que la pêche nationale ne soit gravement lésée aujourd'hui, et qu'il importe de remédier à ce regrettable état de choses.

Mais, après avoir examiné la question sous toutes ses faces, on est amené à penser qu'elle ne peut être convenablement résolue qu'au moyen de mesures de transactions propres à concilier, dans les limites du possible, les intérêts opposés qui se trouvent en présence, et l'établissement d'un droit de douane sur le poisson étranger introduit dans nos ports de la Méditerranée paraîtrait peut-être pouvoir seul conduire à ce résultat. Toutefois, il ne faut pas oublier que l'efficacité de ce moyen réside surtout dans la fixation judicieuse du droit de douane, qui, sans être trop faible, et par conséquent point assez protecteur, ne devrait pas être assez élevé pour devenir prohibitif.

Cette affaire, si délicate et si importante sous plus d'un rapport, aurait besoin d'être spécialement instruite à ce point de vue. Les documents recueillis jusqu'à ce jour par les divers départements ministériels qui s'en sont occupés ne semblent pas contenir des indications suffisantes pour permettre de fixer avec parfaite connaissance de cause le chiffre du droit qui pourrait être établi.

Quoi qu'il en soit, si la Commission ne pouvait se dispenser d'examiner ces graves questions, elle n'avait pas mission de les résoudre, car il eût été impossible de le faire par une disposition introduite dans la loi pénale à intervenir.

Seulement, saisie de tous les documents réunis au ministère de la marine sur les pêches, elle ne croit point sortir du cercle que votre prédécesseur lui avait tracé, Monsieur le Ministre, en vous faisant connaître que, dans son opinion, il serait utile de faire procéder, dans les ports du 5e arrondissement, par des délégués des départements de la marine, du commerce et des finances, à une enquête dont l'objet serait de fixer le Gouvernement sur les points suivants :

1° L'importance respective de la pêche faite par les marins français et par les marins étrangers de toutes nations, en distinguant, autant que possible, la quotité afférente à chaque pavillon, à diverses époques de la période qui s'est écoulée depuis 1814 jusqu'à ce jour :

2° Le nombre de bateaux et de marins français qui ont participé à la pêche aux diverses époques de ce laps de temps;

3° Le nombre de bateaux et de marins français qui se livrent à la pêche sur les côtes étrangères de la Méditerranée;

4° La quotité du droit dont il serait possible de frapper le poisson provenant de pêche étrangère introduit sur nos marchés, de manière à ne pas nuire à la consommation;

5° Les chances d'accroissement que pourrait avoir la pêche française sous l'influence de ce droit protecteur, et ses résultats probables, par rapport à l'inscription maritime, soit pour les Français, soit pour les étrangers qui demanderaient à être naturalisés.

Ces documents sont nécessaires pour donner une solution qui seule peut concilier des intérêts graves et difficiles à satisfaire.

Ainsi, Monsieur le Ministre, pour nous résumer sur les questions en quelque sorte préliminaires au projet de loi sur lequel la Commission était consultée,

La Commission a pensé :

1° Que, s'il est incontestable que la souveraineté d'une nation s'étende sur ce qu'on appelle la *mer territoriale*, le droit des gens n'ayant point fixé d'une manière absolue les limites de cette mer, la loi sur la pêche ne devait contenir à cet égard aucune prescription, toute disposition sur ce sujet pouvant être une concession ou une prétention dangereuse ;

2° Que, bien que la loi dont il s'agit (loi pénale et de police) doive s'appliquer aux étrangers aussi bien qu'aux Français qui exerceraient leur industrie dans la mer territoriale, cette loi ne devait non plus contenir aucune disposition sur le droit des étrangers de venir pêcher dans cette mer ou sur la faculté qu'on leur en accordait, toute disposition sur ce sujet pouvant être une négation ou une reconnaissance d'un droit sur laquelle le droit international peut seul s'expliquer utilement ;

3° Enfin, qu'en dehors de la faculté laissée aux étrangers de pêcher dans la mer territoriale, il y a la faculté ou la défense pour eux de vendre le produit de la pêche dans le port français ; que, si des traités ont pu accorder cette dernière faculté à certains étrangers, il y a lieu d'examiner si les intérêts des pêcheurs français ont été suffisamment sauvegardés, et s'il n'y a pas quelques mesures à prendre pour concilier les intérêts de la consommation et de l'inscription maritime ;

Qu'en tous cas, ces mesures ne sauraient être prescrites par la loi sur la pêche.

Appréciation du projet de loi soumis à l'examen de la Commission.

Le projet de loi sur la répression des contraventions aux règlements concernant la pêche maritime côtière soumis à l'examen de la Commission est une œuvre soigneusement élaborée, qui renferme le fruit de longues études sur cette matière spéciale ; mais il s'écarte essentiellement, dans sa partie pénale, de la méthode qui préside à la rédaction des lois françaises.

Ainsi, au lieu d'indiquer à côté de la contravention la peine destinée à la punir, de manière que l'œil les saisisse simultanément, ce projet présente les infractions dans un article spécial, auquel se réfère un autre article consacré aux pénalités, et qui se trouve à quelques pages plus loin.

D'une autre part, certaines dispositions de ce projet n'ont point assez respecté les exigences du droit commun en matière pénale. L'une de ces dispositions subordonne, par exemple, le droit de poursuite appartenant au ministère public à l'initiative des commissaires de l'inscription maritime, à qui elle attribue même la faculté d'arrêter à leur gré toute poursuite commencée sur leur propre plainte.

Ces remarques sommaires suffiront pour motiver la décision prise par la Commission de substituer au travail dont il s'agit un nouveau projet de loi, dans lequel elle s'est efforcée d'introduire toute la précision désirable et de concilier les intérêts maritimes avec les justes exigences du droit commun.

Avant de procéder à l'examen des articles de ce projet, il n'est pas hors de propos de retracer rapidement l'historique de la législation antérieure sur la matière, et de la présenter telle qu'elle est encore aujourd'hui, afin de faire sentir toute l'urgence d'une loi nouvelle, depuis trop longtemps attendue déjà.

Historique de la législation sur la pêche côtière.

La pêche sur mer n'a été soumise en France à aucune règle protectrice antérieurement à la promulgation de l'ordonnance du mois d'août 1681 (**M.**), bien que les ordonnances de 1584, de 1629 et du 14 mai 1642 renfermassent des plaintes contre les abus qui menaçaient de ruine cette féconde industrie. C'était d'ailleurs particulièrement au moyen des parcs et pêcheries, dont le nombre s'était considérablement multiplié sur les grèves, que ces abus existaient.

Depuis l'ordonnance de 1681 (**M.**), il est intervenu d'autres actes (**1**), spéciaux pour la plupart à certaines localités et à certaines pêches, qui ont successivement supprimé, rétabli ou modifié, selon les temps, les dispositions de

---

(1) Lettres patentes du 10 janvier 1693 (**N. R.**), sur la pêche du hareng. (*Archives de la marine.*)

Déclaration du Roi, du 23 avril 1726 (**N. R.**), qui interdit l'usage de la dreige et des bateaux sans quille. (Valin, tome II, p. 703.)

Déclaration du Roi, du 2 septembre 1726 (**N. R.**), prohibant la pêche du poisson appelé *blanche* ou *blaquet*. (Valin, tome II, p. 727.)

Arrêt du 11 janvier 1727 (**N. R.**), permettant l'usage des bateaux nommés *acons* pour les bouchots des côtes d'Aunis. (Valin, tome II, p. 750.)

Déclaration du 18 mars 1727 (**N. R.**), concernant les hauts et bas parcs. (Valin, tome II, p. 751.)

Lettre du Roi, du 27 décembre 1727 (**N. R.**), sur les filets de pêche à la Rochelle. (Valin, tome II, p. 701.)

Déclaration du 23 août 1728 (**N. R.**), concernant la pêche du poisson de mer en Languedoc. (Walker, tome II, p. 356. Paillet, p. 181.)

Déclaration du 18 décembre 1728 (**N. R.**), au sujet de la pêche des moules (spéciale à la Flandre, le Boulonais, la Picardie et la Normandie). (Valin, tome II, p. 757.)

Déclaration du 16 août 1729 (**N. R.**), concernant la pêche des sardines (spéciale à la Bretagne).

Déclaration du 20 décembre 1729 (**N. R.**), qui permet l'usage du chalut. (Valin, tome II, p. 708.)

Arrêt du 11 août 1736 (**N. R.**), concernant les pêcheries de la baie de Cancale. (*A. M.* de 1829, p. 302.)

Arrêt du 2 mai 1739 (**N. R.**), concernant les parcs et pêcheries (spécial à l'amirauté des Sables d'Olonne). (Valin, tome II, p. 760.)

Ordonnance du 16 avril 1744 (**N. R.**), qui suspend l'usage du chalut. (Valin, tome II, p. 709.)

Ordonnance du 31 octobre 1744 (**N. R.**), qui rétablit l'usage du chalut. (Valin, tome II, p. 710.)

Arrêt portant règlement, du 20 juillet 1787 (**N. R.**), pour la pêche des huîtres, dans la baie de Cancale. (Walker, tome V, p. 469. Paillet, p. 727.)

Décrets des 20 mars 1786 (**N. R.**), et 12 décembre 1790 (**N. R.**), relatifs aux pêcheurs français et étrangers établis à Marseille. (Walker, tome V, p. 407, et *Recueil des lois de la marine*, tome Ier, p. 204.)

Décret du 15 avril 1791 (**N. R.**), relatif à la pêche dans les provinces du Languedoc et du Roussillon. (*Recueil des lois de la marine*, tome Ier, p. 390.)

Décret du 6 octobre 1793 (**M.**), qui déclare libre la pêche du hareng et du maquereau. (*Recueil des lois de la marine*, tome IV, p. 159.)

Décret du 12 mars 1803 (21 ventôse an XI) (**N. R.**), qui prohibe la pêche aux bœufs et au ganguy. (*Recueil des lois de la marine*, tome XIII, p. 242.)

Décret du 8 octobre 1810 (**N. R.**), concernant la pêche du hareng et du maquereau sur la côte comprise entre Calais et Barfleur. (*A. M.* de 1809-1815, tome Ier, p. 132, et *Bulletin des lois*, p. 297.)

Règlement du Roi, du 24 juillet 1816 (**N. R.**), sur la pêche des huîtres et du poisson frais dans les baies de Granville et de Cancale. (*A. M.* de 1816, p. 361.)

Ordonnance du 14 août 1816 (**M.**), sur la pêche du hareng et du maquereau. (*Bulletin des lois*, p. 153; *A. M.* p. 389.)

Ordonnance du 13 mai 1818 (**N. R.**), sur l'emploi du chalut et du petit chalut à chevrettes. (*A. M.* p. 207.)

Ordonnance du 16 juin 1835 (**N. R.**), qui autorise la pêche de la guildre. (*A. M.* p. 571.)

cette ordonnance, et fini par rendre éparse et confuse la législation dont il s'agit.

La majeure partie de ces actes sont d'ailleurs inapplicables aujourd'hui : ceux-ci, parce qu'ils renferment des dispositions pénales exorbitantes; ceux-là, parce que l'on ne peut produire la preuve de leur enregistrement au parlement, et que la Cour de cassation, par un arrêt rendu le 24 juillet 1834, ne reconnait exécutables dans leur partie pénale que les règlements pour lesquels cette preuve existe; les autres, enfin, parce qu'ils ne contiennent que des dispositions de police qu'aucune pénalité ne sanctionne.

Les déplorables conséquences de cet état de choses, vivement senties en 1816 par le ministre de la marine, motivèrent la préparation d'un projet de règlement sur la pêche maritime, resté sans suite à cette époque, mais qui servit, en 1821, à l'élaboration d'un travail complet sur la matière. Malheureusement ce nouveau travail demeura, comme le premier, à l'état de projet.

Depuis lors, on a refait les lois forestières et les lois de la pêche fluviale, tandis que la pêche maritime côtière a continué de n'être protégée que par une législation impuissante à réprimer des abus qui la ruinent.

Importance de la pêche côtière.

L'importance de la petite pêche est cependant considérable : aussi la guerre maritime, qui ne respecte pas les propriétés privées, a souvent sauvegardé les barques des pêcheurs, par suite de l'avantage résultant pour les belligérants de cette neutralité réciproque (1).

La petite pêche tient à la mer, pendant toute l'année, plus de 30,000 marins; elle assure l'existence des populations du littoral par le travail qu'elle leur procure directement ou indirectement; elle jette dans le commerce des produits dont la valeur première dépasse trente millions de francs (2), et qui donnent lieu à des transactions multipliées avant d'entrer dans la consommation; elle est enfin la plus fertile pépinière de notre personnel naval. Cette industrie est d'ailleurs appelée à prendre un développement considérable, au fur et à mesure que les chemins de fer se multiplieront et permettront à ses produits de pénétrer rapidement au centre de la France.

Il est donc urgent de remédier à l'insuffisance d'une législation qui non seulement s'opposerait à ce progrès, mais qui ne tarderait pas même à laisser tarir les sources de prospérité que renferme la pêche côtière.

(*Suite.*)

Convention du 2-27 août 1839 (R.), sur les pêcheries, entre la France et l'Angleterre. (*A. M.* p. 860.)

Règlement général du 23 juin 1846 (R.), sur les pêcheries entre la France et l'Angleterre. (*A. M.* p. 645.)

Loi du 23 juin 1846 (R.), sur les pêcheries, entre la France et l'Angleterre. (*A. M.* p. 641.)

(1) De là les *Trêves pêcheresses*, qui étaient autrefois en usage, et que l'amiral, avant 1669, pouvait conclure.

«Car pêcheurs sur mer, quelque guerre qu'il soit entre la France et l'Angleterre, jamais ne se «firent mal, ançois sont amis et aidant l'un et l'autre au besoing, vendent et acheptent sur mer «l'un à l'autre leurs poissons, quand les uns ont plus largement que les autres, car s'ils se guer«royoient on n'auroit point de marée.» (Froissart, *Chron.* III, p. 45.)

(2) Cette somme représente le prix de vente des produits de pêche livrés directement par les pêcheurs; quant au prix de vente de ces produits sur les divers marchés, il atteint le chiffre de 100 millions de francs.

Tel est le but du projet de loi actuel.

Spécialité du projet de loi.

Il convient de faire observer que son caractère, essentiellement penal, n'a pas permis d'y consigner les obligations étrangères aux mesures de police imposees par continuation à tous ceux qui se livrent à la pêche maritime. Ces obligations, relatives à l'inscription maritime et à la police de la navigation, ne sont nullement modifiées par la loi sur la pêche côtière. En consequence, si, d'un côté, la pêche maritime reste libre et commune à tous les Français, de l'autre, ils ne peuvent la pratiquer sans être assujettis au régime de l'inscription dans les délais voulus par la loi sur la matière, et sans respecter les prescriptions qui régissent la police de la navigation.

En un mot, le projet de loi préparé par la Commission est exclusivement destiné à assurer la police des pêches et la répression des contraventions y relatives.

Art. 1er. Le paragraphe 2 de l'article 3 de la loi du 15 avril 1829 (**R.**), en laissant à des ordonnances le soin de fixer les limites entre la pêche fluviale et la pêche maritime dans les fleuves et rivières affluant à la mer, énonce que ces limites seront les mêmes que celles de l'inscription maritime, mais que la pêche qui se fait au-dessus du point où les eaux cessent d'être salées sera soumise aux règles de police et de conservation établies pour la pêche fluviale. C'est par application de ce principe que l'article 1er a fixé pour limite de l'action de la loi le point où cesse la salure des eaux.

Art. 2. Les pêcheries se divisent en deux catégories distinctes. La première comprend les parcs de pierre, de bois ou clayonnage, de terre et gazon, les madragues, les bordigues et tous autres établissements construits sur le sol ou calés en mer, dans des conditions durables : ce sont les pêcheries à demeure. La seconde se compose de parcs de filets connus sous les noms de hauts et de bas parcs, ravoirs, guideaux, verveux, etc. etc., qui, bien que constamment tendus et fixés sur des piquets solidement enfoncés dans le sol, pourraient être enlevés et tendus de nouveau, sans exiger aucun travail de démolition : ce sont les pêcheries temporaires.

Tous ces établissements ont été signalés maintes fois, à juste titre, depuis leur origine, comme la cause la plus active de la destruction du poisson sur nos côtes. Ils font, en outre, une si désastreuse concurrence aux marins pêcheurs, que l'on a pu depuis longtemps constater la diminution notable du personnel maritime dans les localités où il existe des pêcheries.

Il est donc permis d'affirmer, en se fondant sur une longue expérience des faits, que ces établissements sont à la fois nuisibles à l'intérêt général de la pêche et de la consommation, à l'intérêt particulier des pêcheurs, et à la prospérité de l'inscription maritime, base principale de notre puissance navale.

D'une autre part, les pêcheries édifiées sur les rivages de la mer ou dans la partie salée des fleuves et rivières envahissent une portion du domaine public au profit d'intérêts privés, et il est notoire que, sauf de rares exceptions, ces empiétements ont eu lieu, jusqu'à ce jour, de la manière la plus irrégulière.

Les parcs à huitres ou à moules et les autres dépôts de coquillages ne présentent point les mêmes inconvénients que les pêcheries : ils sont, au contraire, très favorables à tous les intérêts qu'elles froissent; mais ils sont établis, comme elles, sur le domaine public, et dès lors ils ne peuvent légalement exister que par suite d'autorisations en forme. D'ailleurs, souvent la construction de ces parcs présente de véritables dangers pour la navigation. Établis sans autorisation, ils constituent des contraventions qu'il importe de réprimer.

La Commission a pensé que la question des parcs et pêcheries est trop grave pour permettre de laisser à des décrets, ainsi que l'avait fait le projet de loi soumis à son examen, le soin de statuer à leur égard. Elle a cru devoir, en conséquence, en faire l'objet de l'article 2 du nouveau projet de loi, imitant d'ailleurs les dispositions de l'article 24 de la loi du 15 avril 1829 (R.), sur la pêche fluviale.

Il est au surplus très nécessaire de déterminer le mode à suivre à l'avenir pour la délivrance des autorisations relatives à la construction de pêcheries et de parcs, car cette question a soulevé un conflit, encore pendant, entre plusieurs départements ministériels, dont chacun revendique le droit de statuer dans l'espèce.

Le deuxième paragraphe de l'article 2, en laissant à un règlement d'administration publique le soin de déterminer les formes de l'enquête qui devra précéder toute nouvelle autorisation de ce genre, saisit donc le Conseil d'État de la question d'attributions, que, d'après la loi organique, il n'appartient au surplus qu'à lui de résoudre.

S'il convient de prévenir désormais la construction illicite de pêcheries à demeure ou temporaires, il est indispensable aussi de ne point enlever aux riverains les moyens de se livrer à la pêche avec des filets et autres engins réglementaires, essentiellement mobiles, et qui, à chaque marée, se transportent d'un point à un autre. Ces filets et engins ne sauraient, en effet, être assimilés aux pêcheries sédentaires, et ce serait en prohiber complètement l'usage que de le subordonner à une autorisation préalable, puisque souvent ils ne séjournent pas vingt-quatre heures dans les mêmes lieux.

Toute confusion à cet égard a été rendue impossible par les termes de l'article 2 : il est évident, en effet, que ces filets tendus et enlevés chaque jour ne constituent point un *établissement* de pêcherie.

Art. 3. L'exercice de la pêche dans les deux mers qui baignent notre littoral est soumis à des conditions locales si diverses, qu'il exige des mesures de police trop nombreuses et trop variées pour pouvoir être converties en articles de lois. Il suffit, en effet, de posséder les notions les plus élémentaires sur la pratique de la pêche maritime pour savoir que les procédés employés par les pêcheurs se modifient suivant la nature des plages où ils se livrent à cette profession. Dans telle localité, certains filets, certains instruments, doivent être prohibés parce qu'ils entraîneraient la destruction de quelques-unes des espèces de poissons que l'on y rencontre, tandis que sur un autre point, très rapproché parfois, ces filets, ces instruments, cessent d'être dangereux et peuvent être permis avec avantage. Il faut donc, dans l'intérêt général des pêches et du commerce, tout comme dans l'intérêt particulier des pêcheurs, que les mesures de police destinées à assurer la conservation du poisson soient subordonnées à la nature même des côtes où elles doivent être appliquées.

D'une autre part, si les anciennes ordonnances renfermaient des prescriptions purement réglementaires, c'est qu'elles émanaient d'un souverain qui réunissait le pouvoir exécutif au pouvoir législatif; mais depuis la séparation de ces pouvoirs l'autorité législative a pu abandonner au régime des ordonnances ou des décrets les moyens d'exécution. Les intérêts des pêches, des pêcheurs et de la consommation exigent que le Gouvernement, entouré de tous les éléments d'appréciation, les protége également; et dès lors il appartient au pouvoir exécutif de régler ce qui les concerne. Ce sont des intérêts semblables ou analogues que le législateur a voulu sauvegarder par le Code forestier et par les lois du 15 avril 1829 (**R.**), sur la pêche fluviale, et du 22 avril 1832 (**M.**), sur les primes accordées aux pêches de la morue et de la baleine.

C'est par ces considérations que la Commission s'est déterminée à confier au pouvoir exécutif le soin d'une réglementation impossible à faire entrer dans une loi.

Après avoir unanimement reconnu la nécessité de cette décision, la Commission a examiné s'il ne serait pas convenable que les règlements à intervenir fussent rendus dans la forme des règlements d'administration publique. Mais, en se reportant aux travaux préparés sur la matière en 1821, elle n'a pas tardé à reconnaître que les règlements nécessaires pour chacun des arrondissements, des sous-arrondissements et des quartiers maritimes devraient renfermer des prescriptions trop multipliées, trop spéciales et d'une importance générale trop minime pour devenir l'objet des délibérations du Conseil d'État.

En outre, quelque soin que l'on apporte à la préparation de ces règlements, il y aura lieu peut-être d'y introduire ultérieurement certaines modifications que rendront nécessaires les changements auxquels la pratique de la pêche côtière est, pour ainsi dire, chaque jour sujette.

Quel que fût donc le désir de la Commission (et c'était là sa première pensée) de ne remettre qu'au Conseil d'État la délégation de la loi pour faire des règlements dont la violation motivait des dispositions pénales correctionnelles, elle n'a pas tardé à reconnaître, et elle croit que le Conseil d'État lui-même reconnaîtra que, par leur nature, leur mobilité, enfin par leur multiplicité, ces règlements doivent être abandonnés aux soins du pouvoir exécutif.

Tels sont les seuls motifs qui ont dicté les dispositions du premier paragraphe de l'article 3, qui donne à des décrets le pouvoir de réglementation sur la matière.

Les dix autres paragraphes du même article énoncent, aussi sommairement que possible, les dispositions principales dont les décrets à intervenir présenteront le développement, et dont la violation constituera les contraventions punissables par la loi. Les infractions se trouvent ainsi ramenées à des cas généraux, à une classification par catégorie, sans acception des espèces de pêche. Quelle que doive être la variété des mesures de police que renfermeront les décrets, la répression demeurera stable, et aucune contravention ne pourra échapper à une pénalité prévue par la loi. C'est pour atteindre plus sûrement ce but que le dernier paragraphe de l'article 3 a été rédigé de manière à comprendre dans une même catégorie de faits punissables les infractions légères qui n'auraient point été énoncées dans les paragraphes précédents de cet article. Ainsi sera observé le grand principe de notre droit criminel, qui veut que nulle contravention, nul délit, nul crime, ne puissent être punis de peines qui n'étaient pas prononcées avant qu'ils fussent commis.

Art. 4. La pêche des huîtres et des moules exige des mesures de police et de conservation spéciales et instantanées qu'il est impossible de faire entrer dans un règlement.

En effet, ces coquillages arrivent à maturité dans une période plus ou moins longue, suivant le lieu où ils séjournent, de sorte que certains bancs d'huîtres ou de moules ne sont utilement exploitables que tous les trois ou quatre ans. Il n'est même pas rare que les fonds les plus fertiles en coquillages de ces espèces soient frappés de stérilité durant plusieurs mois, plusieurs années. Enfin, dans les meilleures conditions possibles, les huîtrières et les moulières demandent à être tenues en réserve pendant un certain temps. Pour assurer la conservation de ces précieux coquillages, il faut, de toute nécessité, que les bancs d'huîtres et de moules soient soumis à des exploitations réglées suivant le degré de maturité qu'ils ont atteint après un repos dont la durée variable ne peut être appréciée exactement à l'avance; mais il est également indispensable que les huîtrières et les moulières dont les produits sont mûrs pour la consommation puissent être exploitées pendant un certain nombre de mois chaque année.

Cet espace de temps durant lequel la pêche des huîtres et des moules est permise là où le coquillage est parvenu à maturité se limite sans difficulté, d'une manière générale et permanente, dans les règlements; mais la désignation des huîtrières et des moulières susceptibles d'être ouvertes à l'exploitation pendant cette période ne pouvant avoir lieu à l'avance et restant soumise au degré de croissance obtenu par le coquillage, il faut absolument que le pouvoir de permettre ou de prohiber la pêche sur les bancs d'huîtres et de moules soit délégué à l'*autorité maritime* LOCALE, seule en mesure de statuer judicieusement à cet égard. Ainsi les règlements devront fixer les époques d'ouverture et de clôture de la pêche des huîtres, et dans la période de clôture aucune huîtrière ou moulière ne pourra être exploitée; mais ce droit de pêche se trouvera obligatoirement restreint aux huîtrières et moulières qui, par arrêté de l'autorité maritime locale, auront été désignées comme susceptibles d'être immédiatement mises en exploitation.

L'expérience n'a malheureusement que trop prouvé à quel point une sage et complète réglementation est nécessaire pour cet objet.

Le littoral compris entre Bayonne et Dunkerque, jadis si riche en huîtrières qui semblaient intarissables, a vu successivement disparaître toutes celles que ne protégeaient point des mesures de police spéciales, tandis que les autres, régulièrement exploitées, sont plus fécondes que jamais.

Tels sont les motifs qui ont paru à la Commission rendre nécessaire la délégation de pouvoir faite par l'article 4 aux préfets maritimes et aux chefs de service de la marine.

Il convient d'ajouter que ce pouvoir, bien qu'il entraîne des effets immédiats, est soumis à des réserves de nature à rassurer entièrement sur l'usage qui en sera fait, puisque le ministre de la marine recevra communication des arrêtés locaux au fur et à mesure qu'ils interviendront.

Ainsi, dans l'hypothèse où quelques-uns de ces arrêtés seraient pris à tort, les pêcheurs auraient la faculté de réclamer contre la mesure qui leur paraîtrait inopportune, et le ministre provoquerait alors tous les éclaircissements nécessaires pour statuer en pleine connaissance de cause.

La loi du 3 mai 1844 (**N. R.**), *Bulletin des lois*, p. 383, sur la police de la chasse, a, au surplus, armé les préfets des départements d'un pouvoir analogue, mais plus étendu encore, car elle leur permet de prendre sur des points importants des arrêtés qui ont un caractère définitif.

ART. 5. L'article 5 et les suivants, jusqu'à l'article 11 inclus, ont une corrélation intime avec les articles 3 et 4, qui contiennent les divers cas d'infractions à punir.

On s'est efforcé d'établir autant d'harmonie que possible entre tous ces articles, de telle sorte que chacun de ceux qui énoncent la peine correspondît successivement avec les paragraphes de l'article 3 et avec l'article 4. Ce mode logique de procéder se combine d'ailleurs avec la gradation naturelle des différentes peines, et pour cela on a présenté d'abord, dans le premier paragraphe de l'article 3, l'infraction la plus légère, afin que l'article 5 pût commencer l'échelle des peines par la moins grave. Le même ordre méthodique a été suivi dans les autres paragraphes de l'article 3 et dans les articles compris entre le cinquième et le dixième. Si la progression croissante des pénalités s'est arrêtée à l'article 10, c'est que l'article 11, qui porte des peines plus légères que tous les autres, a uniquement pour but de réprimer les contraventions de peu de gravité qui ne sont pas prévues dans les énonciations précises des neuf premiers paragraphes de l'article 3.

L'importance des peines a été calculée de manière à proportionner la sévérité de la répression au degré de gravité du délit. Les diverses fixations de minimum sont peu élevées, afin de laisser aux juges une grande latitude dans la fixation des peines à infliger pour des infractions dont l'application est excessivement délicate et repose sur des circonstances très variées et d'une nature spéciale.

Au surplus, en abaissant ainsi le minimum des peines, on a voulu donner le moyen de traiter avec indulgence une classe d'hommes essentiellement pauvres, tout en assurant la répression si nécessaire des délits de pêche.

D'un autre côté, la moins grave des contraventions prévues par les articles 5 et suivants, jusques et y compris l'article 11, quelles que soient les circonstances qui puissent l'atténuer, ne saurait, sans inconvénients, donner lieu à une peine inférieure aux divers minimums fixés par ces articles.

Dominée par cette conviction, la Commission n'a pas cru devoir insérer dans son projet de loi que l'application de l'article 463 du Code pénal pourrait être faite aux délits que prévoit ce projet. Le silence gardé par lui à cet égard, comme dans la loi de 1846 sur les pêcheries entre les côtes de France et celles de l'Angleterre, équivaut à la défense explicitement introduite dans la loi sur la chasse (art. 20), de recourir aux dispositions de l'article 463 précité.

L'article 5 du projet de loi a fixé à 5 francs le minimum de l'amende et à deux jours le minimum de l'emprisonnement, parce qu'il se présentera des cas où les pêcheurs seront portés à contrevenir aux prescriptions de cet article plutôt par un entraînement naturel que par mauvaise intention : on peut admettre en effet, en ce qui concerne surtout les heures durant lesquelles la pêche est prohibée, qu'un patron de bateau, séduit par l'abondance du poisson ou du coquillage, tarde trop à rentrer au port ou à lever ses engins, et commette ainsi une infraction qui, d'une gravité légère en elle-même, est encore atténuée par les circonstances. Il y aurait trop de rigueur à prononcer, dans l'espèce, une pénalité sévère contre le délinquant, dont l'acquittement, d'une autre part, aurait des conséquences regrettables. En appliquant alors le minimum de l'une ou de l'autre peine portée par l'article 5, les juges concilieront tous les intérêts.

Le maximum de l'amende a été élevé à 75 francs, et le maximum de l'emprisonnement à dix jours. Ce n'est pas sans y avoir mûrement réfléchi que la Commission s'est décidée à laisser autant de marge entre le maximum et le minimum des diverses pénalités prévues par le projet de loi. Cette disposition est rendue indispensable par la spécialité de la matière. En effet, les contraventions aux règlements sur la pêche présentent des degrés de gravité qui varient suivant les circonstances dans lesquelles elles ont été commises; de telle sorte que la même infraction intervenue dans des lieux ou à des heures différentes ne serait point équitablement punie par une pénalité unique ou peu variable : il convenait de donner aux juges les moyens de proportionner l'importance de la peine à celle du délit, et cela explique la différence assez grande fixée par le projet de loi entre le minimum et le maximum des peines. Au surplus, la loi de 1829 sur la pêche fluviale contient des dispositions analogues.

Les articles 10 et 11 du projet de loi sont les seuls qui permettent de cumuler l'amende avec l'emprisonnement; dans tous les autres cas, les juges auront à opter entre l'emprisonnement et l'amende.

Cette disposition exceptionnelle se justifie par les considérations suivantes: en général, les pêcheurs sont pauvres, et le payement d'une amende leur serait parfois beaucoup plus onéreux qu'un emprisonnement de courte durée; il pourrait même arriver, si la loi ne permettait point aux tribunaux l'option entre ces deux pénalités, qu'ils se vissent contraints de laisser des infractions impunies ou d'entraîner la ruine absolue des délinquants, en prononçant contre eux une amende obligatoire. C'est donc tout à la fois dans l'intérêt des pêcheurs, et afin d'assurer la répression des délits qu'ils commettent, que le projet de loi, dérogeant en cela aux règles de la législation pénale, a dû attribuer aux juges la faculté de prononcer soit l'amende, soit l'emprisonnement. Les mêmes considérations ont, au surplus, motivé une disposition semblable dans la loi du 23 juin 1846, sur les pêcheries entre les côtes de France et d'Angleterre.

Quant à la confiscation du poisson ou du coquillage pêché, c'est une mesure conforme aux dispositions du Code pénal ordinaire; en matière de pêche, elle est d'une grande importance et figure dans tous les anciens actes qui ont successivement réglementé l'exercice de cette industrie. La possibilité de perdre non pas seulement le produit d'un coup de filet illicitement donné, mais bien tout le poisson qui se trouve à bord de son bateau au moment où il est surpris en contravention, inspire au pêcheur une crainte salutaire, qui contribue puissamment à le maintenir dans le respect de la loi.

Art. 6. L'observation des limites déterminées pour la pratique de la pêche du poisson et du coquillage est très nécessaire, au double point de vue de la conservation des espèces, comme de la discipline et de la bonne harmonie à maintenir parmi les pêcheurs; il en est de même en ce qui concerne l'ordre à observer dans la pêche en flotte (1).

Dans le premier cas, l'usage de certains filets, innocent ou peu nuisible à la distance prescrite de la côte, devient très pernicieux sur des fonds plus rapprochés de la plage; d'autres filets peuvent être employés sans danger, mais sur des fonds où se trouve une seule espèce de poisson, tandis qu'ils détruiraient, sur des fonds voisins, beaucoup d'autres espèces avant leur maturité. L'intérêt de la conservation et de la reproduction des huîtrières et des moulières exige qu'aucun engin ne foule le sol où elles existent; il faut, en conséquence, que toute pêche de poisson au moyen de filets traînants soit prohibée dans l'espace qui les renferme.

Une prohibition plus complète encore doit être observée dans l'intérieur des pêcheries et à une certaine distance de leur périmètre, sous peine de donner lieu à des rixes entre les contrevenants et les détenteurs de ces pêcheries.

Dans le second cas, en ce qui se rapporte à la pêche en flotte, toute infraction aux mesures d'ordre est d'une gravité assez grande, puisqu'elle peut

(1) On entend par pêche *en flotte* celle qui se fait au moyen de nombreux bateaux placés à des distances déterminées par les règlements, et qui traînent à leur suite des filets d'une grande longueur. Les pêches du hareng et du maquereau se pratiquent généralement en *flotte*.

compromettre le succès des bateaux voisins du délinquant et provoquer, par suite, des récriminations ou des querelles entre les patrons pêcheurs.

Ces exemples, que l'on pourrait multiplier, suffiront pour faire sentir à quel point il importe d'assurer le respect des limites imposées par les règlements; et l'élévation à 15 francs du minimum de l'amende, dont le maximum est porté à 100 francs, se trouve ainsi justifiée.

Art. 7. L'emploi de rets, filets, instruments de pêche et bateaux prohibés constitue une infraction dont la gravité est évidente, et sur laquelle il serait inutile d'insister. Pour prévenir, autant que possible, les délits de cette nature, auxquels les pêcheurs, il faut le dire, sont très enclins, il a paru nécessaire d'élever le minimum de l'amende à 25 francs et le maximum à 125 francs, et de fixer de trois à quinze jours la durée de l'emprisonnement.

La confiscation des instruments qui ont servi à commettre l'infraction, et dont l'usage ne peut en aucun cas être autorisé, se justifie d'elle-même : laisser ces instruments entre les mains du délinquant, ce serait lui faciliter les moyens de retomber dans la même faute.

Quant aux bateaux, on serait allé trop loin en prononçant contre eux une confiscation obligatoire dans tous les cas.

Il est à remarquer, en effet, que, quelle que soit sa forme ou son gréement, un bateau ne peut jamais être prohibé d'une manière absolue. Les anciens règlements ont interdit de se servir pour la pêche de bateaux sans quille, mât, voiles ni gouvernail, sous le prétexte qu'ils sont nuisibles à la conservation du poisson et dangereux pour ceux qui les montent. Mais aucune loi, aucune règle ne prohibent l'usage de ces bateaux, appliqués à une navigation quelconque, pourvu qu'elle n'ait point pour objet l'exercice de la pêche. D'une autre part, les règlements exigent que les bateaux affectés à certaines pêches ne soient pas pontés. Or, il est évident que, si les bateaux portant un pont sont frappés de prohibition en ce qui concerne cette espèce de pêche, l'emploi en est très licite dans toute autre circonstance. Il est donc permis de dire que la prohibition des bateaux, dans l'un comme dans l'autre cas, ne peut être que relative.

En conséquence, il était nécessaire de laisser aux juges la faculté d'apprécier les cas où il y aurait lieu de prononcer la confiscation du bateau en addition à l'amende et à la confiscation des instruments de pêche.

Cette aggravation de peine, de nature à causer parfois la ruine d'un pêcheur, n'interviendra indubitablement que lorsque le délit empruntera aux circonstances dans lesquelles il aura été commis une gravité considérable. La prudence des juges offre toute garantie à cet égard.

En assimilant aux pêcheurs ceux qui fabriquent, détiennent, exposent en vente ou vendent des filets ou instruments de pêche prohibés, et en leur appliquant les mêmes peines qu'à ceux qui s'en servent, on ne s'est pas écarté de l'esprit du Code pénal ordinaire, et l'on a rendu plus difficile l'emploi de ces instruments pernicieux.

La loi sur la pêche fluviale (art. 9) et la loi sur la chasse (art. 12) punissent ceux qui sont trouvés porteurs ou munis, hors de leur domicile, de filets, engins ou instruments de pêche ou de chasse prohibés, et autorisent la saisie des filets et engins. Ces dispositions ont paru devoir être introduites dans le projet de loi sur la petite pêche, sans modification, et non pas restreintes aux patrons et marins pêcheurs, comme l'avait proposé l'auteur du premier projet. Une pareille restriction, injuste en principe, aurait pour conséquence d'annuler les bons effets d'une mesure que les pêcheurs éluderaient en faisant porter ou détenir par d'autres personnes leurs filets et engins prohibés.

Le droit de rechercher les filets et engins de pêche prohibés chez les fabricants et marchands complète la mesure préventive dont il s'agit. Une disposition analogue, mais bien plus étendue encore, se trouve dans la plupart des anciens règlements de pêche. L'ordonnance de 1681, les déclarations des 23 avril 1726 et 18 mars 1727, autorisaient, en effet, les officiers d'amirauté à faire la recherche desdits filets et engins non seulement chez les fabricants de filets et engins, mais encore dans les maisons des pêcheurs et autres riverains de la mer.

Art. 8. Les règlements sur la police de la pêche ont essentiellement pour but d'assurer, autant que possible, la conservation, la reproduction du poisson et du coquillage. Les sages et prévoyantes mesures adoptées à cet effet, et celles qui pourront l'être plus tard, ne sont jamais violées sans qu'il en résulte un grave préjudice, au point de vue des intérêts généraux, étroitement liés à la prospérité de la pêche côtière. Toute contravention de ce genre demande une répression énergique. L'article 8, pour satisfaire à cette nécessité, prononce une amende de 30 à 150 francs ou un emprisonnement de cinq à vingt jours. Ces pénalités suffiront, mais il était impossible de les adoucir davantage.

Les mêmes peines doivent naturellement atteindre ceux qui pêchent, transportent et mettent en vente du poisson ou du coquillage au-dessous des dimensions déterminées par les règlements; de plus, la confiscation du poisson et du coquillage saisis sera prononcée. Ces dispositions se justifient toutes seules.

Les anciens règlements prononçaient la confiscation des bateaux, chevaux, voitures et harnais employés au transport du poisson et du coquillage prohibés. Mais, après mûr examen, la Commission a été d'avis de substituer à ce moyen de répression, trop rigoureux pour ne pas rencontrer d'énormes difficultés dans son application, une mesure qui est plus en rapport avec les mœurs actuelles : cette mesure, portée par le dernier paragraphe de l'article 8, consiste à doubler la peine prévue par le premier paragraphe du même article, lorsque le transport du poisson ou du coquillage prohibé a lieu par bateaux, voitures ou bêtes de somme.

La Commission s'est préoccupée de la question de savoir s'il ne serait pas à propos de compléter les mesures conservatrices du poisson et du coquillage, en faisant entrer dans son projet une disposition analogue à celle qui, dans la loi du 3 mai 1844, sur la chasse, interdit de mettre en vente, de vendre, d'acheter, de transporter et de colporter du gibier pendant le temps où la chasse n'est pas permise.

Il est de règle générale que la pêche du poisson, à l'exception des espèces frappées d'une prohibition de pêche absolue, est libre pendant toute l'année, en droit, sinon complètement en fait. Elle est libre de droit, parce que la capture du poisson ne constitue pas en elle-même le délit, qui reste subordonné à la nature de l'engin, du filet, de l'instrument au moyen desquels cette capture a eu lieu. Elle n'est pas complètement libre en fait, parce que, pour assurer la reproduction des espèces, les règlements défendent, durant certains mois de l'année, l'emploi d'engins, de filets et d'instruments de pêche sans lesquels il est bien difficile, pour ne pas dire impossible, de prendre le poisson de petite race en quantité notable. Ces restrictions ne s'appliquent point d'ailleurs aux pêches qui se pratiquent à quelque distance des côtes, notamment à la pêche du chalut, la plus féconde en poissons de choix, tels que les turbots, soles, limandes, barbues, plies, etc. : elles ne concernent pas davantage la pêche des homards, langoustes et autres crustacés, qui est toujours permise.

Quant aux espèces peu nombreuses dont la pêche est interdite en toute saison, elles ne se composent que de poissons qui n'atteignent jamais des dimensions suffisantes pour servir à l'alimentation, et qui ne pourraient être utilisés que comme appât. La conservation de ces petits poissons est jugée nécessaire pour attirer près des côtes les poissons de plus grande race, qui les poursuivent et s'en nourrissent.

Du moment où la pêche du poisson demeure libre toute l'année avec certains filets et engins; du moment où le délit ne peut être constaté par la présence même du poisson sur les marchés, et ne consiste que dans la nature des filets et engins à l'aide desquels il a été capturé, il ne peut y avoir aucun avantage, aucune garantie, à prohiber d'une manière quelconque la vente du poisson; l'intérêt du pêcheur, du consommateur et du commerce demande, au contraire, que nulle entrave ne soit mise au libre écoulement des produits de pêche, pourvu qu'il aient les dimensions exigées pour chaque espèce de poisson.

Il n'en est point ainsi relativement aux espèces dont la pêche est toujours prohibée, espèces qui doivent être assimilées au frai, comme le poisson du jeune âge, et dont la vente doit être punie de même que la pêche.

Les divers actes qui régissent la pêche des huîtres et des moules en défendent la pratique pendant plusieurs mois, chaque année.

Au premier abord, il semblerait convenable de fortifier cette prohibition de pêche par une prohibition de vente et d'achat qui aurait la même durée.

Mais, en examinant de près la question, on est conduit à renoncer à ce moyen, qui présenterait, dans l'espèce, des inconvénients fort graves.

Le commerce des huîtres et des moules puise à diverses sources énumérées sommairement ci-après,

Savoir :

1° La pêche effectuée à l'aide de bateaux, ou l'exploitation des huîtrières et des moulières, permise pendant une certaine partie de l'année;

2° La pêche à la main, qui se fait, en toute saison, par les riverains parcourant les grèves lorsque les vives eaux laissent à découvert les fonds où gisent les huîtres et les moules;

3° Les parcs, étalages, réservoirs et bouchots à huîtres ou à moules, où sont déposés les coquillages provenant soit de l'exploitation par bateaux des huîtrières et des moulières, soit de la cueillette à la main, soit enfin des achats faits, par les parqueurs d'huîtres et de moules de certaines parties du littoral, à des parqueurs dont les établissements sont situés à proximité des lieux de pêche.

Pour que la prohibition de vendre et d'acheter des huîtres et des moules pendant la période de clôture de la pêche en bateau fût efficace, il faudrait nécessairement la rendre applicable aux huîtres et aux moules de toute provenance, c'est-à-dire défendre d'une manière absolue toute pêche, tout commerce, tout transport, toute consommation d'huîtres et de moules durant l'espace de temps dont il s'agit.

Il est évident, en effet, que, si la prohibition ne portait que sur les huîtres et les moules provenant de la pêche opérée à l'aide de bateaux sur les huîtrières et les moulières, ce serait une mesure complétement illusoire, par l'impossibilité où l'on se trouverait de distinguer ces produits des coquillages provenant de la cueillette à main, ou des parcs, étalages, réservoirs et bouchots.

Cela posé, quelles seraient les conséquences d'une prohibition absolue de vente et d'achat ?

D'abord, la cueillette ou la pêche à la main s'effectue librement depuis des siècles par des populations entières, hommes, femmes et enfants, qui, toute l'année, mais surtout à l'époque des marées de syzygie, se répandent sur le littoral pour y glaner les fruits de la mer. Certes, personne n'oserait aujourd'hui conseiller de ravir à ces populations si pauvres les faibles ressources qu'elles trouvent ainsi à leur portée; mais voulût-on le tenter, que ce serait en vain : car les grèves sont trop vastes pour qu'il soit possible d'en interdire l'accès d'une manière permanente. Il faut donc renoncer à prohiber temporairement la pêche à la main et, par suite, la vente et l'achat des produits de cette pêche.

Quant aux huîtres et aux moules provenant des parcs, étalages, réservoirs et bouchots, il est clair que, si la vente et l'achat en étaient défendus pendant la période de clôture de la pêche par bateaux, c'est-à-dire pendant quatre mois chaque année, la consommation de ces coquillages serait tout à coup réduite d'un quart environ, au grand préjudice du commerce, des pêcheurs et des consommateurs.

De si regrettables inconvénients seraient-ils au moins compensés par des avantages réels, au point de vue de la conservation des huîtrières et des moulières ?

Nullement : car, sans être fortifiée par une prohibition temporaire de vente et d'achat, la défense d'exploiter à l'aide de bateaux les huîtrières et les moulières pendant plusieurs mois chaque année n'est jamais enfreinte. Une mesure de police aussi efficace que simple dans son exécution s'oppose complètement à ce qu'il en soit autrement : cette mesure consiste à retirer aux patrons de bateaux, durant la période de clôture de la pêche sur les huîtrières et les moulières, les engins exclusivement propres à cette exploitation.

D'après les considérations qui précèdent, la Commission, modifiant à cet égard le projet de loi sbumis à son examen, a cru devoir laisser libres pendant toute l'année la vente, l'achat et le transport des huîtres et des moules, sans acception de provenance, pourvu qu'elles aient acquis les dimensions voulues par les règlements.

En résumé :

Liberté de pêcher, d'acheter, de vendre ou transporter le coquillage pendant toute l'année, en se conformant aux dispositions qui régissent l'exercice de la pêche et déterminent les dimensions assignées à chaque espèce de poisson et de coquillage;

Défense absolue de vendre et d'acheter les espèces de poisson dont la pêche est prohibée pendant toute l'année.

Art. 9. L'emploi des appâts prohibés entraîne des inconvénients nombreux et graves.

Il arrive, d'une part, dans certaines localités, notamment sur les côtes de Provence (1) comme dans les fleuves et rivières, que les pêcheurs, pour s'emparer plus facilement de leur proie, l'amorcent avec des matières vénéneuses qui ont le double danger de compromettre la santé des consommateurs et de faire périr une énorme quantité de poisson.

D'une autre part, il est, comme on l'a vu précédemment, certaines espèces de

(1) On emploie en Provence une résine dans laquelle il entre de la noix de galle et du musc et peut-être aussi de la noix vomique. Cette composition, qui enivre, attire et tue le poisson, est défendue par les lois. (Baudrillard, *Dictionnaire des pêches.*)

poisson très propres à servir d'appât, mais dont la pêche est prohibée d'une manière absolue dans un but d'intérêt général. De même que l'on punit la pêche, la vente et l'achat de ce poisson, de même aussi faut-il en prévenir l'usage comme appât, afin de ne point tenter les pêcheurs par la certitude de l'employer impunément une fois qu'ils l'auraient en leur possession.

On voit, d'après ces explications, que toute infraction aux règles qui prohibent l'emploi des matières vénéneuses et de certaines espèces de poisson comme appât demande à être punie avec sévérité. L'article 9 y pourvoit en prononçant dans l'espèce une amende de 50 à 250 francs, et, au besoin, un emprisonnement de six jours à un mois, le tout accompagné de la confiscation du poisson saisi.

La loi du 15 avril 1829 (R.) contient une disposition analogue (art. 25) (1).

Art. 10. L'article 10 sanctionne tout à la fois les dispositions prescrites par l'article 2 au sujet des pêcheries à demeure ou temporaires, des parcs à huîtres ou à moules, ainsi que des dépôts quelconques de coquillages et les dispositions renfermées dans le huitième paragraphe de l'article 3 relativement à la réglementation de ces divers établissements.

En traitant des motifs qui ont donné lieu à l'adoption de l'article 2, on a exposé les inconvénients de tout genre attachés aux usurpations du domaine public, par suite desquelles le nombre des pêcheries à demeure et temporaires s'est déplorablement accru; on a, en outre, fait ressortir toute la nocuité des établissements de cette espèce, sous le triple rapport de l'intérêt général des pêches, de l'intérêt particulier des pêcheurs et de l'intérêt plus précieux encore de l'inscription maritime. Ces considérations, sur lesquelles il serait superflu d'appuyer davantage, justifient la pénalité portée par l'article 10 contre ceux qui formeront, à l'avenir, sans autorisation, des pêcheries à demeure ou temporaires, des parcs à huîtres ou à moules, etc.

La pénalité dont il s'agit consiste en une amende de 50 à 250 francs, à laquelle il pourra être joint un emprisonnement de six jours à un mois, avec obligation, pour le délinquant, de détruire à ses frais le corps du délit.

Le troisième paragraphe de l'article 10 rend la même peine applicable à ceux qui auront enfreint les dispositions réglementaires concernant les établissements en question aujourd'hui existants, ou qui seraient construits à l'avenir en vertu d'autorisations régulières; et le quatrième paragraphe dudit article stipule que ces infractions motiveront en plus le retrait de l'autorisation et la destruction des établissements aux frais des contrevenants.

Il y a lieu d'entrer, à cet égard, dans quelques explications.

Les pêcheries à demeure ou temporaires qui, au mépris des lois et du principe de liberté et de communauté de la pêche maritime, se développent sur une grande partie de notre littoral, pourraient, à la rigueur, être condamnées à une suppression immédiate, comme empiétement sur le domaine public, imprescriptible et inaliénable de sa nature (art. 538 et 741 du Code civil).

Il n'est, en effet, aucune de ces pêcheries, en pierre ou en bois, dont les possesseurs puissent revendiquer légalement le maintien; car, aux termes de l'ordonnance du mois d'août 1681, leur existence ne serait régulière que si elles

(1) Art. 25. «Quiconque aura jeté dans les eaux des drogues, appâts qui sont de nature à enivrer «le poisson ou à le détruire, sera puni d'une amende de 30 à 300 francs et d'un emprisonnement «d'un à trois mois.»

avaient été fondées antérieurement à l'année 1544, ce dont on ne saurait produire la preuve en forme.

Mais, si la suppression des pêcheries est possible en droit, il faut bien reconnaître, malgré tous les avantages d'une pareille mesure, qu'elle serait en réalité à peu près inexécutable.

En effet, les détenteurs de ces établissements, les considérant à tort comme un bien à eux acquis en toute propriété, se sont crus autorisés à en disposer à titre gratuit ou onéreux. Si bien que, depuis les époques plus ou moins reculées auxquelles remonte la création des pêcheries, elles ont passé par tant de mains, que l'éviction de ceux qui en jouissent aujourd'hui soulèverait des difficultés inextricables et froisserait jusqu'à un certain point, sinon le droit, du moins l'équité.

Dans cet état de choses, très regrettable assurément, on a dû s'efforcer de trouver le moyen de concilier, autant que possible, les intérêts généraux, si profondément lésés par l'existence des pêcheries, avec les intérêts privés, moins importants sans doute, mais cependant dignes d'égards.

Les dispositions des deux premiers paragraphes de l'article 10 paraissent atteindre complètement ce double but. En effet, les possesseurs des pêcheries, de quelque nature qu'elles soient, mis en demeure de se conformer aux règles conservatrices de la pêche, dans l'installation et l'exploitation de leurs établissements, sous peine de les voir supprimer et d'encourir, en outre, une pénalité assez forte, se tiendront désormais sur leurs gardes. S'il en est ainsi, quoique nuisibles encore, les pêcheries auront perdu leur caractère essentiellement destructeur; dans le cas contraire, rien ne s'opposera plus à leur suppression, qui sera dès lors conforme à la loi et à l'équité.

Ainsi qu'on l'a dit précédemment, les articles 10 et 11 sont les seuls qui permettent de cumuler l'amende avec l'emprisonnement, et de porter l'une et l'autre au maximum le plus élevé des pénalités prévues par le projet de loi. L'exposé des motifs ci-dessus, en ce qui concerne chacun de ces articles, justifie la sévérité exceptionnelle dont il s'agit.

Art. 11. On s'est efforcé de grouper dans les diverses catégories de contraventions atteintes par les articles précédents toutes celles qui présentent une certaine gravité.

Il restait à fixer les pénalités destinées à sanctionner les dispositions des deux premiers paragraphes de l'article 3 du projet de loi, c'est-à-dire les mesures de police touchant la pêche à pied, et toutes les mesures d'ordre et de précaution d'une nature peu importante, mais très variée, et qu'il était impossible de prévoir par des énonciations positives.

Ce sont ces infractions légères, qui seront déterminées par les décrets à intervenir, que l'article 11 permettra de réprimer au moyen d'une amende de 2 à 30 francs, ou d'un emprisonnement qui ne pourra pas excéder dix jours. Les dispositions de l'article 4 du Code pénal se trouveront ainsi respectées (1).

Art. 12. La loi du 15 avril 1829 (R.) sur la pêche fluviale porte qu'en cas de récidive la peine sera toujours doublée (art. 69).

La loi du 3 mai 1844 sur la chasse (art. 14) et celle du 23 juin 1846 (R.) sur les pêcheries dans les mers situées entre la France et l'Angleterre (art. 7) disent seulement qu'en cas de récidive la peine pourra être doublée.

---

(1) « Nulle contravention, nul délit, nul crime, ne peuvent être punis de peines qui n'étaient pas « prononcées par la loi avant qu'ils fussent commis. » (Code pénal, article 4.)

L'article 12 du projet de loi actuel veut que, dans tous les cas de récidive, le maximum de l'amende ou de l'emprisonnement soit prononcé, et permet d'élever ce maximum jusqu'au double. Cette disposition a paru concilier les exigences d'une juste sévérité avec l'esprit de modération dont on a cherché à empreindre le projet de loi; elle se rapproche, en outre, des prescriptions de plusieurs lois antérieures et de l'article 58 du Code pénal.

Art. 13. L'établissement des invalides de la marine est la caisse commune où les gens de mer puisent, soit des pensions, soit des secours, suivant les titres qu'ils réunissent à l'une ou à l'autre de ces rémunérations.

Cette institution paternelle, contrepoids nécessaire de l'inscription maritime, doit sa création à un édit présenté au roi par Colbert le 6 octobre 1674 (**N. R.**), *Archives de la marine.*

Ce grand ministre a dit : « Tout homme qui travaille sur mer, qui se livre à « la navigation, a besoin de protection plus qu'un autre.... Vous avez besoin « de protection plus que les autres, vous serez protégés; mais j'exige que vous « soyez sans cesse sous la main du Gouvernement; si vous réclamez de ma part « plus de protection, de votre côté vous rendrez plus de services!

« Si je prends votre vie, en revanche je suis votre père nourricier; j'institue « la Caisse des invalides qui n'existe nulle part. Quand vous serez vieux, quand « vous serez devenus infirmes au service, je pourvoirai à vos besoins; si vous « avez une femme et des enfants qui, pendant vos longues absences, manquent « de pain, la Caisse des invalides leur en donnera (1). »

Telle est l'admirable pensée qui a présidé à la création de cet établissement tutélaire.

Il est donc permis de dire que plus la Caisse des invalides est riche, plus elle soulage de souffrances, de misères, parmi ces populations aussi indigentes que courageuses, qui consacrent leur vie et celle de leurs enfants au rude métier de la mer.

Les ordonnances des 22 mai (**F.**) et 17 juillet 1816 (**R.**) ont dévolu à la Caisse des invalides le produit des amendes prononcées par suite de contraventions aux règlements de la marine.

Ce principe a été admis par les ordonnances successivement rendues au sujet de la pêche de la morue aux côtes de Terre-Neuve depuis 1820 jusqu'au 24 avril 1842 (2), date de la dernière actuellement en vigueur; et il a, en outre, été sanctionné chaque année par les lois de finances (3).

L'article 13, en donnant la même destination au produit des condamnations prononcées en matière analogue, a consacré d'autant plus à propos le principe déjà posé que, dans l'espèce, cette dévolution peut, à juste titre, être considérée comme la réparation d'un dommage envers les intérêts généraux des pêcheurs. On ne saurait nier, en effet, que les règles de police concernant la pêche côtière, ayant pour but d'assurer la reproduction du poisson, et par suite le bien-être de ceux qui pratiquent cette industrie, chaque violation de ces règles cause un tort réel à la masse des pêcheurs, puisqu'elle contribue à appauvrir leurs ressources.

Toutefois, on a pensé qu'il serait juste de prélever sur le produit des amendes

---

(1) Discours de M. Thiers à la Chambre des députés. *Moniteur* du 17 avril 1846.

(2) 24 avril 1842 (N. R.), *A. M.* p. 493. Abrogée et remplacée par décret du 2 mars 1852 (R.), *B. O.* p. 214.

(3) Voir le budget de la marine.

et des confiscations une part destinée à l'encouragement et à la récompense des agents qui auraient signalé le délit. L'article 13 fixe au cinquième des amendes et confiscations la quotité de cette part, qui, en aucun cas, ne pourra excéder 25 francs.

La police des pêches est fort difficile à bien faire : elle exige autant de vigilance que de désintéressement et d'énergie; les agents qui en sont chargés, et notamment les gardes maritimes, qu'elle concerne plus spécialement, doivent braver sans cesse les fatigues, les veilles et souvent les menaces, d'une exécution facile la nuit, sur les plages solitaires qu'ils parcourent. Ils doivent rester également inébranlables devant les tentatives de corruption plus ou moins directes, plus ou moins séduisantes, auxquelles ils se trouvent naturellement exposés. Or ces agents sont fort peu rétribués, et il y aura tout à la fois justice et avantage à les faire participer au produit des condamnations prononcées par suite de l'exactitude et du zèle qu'ils auront déployés dans l'exercice de leurs fonctions.

Cette mesure n'est point, du reste, une innovation : elle est pratiquée à l'égard des préposés des douanes, des gendarmes et des gardes champêtres, dans des conditions identiques.

Art. 14. Le premier paragraphe de l'article 14 porte que les infractions prévues par le projet de loi seront déférées aux tribunaux correctionnels.

Sous l'empire de la législation ancienne, les amirautés étaient chargées de la police administrative et judiciaire des pêches maritimes. Toutefois, par une disposition spéciale, dans les ports de la Méditerranée, les contestations entre pêcheurs et les contraventions aux règlements sur la pêche étaient jugées souverainement par des prud'hommes; mais ces derniers, choisis dans le sein même de la communauté des pêcheurs, demeuraient soumis comme eux à la police des officiers de l'amirauté, qui avaient le droit de poursuivre les contrevenants lorsque l'infraction n'avait pas été portée devant les prud'hommes, ou n'avait point été punie par eux.

Cette institution, dont l'origine remonte au XVe siècle (1), a été confirmée par la loi du 12 décembre 1790, qui non seulement maintint dans leurs attributions les prud'homies déjà existantes, mais entendit, en outre, qu'il fût accordé, sur les côtes de la Méditerranée, de pareils établissements à tous les ports qui en feraient la demande.

Quant aux pêcheurs de la Manche et de l'Océan, ils continuèrent d'être placés sous la juridiction exclusive des tribunaux d'amirauté.

La loi du 13 août 1791 (extrait R.), en supprimant les amirautés, omit de désigner explicitement la juridiction qui connaîtrait à l'avenir des contraventions en matière de pêches maritimes. L'impunité, résultat naturel de ce silence, amena dans l'exercice de la pêche sur les côtes de la Manche et de l'Océan des désordres auxquels il fut impossible de remédier pendant le cours de nos dernières guerres avec l'Angleterre. Mais, au retour de la paix, on a senti la nécessité de prémunir les pêcheurs contre les effets de leur imprévoyance, en remettant en vigueur les dispositions qui régissaient la police de la petite pêche, et, depuis cette époque, les tribunaux correctionnels ont été saisis des infractions

(1) Ordonnance de 1452 (N. R.), qui établit la juridiction des pêcheurs sur la police de la pêche maritime. — Voir, en outre : lettres patentes de 1622 (N. R.); — Arrêts des 16 mai 1738 (N. R.), — 9 novembre 1776 (N. R.), — 4 octobre 1778 (N. R.), — 20 mars 1786 (N. R.); — Décret du 12 décembre 1790 (N. R.); — Décret du 20 avril 1791 (N. R.). — (Walker, tome Ier, p. 6 et 172; tome III, p. 41; tome IV, p. 456; tome V, p. 32 et 407; et *Recueil des lois de la marine*, tome Ier, p. 204 et 394.)

aux règlements sur la matière, partout où il n'existait point de prud'homies.

En 1821, le ministre de la marine, vivement frappé de l'insuffisance d'une législation surannée, dont les dispositions pénales, tout empreintes de l'esprit des temps où remonte leur origine, avaient pour la plupart cessé d'être applicables, fit préparer un travail de revision de ces anciens actes, précieux encore comme modèles à suivre dans leur partie réglementaire.

Dans le but de ramener à l'unité la juridiction relative à la pêche côtière, on crut devoir consulter alors les pêcheurs de la Manche et de l'Océan sur la question de savoir s'ils seraient ou non désireux d'être jugés par leurs pairs, à l'instar de ce qui se pratique dans les ports de la Méditerranée. Tout en reconnaissant les inconvénients qu'il y a pour eux à être traduits devant les tribunaux ordinaires, sous le double rapport des lenteurs et des frais qu'entraînent les formes judiciaires, les pêcheurs de l'Océan et de la Manche exprimèrent une répugnance très vive à l'égard de la juridiction des prud'homies. Ils motivèrent ce sentiment sur le peu de respect que leur inspireraient des arbitres choisis dans le sein de leur communauté et qui ne leur offriraient pas les garanties d'impartialité désirables.

Ces considérations déterminèrent le ministre de la marine à formuler un projet de loi portant création d'une juridiction spéciale aux ports de la Manche et de l'Océan. Cette institution, empruntée au règlement du 24 juillet 1816 sur les pêches dans les baies de Granville et de Cancale, avait pour but d'enlever aux tribunaux correctionnels la connaissance des délits de l'espèce, sans contraindre les pêcheurs à subir la juridiction des prud'homies, qui ne leur inspirait pas de confiance. Il s'agissait de la création de conseils de prud'hommes auxquels assisteraient les administrateurs de l'inscription maritime, en qualité de commissaires du roi.

Ces conseils devaient juger sans procédure, sans le ministère d'aucun avocat ou avoué, et sans frais, toutes les contraventions commises par les pêcheurs, ainsi que les différends survenus entre eux dans l'exercice de leur profession.

C'étaient des attributions analogues à celles des prud'homies que l'on confiait à d'autres juges que des pêcheurs.

Une des principales considérations invoquées à l'appui de ce système reposait sur les bons résultats obtenus pendant cinq années des conseils des pêches établis à Granville et à Cancale d'après le même principe.

Ainsi, le projet élaboré en 1821 au ministère de la marine maintenait pour les pêcheurs de la Méditerranée l'ancienne institution des prud'homies, et créait pour ceux de l'Océan et de la Manche une juridiction nouvelle, empruntée tout à la fois aux prud'homies de la Méditerranée et au conseil des pêches organisé par l'ordonnance du 24 juillet 1816.

Ce projet n'ayant pas eu de suite, depuis l'époque à laquelle il remonte jusqu'à ce jour, les prud'homies ont continué de fonctionner dans ceux des ports de la Méditerranée où il en existe, et dans tous les autres ports, les tribunaux correctionnels ont été saisis des contraventions en matière de pêche maritime.

La Commission, après avoir soigneusement pesé les motifs invoqués pour et contre cette dernière juridiction, n'a point hésité à reconnaître qu'elle est préférable à toute autre, malgré les inconvénients qu'elle présente sous le rapport des lenteurs et des frais inhérents aux formes judiciaires.

En effet, les raisons qui s'opposaient, en 1821, à ce que l'institution des prud'homies fût généralisée sur nos côtes, au lieu de s'affaiblir, n'ont fait que prendre plus de consistance, car les pêcheurs de l'Océan et de la Manche se montrent moins que jamais disposés à être jugés par leurs pairs. Quant aux conseils des pêches créés à Granville et à Cancale, ils ont depuis longtemps cessé de se réunir, et la répression des délits de pêche commis dans ces localités a été obtenue, soit à l'aide des tribunaux correctionnels, soit à l'aide des peines disciplinaires prononcées par le chef du service de la marine à Saint-Servan, en vertu de l'ordonnance du 24 juillet 1816 (**N. R.**) (*A. M.* p. 361). Ainsi tombe devant l'expérience de trente années le principal motif sur lequel était basé le projet d'une juridiction spéciale élaboré en 1821.

D'une autre part, la compétence des tribunaux correctionnels en matière de pêches a été confirmée, pour la pêche fluviale, par la loi du 15 avril 1829 (**R.**), et enfin, ce qui est considérable, par la loi du 23 juin 1846 (**R.**), pour la pêche maritime entre les côtes de France et celles de la Grande-Bretagne.

Ces précédents eussent suffi, à eux seuls, pour rendre aujourd'hui fort difficile la création d'une juridiction exceptionnelle qui détruirait l'unité si désirable dans l'espèce. Il arriverait, en effet, si les tribunaux correctionnels cessaient de connaître des contraventions aux règlements généraux sur la pêche côtière, que les pêcheurs de la Manche se trouveraient soumis à deux juridictions différentes, selon que le délit serait commis en deçà ou au delà de la mer territoriale, selon que la répression en serait poursuivie en vertu de la loi du 23 juin 1846 (**R.**) ou par application de la loi projetée. Une pareille anomalie n'est pas admissible.

Après avoir reconnu la nécessité de renoncer à placer les pêcheurs sous l'empire d'une juridiction spéciale, on a dû examiner s'il serait à propos de faire juger toutes les contraventions aux règlements sur la petite pêche par les tribunaux correctionnels, ou de répartir cette attribution entre ces tribunaux et les juges de paix, suivant l'importance de la peine à intervenir.

Ainsi qu'on l'a exprimé précédemment, il y a des inconvénients à déférer aux tribunaux correctionnels, situés parfois à une assez grande distance du littoral, toutes les infractions commises en matière de pêche. D'une part, on peut craindre de surcharger d'affaires sans gravité certains parquets déjà fort encombrés; d'une autre part, on ne saurait se dissimuler que l'obligation pour les pêcheurs de se rendre au siège du tribunal correctionnel dont ils ressortissent leur occasionnera des frais de déplacement et des pertes de temps qui aggraveront beaucoup les pénalités prévues par la loi.

Mais ces inconvénients, tout graves qu'ils paraissent au premier abord, perdent de leur importance si on les examine de près. Il ne faut pas croire, en effet, que les contraventions aux règlements sur la petite pêche seront très nombreuses lorsque les délinquants n'auront plus l'espoir d'échapper, comme aujourd'hui, à une condamnation, par l'insuffisance ou la sévérité excessive de la législation. Dès que les pêcheurs seront bien convaincus que chaque délit prévu par la loi et les règlements nouveaux trouvera une répression efficace dans les dispositions pénales de cette loi, ils se tiendront sur leurs gardes et se mettront rarement dans le cas d'encourir des poursuites judiciaires. L'expérience a démontré l'exactitude de cette assertion : dans les localités où des actes législatifs (1) en rapport avec nos mœurs permettent aux tribunaux d'atteindre les délinquants

---

(1) On a vu précédemment (page 26) que les anciens règlements sont, pour la plupart, spéciaux à certaines provinces. Parmi ces règlements, il s'en trouve un petit nombre qui édictent des peines modérées dont l'application a pu continuer d'être faite jusqu'à ce jour : tel est, par exemple, l'arrêt de 1736 (**N. R.**) (*A. M.* de 1829, p. 30[illegible]), relatif aux pêcheries de la baie de Cancale, à l'aide duquel la police de ces établissements a été maintenue.

en matière de pêche, le nombre des infractions est extrêmement restreint; il en a été ainsi relativement à la loi du 23 juin 1846 (R.), en vertu de laquelle fort peu d'actions ont dû être intentées devant les tribunaux correctionnels de France contre les pêcheurs. On est donc fondé à dire que ces tribunaux ne verront point s'accroître dans des proportions inquiétantes la masse des affaires dont ils connaissent, quand ils auront à juger, par continuation, tous les délits de pêche, conformément aux dispositions du premier paragraphe de l'article 14. Les considérations qui précèdent, en détruisant les craintes que l'on pouvait avoir à cet égard, atténuent en outre considérablement l'objection tirée de l'intérêt même des pêcheurs. Il est évident, en effet, que si le nombre des poursuites est fort restreint, il importe peu que le délinquant soit plus ou moins éloigné du juge.

Enfin, l'intervention des juges de paix dans les questions relatives à la police de la pêche constituerait une innovation qui pourrait n'être pas favorablement accueillie par les populations maritimes; et en dût-il être autrement, qu'il aurait fallu encore renoncer à cette juridiction, incompétente pour prononcer le maximum des peines prévues par le projet de loi. Au surplus, les contraventions aux règles de la pêche sont d'une appréciation souvent délicate. La quotité des amendes que prononce la loi est élevée et dépasse de beaucoup, pour la plupart des cas, les peines de simple police, et, sous ce double rapport, on ne peut se dissimuler que les tribunaux correctionnels offriront des garanties plus complètes.

Pénétrée des difficultés de cette matière toute spéciale, la Commission a même cru devoir examiner s'il n'y aurait pas lieu, comme la législation forestière en présente l'exemple, de charger les agents de la marine d'assister, à titre de commissaires, les procureurs de la République appelés à requérir dans l'espèce. Ce soin eût été naturellement dévolu aux commissaires de l'inscription maritime; mais on n'a pas cru devoir donner suite à cette idée. Il n'y a jamais un grand avantage à détourner des agents spéciaux de leurs occupations ordinaires, et il est douteux que le ministère public acquière plus de force et de dignité de la présence au parquet d'un fonctionnaire qui n'appartient pas à l'ordre judiciaire.

Ces considérations justifient la disposition de l'article 14 qui, par continuation, défère aux tribunaux de police correctionnelle les poursuites relatives aux contraventions en matière de pêche côtière.

Le système général d'unité, sur lequel repose la législation française, ne permet pas de laisser subsister deux juridictions différentes, l'une pour les ports de la Manche et de l'Océan, l'autre pour ceux de la Méditerranée, destinées à connaître des contraventions à la même loi.

C'est par respect pour ce principe fondamental que la Commission n'a pas cru devoir consacrer dans son projet de loi l'existence des prud'homies, en tant que juridictions correctionnelles. Si cette institution, établie comme on l'a vu précédemment en 1452, fut maintenue par la loi du 12 décembre 1790, c'est qu'alors l'unité ne prévalait pas dans la législation, et que la pêche côtière était dans l'Océan et dans la Manche, comme dans la Méditerranée, soumise à des juridictions spéciales. Il n'en saurait être ainsi de nos jours. Les tribunaux de police correctionnelle dans le ressort desquels se trouvent placés les différents ports de la Méditerranée doivent avoir la même compétence, en matière de contravention de pêche, que ceux de tous les autres points de la France. Les prud'homies cesseront, en conséquence, de fonctionner comme *juridictions exceptionnelles*, par le fait même de la promulgation de la loi nouvelle.

Au surplus, si, comme on a lieu de le croire, cette juridiction exerce encore les pouvoirs judiciaires qu'elle tenait de ses anciens statuts, c'est *uniquement par la tolérance des pêcheurs qui s'y soumettent* : car la Cour de cassation, par un arrêt rendu en 1836, a proclamé que les prud'hommes pêcheurs de la Méditerranée n'étaient compétents, comme juges, que pour prononcer sur les *infractions aux règlements particuliers à leurs communautés respectives* et sur les contestations qui pouvaient s'élever entre eux relativement à la pêche. Quant aux contraventions aux règlements généraux, ils devaient se borner à les constater comme officiers de police judiciaire, pour en amener la répression par les tribunaux de police correctionnelle.

Le projet de la loi statue dans le même sens, en gardant le silence au sujet des prud'hommes de la Méditerranée. En effet, les contraventions aux règlements généraux commises par les pêcheurs de tous les ports de France seront invariablement jugées désormais par une juridiction unique, les tribunaux correctionnels; mais les prud'homies de la Méditerranée, de même que les autres communautés ou associations de pêcheurs existant sur les autres points du littoral, subsistent en tout ce qui n'est pas contraire à ce principe fondamental.

L'article 14 porte que les contraventions seront jugées par le tribunal correctionnel du lieu où elles auront été commises.

Il est utile que les magistrats appelés à poursuivre des contraventions d'une nature toute particulière puissent recourir aux agents de la marine qui les ont signalées, afin d'en recevoir des indications verbales et détaillées propres à faciliter leur tâche. Or il fallait, pour atteindre ce but, faire juger exclusivement les contraventions par le tribunal du lieu où elles seront commises, sans quoi des tribunaux fort éloignés de ce point en eussent été souvent saisis. Il n'est, en effet, pas rare que les pêcheurs aillent exercer leur industrie à de grandes distances du point où ils résident, et ils sont alors plus que jamais enclins à enfreindre les règlements. Si le projet de loi n'eût pas déterminé le tribunal qui seul devra connaître du délit de pêche, chaque fois qu'une contravention aurait été commise par des pêcheurs placés dans cette condition, on les eût renvoyés devant le tribunal de leur résidence; l'instruction de l'affaire en aurait beaucoup souffert, et les officiers ou agents par qui la contravention aurait été constatée se fussent trouvés dans l'obligation d'abandonner leurs postes pendant plusieurs jours, afin d'assister aux jugements. De pareils déplacements, onéreux pour le Trésor, eussent en outre compromis les intérêts du service.

C'est pour obvier à ce double inconvénient que la Commission, après y avoir mûrement réfléchi, a cru devoir s'écarter, dans l'espèce, des dispositions du Code d'instruction criminelle.

Art. 15. Le premier paragraphe de l'article 15, relatif à la preuve des délits, est analogue aux dispositions de l'article 154 du Code d'instruction criminelle, de l'article 21 de la loi du 3 mai 1844, sur la chasse, et de l'article 52 de la loi du 15 avril 1829 (R.), sur la pêche fluviale.

Quant au choix des officiers et agents auxquels les deuxième et troisième paragraphes de l'article 15 du projet de loi accordent le droit de dresser, pour la constatation des délits, les procès-verbaux et rapports qui, par imitation du vœu de l'article 22 de la loi sur la chasse, doivent faire foi jusqu'à preuve contraire, il a paru indispensable de distinguer entre les infractions commises dans l'exercice de la pêche proprement dite et celles qui ont lieu en matière de vente, de transport et de colportage de poisson ou de coquillage.

En effet, il n'eût pas été sans inconvénient de conférer aux officiers de police judiciaire le droit de verbaliser relativement aux faits de pêche, dont l'appréciation exige des connaissances spéciales qui manquent à ces agents. C'est pourquoi on a restreint leur droit d'intervention aux cas de vente, de transport et de colportage du frai, du poisson assimilé au frai, du poisson et du coquillage au-dessous des dimensions prescrites.

Quant aux officiers et agents dénommés dans le deuxième paragraphe de l'article 15, ils sont parfaitement aptes à remplir dans toute son étendue la mission qui leur est confiée. On ne leur a pas adjoint les officiers et maîtres de port de commerce, non plus que les préposés des douanes (1), attendu, pour les premiers, qu'ils ne sont point à même d'exercer une utile surveillance en matière de pêche, et pour les seconds, que les règlements de l'Administration dont ils relèvent leur interdisent de s'immiscer dans les faits étrangers à leur service spécial. Il n'eût pas, d'ailleurs, été sans inconvénient, s'ils avaient pu s'occuper de la police de la pêche, de les autoriser à le faire, car il en serait souvent résulté des taquineries vexatoires pour la population maritime.

Le droit de requérir l'assistance de la force publique est attribué aux officiers et agents chargés de la police des pêches, à l'instar et par reproduction de la disposition de l'article 43 de la loi sur la pêche fluviale.

Art. 16. L'article 2 de la loi précitée du 23 juin 1846 (R.) porte que la poursuite ne pourra avoir lieu que sur la plainte du commissaire de l'inscription maritime, sans préjudice du droit appartenant à la partie civile de saisir le tribunal par une citation directe, et qu'en cas de désistement de la plainte ou de la citation, toute poursuite commencée cessera immédiatement.

L'auteur du projet de loi soumis à l'examen de la Commission avait cru pouvoir, par imitation de ce précédent, enlever au ministère public le droit de poursuite que lui confère toute notre législation.

En agissant ainsi, on priverait nos pêcheurs des garanties d'impartialité et de justice indispensables en matière pénale, et l'on exposerait les agents de la marine aux soupçons et aux reproches des contrevenants qu'ils jugeraient à propos de faire poursuivre.

D'après ces considérations, la Commission a pensé qu'il convenait de rester à cet égard dans le droit commun, et l'article 16 a été rédigé en conséquence.

Au surplus, l'initiative du département de la marine, particulièrement chargé de la protection de la pêche côtière, est suffisamment sauvegardée par l'article 15, qui n'a laissé qu'à des officiers et agents maritimes le droit de signaler les contraventions commises à bord des bateaux pêcheurs.

Art. 17. La loi sur la pêche fluviale du 15 avril 1829 (R.) (art. 62), la loi du 3 mai 1844 sur la chasse (art. 26) et la loi du 23 juin 1846 (R.) ont réduit à trois mois la durée de la prescription en ce qui touche les délits qu'elles prévoient; l'article 17 du projet de loi est rédigé dans le même sens, avec d'autant plus de raison, que les délits en matière de pêche côtière exigent surtout une répression immédiate, et qu'il ne s'écoulera jamais trois mois entre l'époque où ils auront été commis et celle où commenceront les poursuites.

Art. 18. Le premier paragraphe de l'article 18 dispense des frais de timbre

(1) Le projet soumis à l'examen de la Commission en avait autrement disposé.

et d'enregistrement tous les actes de procédure et les jugements relatifs aux contraventions de pêche proprement dites.

Une disposition analogue se trouve dans la loi du 22 mars 1831 (N. R.) (*Bulletin des lois*, p. 63) sur la garde nationale (art. 121).

Le second paragraphe du même article 18 porte que les citations et significations seront faites et remises sans frais par les agents de surveillance placés sous les ordres des commissaires de l'inscription maritime.

L'article 4 de la loi du 23 juin 1846 (R.) présente, avec moins de précision, une disposition tendant au même but.

La position indigente des populations maritimes justifie le dégrèvement dont elles sont l'objet dans les deux paragraphes précités.

Quant aux auteurs des contraventions commises à terre et qui peuvent être constatées par les officiers de police judiciaire, il n'y avait pas lieu de les faire participer à ce privilège : ce sont presque toujours des spéculateurs, dont la position ne justifierait pas la mesure exceptionnelle prise en faveur des gens de mer.

Les autres dispositions de l'article 18 sont empruntées à la loi du 23 juin 1846 (R.) et à la loi de 1829 (R.) sur la pêche fluviale.

Art. 19. Le droit commun n'applique la responsabilité par rapport aux délits qu'aux restitutions, dommages-intérêts, indemnités et frais.

Contrairement à ce principe, les règlements de la marine ont toujours étendu cette responsabilité à l'amende prononcée par suite de contraventions en matière de pêche (1).

La législation de la douane présente des exceptions analogues. Ainsi la loi du 22 août 1791 (M.) porte :

« Les messagers et conducteurs de voitures publiques seront soumis, pour les « objets dont leurs voitures se trouveront chargées, aux formalités ordonnées « par le présent titre. En cas de contraventions ou de fraude, la confiscation des « marchandises sera prononcée contre eux, ainsi que *l'amende*, dont les proprié-« taires, fermiers ou régisseurs desdites voitures seront responsables. . . . »

(Titre XI, article 29.)

« Les propriétaires des marchandises seront responsables civilement du fait « de leurs facteurs, agents, serviteurs et domestiques, en ce qui concerne les « droits, confiscations, amendes et dépens. »

(Titre XIII, article 20.)

Et la loi du 4 germinal an XI (N. R.) :

« Les conducteurs des messageries et voitures publiques seront soumis aux « lois des douanes : si des objets ne sont pas portés sur la feuille de voyage, ils « seront naturellement condamnés à une amende de 300 livres, les marchan-« dises seront confisquées, de même les chevaux et voitures, et les fermiers ou « régisseurs intéressés seront solidaires avec le conducteur pour l'amende de « 300 livres. »

(Titre III, article 8.)

Le projet de loi soumis à l'examen de la Commission présente une disposition

---

(1) Voir, entre autres, l'ordonnance de 1681 (M.), livre V, titre III, article 19 ; — la déclaration du 24 décembre 1726 (N. R.), article 7, — la déclaration du 18 mars 1727 (N. R.), titre X ; article 15 ; — la déclaration du 18 décembre 1728 (N. R.), titre IV, article 3. (Valin, tome II, p. 748, 751 et 757.)

semblable, relativement à l'amende, et fait peser la responsabilité sur les propriétaires et armateurs de bateaux de pêche, sur les propriétaires des parcs et pêcheries, et même sur les pères et mères, maris et maîtres des délinquants.

La Commission, après avoir longuement délibéré sur la question de responsabilité, a reconnu qu'entre le droit commun et les rigoureuses dispositions de la législation maritime il convenait de prendre un moyen terme propre à concilier tous les intérêts.

En conséquence, elle a rédigé l'article 19 de manière à permettre aux tribunaux de prononcer ou non, selon qu'ils le jugeront à propos, la responsabilité par rapport aux amendes; et, de plus, elle n'a rendu passibles de cette responsabilité que les armateurs de bateaux de pêche, propriétaires ou non de ces bateaux, les possesseurs d'établissements de pêcheries, de parcs à huîtres ou à moules, ou de dépôt quelconque de coquillages.

Elle s'est fondée, pour agir ainsi, sur ce que, l'amende étant une pénalité réelle, on ne saurait équitablement en rendre responsables que ceux qui, pouvant tirer un bénéfice de la contravention, seraient hors d'état de prouver toute absence de participation même indirecte.

Quant à la responsabilité civile, elle demeure réglée par l'article 74 du Code pénal.

Art. 20. L'article 20, relatif à la réduction du taux de l'amende à consigner pour le recours en cassation, reproduit littéralement l'article 15 de la loi du 23 juin 1846 (R.). Il y avait convenance dans l'espèce à imiter ce précédent.

Art. 21. L'article 21, portant abrogation de la législation qui régit actuellement la pêche côtière, dispose transitoirement que cette législation continuera d'être exécutée, mais sous les peines énoncées au projet de loi, jusqu'à la publication des décrets à intervenir en conformité de l'article 3, et que cette publication devra avoir lieu dans l'année qui suivra la promulgation de la nouvelle loi.

Les lois et règlements relatifs à la petite pêche sont surtout défectueux, on l'a dit déjà, dans leurs dispositions pénales; il importe donc, pour couper court aux abus qui menacent cette précieuse industrie d'une ruine complète, de substituer, avant tout, à ces dispositions insuffisantes ou exagérées, une loi pénale en rapport avec nos mœurs, à l'aide de laquelle on parvienne à faire immédiatement observer l'ancienne législation dans sa partie réglementaire.

Ce premier résultat obtenu par la promulgation de cette loi essentielle, il restera à l'Administration le devoir de préparer les règlements de police qui compléteront le nouveau Code de la petite pêche maritime. Un pareil travail présente des difficultés sérieuses, car il touche à des intérêts nombreux et souvent rivaux, dont il faudra tenir compte, soit pour les satisfaire dans de justes limites, soit pour les concilier autant que possible.

Le délai d'une année, accordé à cet effet par l'article 22, n'est point exagéré, mais il suffira : les éléments réunis depuis longtemps au ministère de la marine faciliteront cette tâche, devant laquelle ce département ne reculera pas, car il en comprend toute l'importance.

La loi du 15 avril 1829 (R.), relative à la pêche fluviale, contient, au surplus, une disposition analogue à celle de l'article 21, et ce précédent, combiné avec les explications données ci-dessus, justifie les prescriptions de l'article final du projet de loi sur la pêche côtière.

PROJET DE LOI

pour la répression des contraventions aux règlements concernant la pêche maritime côtière.

Art. 1er (1). L'exercice de la petite pêche, ou pêche du poisson et du coquillage à la mer, le long des côtes, ainsi que dans la partie des fleuves et rivières où les eaux sont salées, est soumis aux dispositions suivantes.

Art. 2 (2). Aucun établissement de pêcheries à demeure ou temporaires, de quelque nature qu'il soit, aucun parc, soit à huîtres, soit à moules, ou dépôt quelconque de coquillage, ne peuvent être formés sur les grèves, le long des côtes, ni dans la partie des fleuves et rivières où les eaux sont salées, sans une autorisation spéciale.

Cette autorisation devra être précédée d'une enquête dont les formes seront déterminées par un règlement d'administration publique.

Art. 3 (3). Des décrets détermineront pour chaque arrondissement ou sous-arrondissement maritime :

1° Les époques d'ouverture et de clôture des différentes pêches, avec l'indication de celles qui seront libres pendant toute l'année; les heures pendant lesquelles elles pourront être pratiquées (4);

2° La distance de la côte, ainsi que des graus ou embouchures des étangs, rivières et canaux, à laquelle les pêcheurs devront se tenir, et l'étendue de côte devant laquelle il leur sera permis de se livrer à certaines pêches (5);

3° Les mesures d'ordre et de police à observer dans l'exercice de la pêche en flotte (6);

4° Les rets, filets, engins, instruments de pêche et bateaux permis; ceux qui seront prohibés (7);

5° Les dispositions spéciales propres à prévenir la destruction du frai et à assurer la conservation du poisson et du coquillage; la classification générale du poisson qui sera réputé frai;

Les dimensions au-dessous desquelles les poissons et les coquillages de certaines espèces ne pourront être pêchés ou devront être rejetés à la mer, ou, pour les coquillages, déposés dans tel lieu qui sera déterminé (8);

6° Les prohibitions relatives à la pêche, à l'exposition en vente, à l'achat, au transport et colportage, ainsi qu'à l'emploi, pour quelque usage que ce soit,

---

(1) Voir l'article 1er de la loi du 9 janvier 1852 (R.).

(2) Voir l'article 2 de ladite loi.

(3) Voir l'article 3, *idem*.

(4) Voir le n° 3 de l'article 3, *idem*.

(5) Voir le n° 2 de l'article 3, *idem*.

(6) Voir le n° 4, *idem*.

(7) Voir le n° 5, *idem*.

(8) Voir le n° 6, *idem*.

du frai ou du poisson assimilé au frai, et du coquillage au-dessous des dimensions prescrites (1);

7° Les appâts permis; ceux qui seront défendus (2);

8° Les formes, dimensions, modes de clôture et d'exploitation des pêcheries à demeure ou temporaires; des parcs à huîtres ou à moules et des dépôts quelconques de coquillages; les rets, filets, engins, bateaux, instruments et matériaux qui pourront y être employés (3);

9° Les mesures de police touchant l'exercice de la pêche à pied (4);

10° Enfin et généralement toutes les mesures d'ordre et de précaution propres à assurer la conservation et la police de la pêche (5).

Art. 4 (6). Les préfets maritimes et les chefs du service de la marine dans les sous-arrondissements pourront fixer par des arrêtés les époques d'ouverture et de clôture de la pêche des huîtres et des moules, et déterminer les huîtrières et les moulières qui seront mises en exploitation.

Ces arrêtés seront exécutoires; ils seront immédiatement transmis au ministère de la marine.

Art. 5. Quiconque se livrera à la pêche pendant les temps, saisons et heures prohibés par les décrets ou arrêtés sera puni d'une amende de 5 à 75 francs ou d'un emprisonnement de deux à dix jours (7).

Le poisson et le coquillage pêchés seront confisqués (8).

Art. 6. Sera puni d'une amende de 15 à 100 francs, ou d'un emprisonnement de deux à dix jours, quiconque aura pêché en dedans des limites fixées par les décrets et arrêtés pour déterminer la distance de la côte, de l'embouchure des étangs, rivières et canaux, à laquelle les pêcheurs devront se tenir (9).

Le poisson et le coquillage pêchés seront confisqués (10).

Seront punis de la même peine ceux qui auront enfreint les prescriptions relatives à l'ordre et à la police sur la pêche en flotte (11).

Art. 7. Ceux qui feront usage, en quelque temps que ce soit, de rets, filets, engins, instruments de pêche et bateaux défendus par les règlements seront condamnés à une amende de 25 à 125 francs ou à un emprisonnement de trois à quinze jours (12).

Les rets, filets, engins et instruments de pêche seront confisqués.

---

(1) Voir le n° 7 de l'article 3 de la loi du 9 janvier 1852.

(2) Voir le n° 8, *idem.*

(3) Voir le n° 9, *idem.*

(4) Voir le n° 10, *idem.*

(5) Voir le n° 11, *idem.*

(6) Voir l'article 4 de ladite loi.

(7) Voir le n° 1, article 8, *idem.*

(8) Voir l'article 14, § 2, *idem.*

(9) Voir le n° 1, article 8, *idem.*

(10) Voir le § 2, article 14, *idem.*

(11) Voir le n° 2, article 8, *idem.*

(12) Voir les n°s 1 et 3, article 7, *idem.*

Les bateaux prohibés par les règlements pourront être également confisqués (1).

Seront punis de la même peine ceux qui auront fabriqué, détenu, mis en vente ou vendu des rets, filets, engins et instruments de pêche prohibés (2).

La recherche des rets, filets, engins et instruments de pêche prohibés pourra être faite à domicile chez les fabricants et marchands (3).

Art. 8. Quiconque aura contrevenu aux dispositions spéciales établies par les règlements pour prévenir la destruction du frai ou du poisson assimilé au frai, et pour assurer la conservation et la reproduction du poisson et du coquillage, sera puni d'une amende de 30 à 150 francs ou d'un emprisonnement de cinq à vingt jours (4).

La même peine sera appliquée à ceux qui auront pêché, transporté, mis en vente ou employé à un usage quelconque du poisson ou du coquillage au-dessous des dimensions déterminées par les règlements (5).

La confiscation du poisson et du coquillage saisis sera prononcée (6).

La peine sera double lorsque le transport aura lieu par bateaux, voitures ou bêtes de somme (7).

Art. 9. L'emploi des appâts prohibés sera puni d'une amende de 50 à 250 francs.

Un emprisonnement de six jours à un mois pourra, en outre, être prononcé (8).

Le poisson saisi sera confisqué (9).

Art. 10. Quiconque aura formé sans autorisation des établissements de pêcheries à demeure ou temporaires, des parcs à huitres ou à moules et des dépôts quelconques de coquillages, sera puni d'une amende de 50 à 250 francs.

Un emprisonnement de six jours à un mois pourra, en outre, être prononcé.

La destruction de ces établissements sera ordonnée et aura lieu aux frais des contrevenants (10).

La même peine sera applicable à ceux qui auront exploité, contrairement aux dispositions réglementaires, des établissements de pêcheries, des parcs à huitres ou à moules, ou des dépôts quelconques de coquillages autorisés.

Dans ce cas, l'autorisation pourra être retirée, et les établissements seront détruits aux frais des contrevenants (11).

---

(1) Voir le § 1er de l'article 14 de la loi du 9 janvier 1852.

(2) Voir le n° 1 de l'article 7, *idem.*

(3) Voir l'article 13 de ladite loi.

(4) Voir le n° 2, article 7, *idem.*

(5) Voir le n° 4, article 7, *idem.*

(6) Voir l'article 14, § 2, *idem.*

(7) Voir l'article 7, dernier paragraphe, *idem.*

(8) Voir le n° 1, article 6, *idem.*

(9) Voir le § 2, article 14, *idem.*

(10) Voir l'article 5, *idem.*

(11) Voir le n° 2 et le dernier paragraphe de l'article 6, *idem.*

Art. 11 (1). Les autres contraventions aux règlements sur la pêche maritime seront punies d'une amende de 2 à 30 francs ou d'un emprisonnement qui ne pourra excéder dix jours.

Art. 12 (2). Dans tous les cas de récidive, le contrevenant sera condamné au maximum de la peine d'amende ou d'emprisonnement porté par la loi, lequel maximum pourra être élevé jusqu'au double.

Il y a récidive lorsque dans les douze mois précédents il a été rendu contre le contrevenant un premier jugement pour contravention en matière de pêche.

Art. 13 (3). Le produit des amendes et confiscations prononcées en vertu de la présente loi sera versé dans la Caisse des invalides de la marine, sous la déduction du cinquième de ces amendes et confiscations, lequel sera attribué à l'agent qui aura constaté la contravention, sans toutefois que cette allocation puisse jamais excéder 25 francs.

Art. 14 (4). Les infractions à la présente loi et aux décrets et arrêtés concernant la pêche côtière seront jugées par les tribunaux de police correctionnelle du lieu où elles auront été commises.

Art. 15. Les contraventions seront prouvées, soit par procès-verbaux ou rapports, soit par témoins (5).

Les rapports et les procès-verbaux seront dressés par les commissaires de l'inscription maritime, les officiers et officiers-mariniers commandant les bâtiments et embarcations garde-pêches, les inspecteurs des pêches maritimes, les syndics des gens de mer, les prud'hommes pêcheurs, les gardes jurés de la marine, les gardes maritimes et les gendarmes maritimes (6).

Lorsque la contravention se rapportera au cas de vente, de transport et de colportage du frai, du poisson assimilé au frai, du poisson et du coquillage au-dessous des dimensions prescrites, elle pourra également être constatée par les officiers de police judiciaire (7).

Les procès-verbaux et rapports dressés par les officiers et agents désignés ci-dessus feront foi jusqu'à preuve contraire (8).

Lesdits officiers et agents, chacun dans les limites de leurs attributions, ont le droit de requérir directement la force publique pour la répression des contraventions en matière de pêche maritime, ainsi que pour la saisie des filets, engins, bateaux et appâts prohibés, et du poisson et du coquillage pêchés en contravention (9).

Art. 16 (10). La poursuite aura lieu, soit à la diligence du commissaire de

(1) Voir l'article 9 de la loi du 9 janvier 1852 (R.).

(2) Voir l'article 11 de ladite loi.

(3) Voir l'article 15, *idem*.

(4) Voir les deux premiers paragraphes de l'article 18, *idem*.

(5) Voir implicitement le § 1er de l'article 17, et explicitement le § 2 de l'article 20, *idem*.

(6) Voir le § 1er, article 16, *idem*.

(7) Voir le § 2, article 16, *idem*.

(8) Voir le § 1er, article 20, *idem*.

(9) Voir le § 3, article 14, *idem*.

(10) Voir l'article 19, *idem*.

l'inscription maritime, soit sur la plainte de la partie civile, sans préjudice du droit appartenant au public.

Art. 17 (1). L'action publique et l'action civile résultant d'une des contraventions prévues par la présente loi seront prescrites après trois mois révolus, à compter du jour où le fait aura eu lieu.

Art. 18 (2). Tous les actes de procédure et les jugements seront dispensés du timbre et enregistrés gratis.

Les citations et significations seront faites et remises sans frais par les syndics des gens de mer, les gardes jurés, les gardes maritimes et les gendarmes de la marine.

Elles seront remises par les agents de la force publique dans les cas de contraventions constatés par les officiers de police judiciaire.

Les jugements seront signifiés par simple extrait contenant le nom des parties et le dispositif du jugement.

Cette signification fera courir les délais de l'opposition et de l'appel.

Art. 19 (3). Pourront être déclarés responsables des amendes prononcées pour contraventions en matière de pêche :

Les armateurs de bateaux de pêche, qu'ils en soient ou non propriétaires, à raison des faits des patrons et équipages de ces bateaux;

Les possesseurs d'établissements de pêcheries, de parcs à huîtres ou à moules, ou de dépôts quelconques de coquillages, à raison des faits de leurs fermiers, agents et employés.

Ils seront, dans tous les cas, responsables des condamnations civiles.

Seront également soumis à la responsabilité civile, conformément aux dispositions de l'article 1384, les pères, mères, maris et maîtres, à raison des faits de leurs enfants, femmes et serviteurs.

Art. 20 (4). En cas de recours en cassation, l'amende à consigner sera réduite à moitié du taux fixé par l'article 419 du Code d'instruction criminelle.

Art. 21 (5). Sont et demeurent abrogés, en ce qu'ils ont de contraire aux dispositions de la présente loi, les lois et règlements aujourd'hui existants sur la police de la petite pêche ou pêche du poisson et du coquillage à la mer, le long des côtes, ainsi que dans la partie des fleuves et rivières où les eaux sont salées.

DISPOSITION TRANSITOIRE (6).

Toutefois, ces lois et règlements continueront provisoirement à être exécutés, mais sous les peines ci-dessus énoncées pour les contraventions aux dispositions qu'ils contiennent, jusqu'à la publication des décrets à intervenir en

---

(1) Voir les §§ 3 et 4, article 18 de la loi du 9 janvier 1852.

(2) Voir l'article 21, *idem*.

(3) Voir l'article 12, *idem*.

(4) Voir l'article 22, *idem*.

(5 et 6) Voir l'article 24, *idem*.

conformité de l'article 3, laquelle publication devra avoir lieu dans l'année qui suivra la promulgation de la présente loi.

Paris, le 13 mars 1850.

Le Rapporteur,
Signé : F. DE BON.

Le Président de la Commission,
Signé : P. DE CHASSELOUP-LAUBAT.

RAPPORT DE M. ROYER-COLLARD,

PROFESSEUR DE LA FACULTÉ DE DROIT DE PARIS,

sur deux questions de droit soumises par le Ministre de la marine à la Commission instituée en 1849 pour l'examen d'un projet de loi sur la pêche maritime côtière.

Monsieur le Ministre,

Vous avez soumis à la Commission (1) chargée de la préparation d'un projet de loi relatif à la pêche maritime côtière l'examen de deux questions : l'une ayant pour objet les dispositions de lois qui régissent la récolte du varech ou goémon, l'autre qui tendrait à déterminer quel est le département ministériel auquel il appartient d'autoriser les établissements de pêcheries sur les bords de la mer. La Commission s'est occupée avec soin de la solution de ces deux questions, et elle a l'honneur de vous présenter le résultat de ses délibérations.

PREMIÈRE QUESTION.

RÉCOLTE DU VARECH OU GOÉMON.

La récolte de ces herbes est justement considérée par les riverains de la mer comme très importante pour eux, soit parce qu'ils les emploient à l'engrais de

---

(1) Cette Commission était composée de :

MM. Prosper de Chasseloup-Laubat, représentant du peuple, *président ;*
Hautefeuille, avocat au Conseil d'État et à la Cour de cassation ;
Royer-Collard, professeur à la faculté de droit de Paris ;
Rieublanc (a), chef de la deuxième division à la préfecture de police ;
Guyot, chef du bureau des affaires criminelles au ministère de la justice ;
Julien, chef du bureau des subsistances au ministère de l'agriculture et du commerce ;
Hennequin, chef du bureau de l'inscription maritime et de la police de la navigation au ministère de la marine ;
de Montaignac de Chauvance, capitaine de frégate ;
de Bon, sous-commissaire de la marine, chargé de l'inscription maritime à Saint-Malo.

(a) M. Rieublanc, ayant cessé d'occuper l'emploi de chef de division à la préfecture de police, n'a assisté qu'aux trois premières séances de la Commission, dans lesquelles les questions qui font l'objet du présent rapport n'ont pas été traitées.

leurs terres, soit parce qu'on en tire un grand parti pour l'extraction de la soude. D'un autre côté, l'existence de ces herbages au bord de la mer était autrefois regardée comme extrêmement utile à la reproduction du poisson, auquel on supposait qu'ils fournissaient un abri pendant le temps du frai. Aussi l'ordonnance de 1681 (M.) consacre-t elle un titre entier à régler la manière d'en faire la récolte et les saisons durant lesquelles il est permis de l'exécuter. Une déclaration du 30 mai 1731 (1) avait complété ces dispositions réglementaires; mais, depuis lors, une nouvelle déclaration, en date du 30 octobre 1772 (2), introduisit dans ce genre de récolte une liberté presque illimitée pour les habitants des paroisses riveraines. Trois commissaires choisis par l'Académie des sciences avaient assuré que le varech ne servait aucunement à l'abri et à la conservation du frai et du poisson. La déclaration du 30 octobre 1772 n'a jamais été rapportée; mais ses prescriptions ont reçu implicitement de véritables modifications par la législation consulaire et impériale : d'une part, la loi du 29 floréal an x (3), appliquée par les décrets du 16 décembre 1811 (4) et du 10 avril 1812 (4), aux travaux faits sur le bord de la mer, donne aux préfets l'occasion de faire beaucoup d'actes de police sur les rivages; d'autre part, l'arrêté spécial du 18 thermidor an x (5) les charge de déterminer par des règlements conformes aux lois tout ce qui est relatif à la récolte du varech ou goémon.

Les observations pratiques qui ont été faites par les chefs du service de la marine les ont conduits à penser que la Commission nommée par l'Académie des sciences en 1772 a pu se tromper en assurant que ces herbes ne servaient pas à abriter le frai ni le poisson du premier âge. Ce ne serait donc peut-être pas sans inconvénient qu'on laisserait à la récolte du varech ou goémon une liberté aussi grande que celle qui résulterait de la déclaration de 1772. D'un autre côté, quelque raison que l'on puisse avoir de diminuer la centralisation administrative, il n'y a vraiment pas lieu de rétablir purement et simplement les dispositions de l'ordonnance de 1681 et de la déclaration du 30 mai 1731, qui abandonneraient le règlement de cette matière aux assemblées des habitants des communes riveraines, ou tout au moins aux conseils municipaux.

La Commission, dans le projet de loi qu'elle a rédigé pour la police de la pêche maritime côtière, a inséré une disposition qui est nécessairement applicable à la récolte du varech ou goémon, et qui paraît de nature à prévenir tous les inconvénients qui viennent d'être signalés. Aux termes de l'article 3 de ce projet, § 5, des décrets doivent déterminer, pour chaque arrondissement ou sous-arrondissement maritime, les dispositions spéciales propres à prévenir la destruction du frai et à assurer la conservation du poisson et du coquillage. Si cette disposition est adoptée, les préfets ne resteront plus uniquement maîtres de réglementer la récolte du varech ou goémon. Le ministre de la marine, appelé à proposer au Gouvernement les projets de décrets contenant les mesures nécessaires pour la conservation du poisson, sera par là même dans le cas de re-

(1) 30 mai 1731 (N. R.), Valin, tome II, p. 680.

(2) 30 octobre 1772 (N. R.), Walker, tome IV, p. 249.

(3) 29 floréal an x (N. R.), *Bulletin des lois*, 2e semestre, p. 324.

(4) 16 décembre 1811 (N. R.) et 10 avril 1812 (N. R.), *Bulletin des lois* de 1812, p. 66 et 285.

(5) 18 thermidor an x (N. R.), *Bulletin des lois*, 2e semestre, p. 556.

chercher ce qu'il pourrait y avoir d'utile ou de nuisible dans la pratique relative à cette récolte; et il se concertera naturellement avec le ministre des travaux publics, en ce qui concerne la grande voirie, et avec le ministre de l'agriculture et du commerce, en ce qui concerne l'usage de ces herbes comme engrais et leur application à l'industrie.

DEUXIÈME QUESTION.

AUTORISATION DES ÉTABLISSEMENTS DE PÊCHERIES SUR LES BORDS DE LA MER.

L'ordonnance de 1681 (**M.**) (livre V, titre Ier, article 1er), confirmative de celle de 1629 et de celles qui l'avaient précédée, déclare la pêche de la mer libre et commune à tous les Français, auxquels il est permis de la faire, *tant en pleine mer que sur les grèves*, avec les filets et engins permis par la loi.

Pour faire la pêche, on ne se contente pas de rets ou filets mobiles et transportables : on se sert aussi de constructions sédentaires, connues sous le nom de *parcs* ou *pêcheries*, qui constituent un espace circonscrit sur les grèves ou même dans la mer, dans lequel les possesseurs jouissent d'un droit de pêche exclusif, soit transitoirement et par simple tolérance, soit d'une manière perpétuelle. Dans le premier cas, la liberté de la pêche n'est gênée que pour le moment, sauf à tout autre de s'emparer du même espace à l'occasion; ce qui, par conséquent, loin de nuire à la liberté de la pêche, concourt à l'entretenir, ainsi que le fait justement observer Valin dans son commentaire sur l'ordonnance de 1681 (livre V, titre III). Mais rien n'est plus contraire à cette liberté que les constructions permanentes, dont les possesseurs affectent un droit exclusif de pêche sur le terrain qu'elles occcupent. Aussi ces pêcheries ne peuvent être supportées qu'autant que les possesseurs sont, par suite de circonstances tout exceptionnelles, fondés en titres valables ou en possession suffisante pour s'y faire maintenir.

L'ordonnance de 1681, reproduisant au surplus les dispositions de l'édit de 1584 et de l'ordonnance de 1629, prohiba expressément toute fondation nouvelle de parcs dans la construction desquels entrerait bois ou pierre; elle enjoignit même de démolir ceux qui étaient alors existants, en n'exceptant de cette mesure que ceux qui auraient été bâtis avant l'année 1544, et pour l'installation desquels elle fixa des règles particulières.

Cependant de nombreux parcs de pêche couvrent encore aujourd'hui plusieurs portions des côtes, quoiqu'il y en ait bien peu pour lesquels on pourrait justifier de la condition mise à leur conservation légale. Mais il est vrai que, sans remonter au delà de 1544, l'origine d'une partie des parcs actuels date d'une époque déjà ancienne. Cette longue possession, appuyée sur des transmissions multipliées, à titre successif ou onéreux, a consacré en fait le maintien de ces envahissements du domaine public; et, bien qu'une semblable possession n'ait pu fonder une véritable prescription, du moins elle a rendu les évictions presque impossibles (1). Ce n'est pas tout : une fois le fait admis, de la

(1) On a senti de tout temps cette extrême difficulté. Un arrêt du conseil du 21 avril 1739 institua une Commission pour juger de la validité ou de l'invalidité des titres des possesseurs. Cette Commis[illegible], successivement renouvelée par plusieurs autres arrêts, ne put jamais procéder qu'équitablem[illegible]. Plusieurs parcs furent démolis; mais on en conserva beaucoup dans la construction desquels il entrait du bois, peut-être même de la pierre, quand il fut reconnu qu'ils n'étaient pas nuisibles à la navigation. On en maintint même plusieurs d'une construction assez récente, quoiqu'ils fussent dans le cas de la démolition, aux termes de l'ordonnance. (Valin, Commentaire sur l'ordonnance de 1681 (**M.**), livre V, titre III, article 4.)

faculté expressément ou tacitement reconnue aux possesseurs de continuer à exploiter les parcs existants est résultée implicitement et nécessairement celle de les entretenir et de les reconstruire, pourvu toutefois que la sûreté de la navigation n'en soit pas compromise.

D'un autre côté, en prohibant les parcs construits en bois ou en pierre, l'ordonnance a positivement permis les parcs ou pêcheries consistant en filets attachés à des pieux : la déclaration du 18 mars 1727 règle l'établissement et la police de ces pêcheries.

Il y a donc lieu de distinguer les parcs construits en bois ou en pierre, que l'on appelle aussi *écluses* ou *bouchots*, et les pêcheries proprement dites, qui ne portent qu'improprement le nom de parcs. L'intervention de l'autorité en cette matière ne se présente aujourd'hui que dans deux cas : sur les demandes en reconstruction de parcs anciens en pierre ou en bois et sur les demandes en construction nouvelle de pêcheries non défendues.

Reste à savoir quel est celui des départements ministériels qui doit statuer sur ces sortes de demandes.

Pour arriver à la solution de cette question, il n'est pas inutile de rechercher historiquement par quelle autorité ces permissions ont été accordées jusqu'à ce jour.

Sous le régime qui a précédé la révolution de 1789, on considérait toujours comme affaires maritimes tout ce qui concernait la pêche en mer et sur les grèves, tout ce qui était relatif aux installations des parcs et pêcheries : il suffit de voir quelle était à cet égard l'économie des différents actes législatifs, et notamment de l'édit de 1584 et des ordonnances de 1629 et de 1681 ; quant à l'autorisation de construire ces établissements sédentaires, les amirautés étaient seules en possession de la donner (1). Par la loi des 9-13 août 1791, les tribunaux d'amirauté furent supprimés, et leurs attributions, tant judiciaires qu'administratives et de police, furent réparties ainsi qu'il suit :

La connaissance des affaires contentieuses en matière civile fut dévolue aux tribunaux de commerce;

La connaissance des crimes et délits fut renvoyée aux juges de district, sans préjudice des cas où la procédure par jurés devait avoir lieu; tout ce qui était purement administratif et de police fut remis aux chefs des classes, aujourd'hui représentés par les commissaires de l'inscription maritime, c'est-à-dire aux agents du département ministériel de la marine.

Depuis lors, les chefs de service des arrondissements maritimes ont été constamment en possession du droit de statuer sur les demandes à fin de construction ou de reconstruction des pêcheries, parcs, écluses ou bouchots. Leur compétence ne paraît avoir été contestée que trois fois; et encore, dans les deux premières circonstances, où des doutes ont été élevés en fait, c'est l'autorité maritime qui a prononcé.

De plus, deux actes législatifs paraissent encore avoir consacré cette compétence.

L'arrêté consulaire du 9 germinal an IX (2) charge le ministre de la marine de délivrer, sur procès-verbal dressé par l'administration de la marine, la per-

(1) Les officiers de l'amirauté, comme le dit Valin dans son Commentaire sur l'ordonnance de 1681 (livre IV, titre VII, article 1er), exerçaient sur tout le rivage de la mer, tel qu'il est défini par la loi, leur juridiction privativement à tous autres, tant civile que criminelle et de police.

(2) 9 germinal an IX (N. R.), *Recueil des lois de la marine*, tome XI, p. 370.

mission de caler des madragues, grandes machines fixes plantées près des côtes, qui, à l'instar des autres pêcheries sédentaires, constituent, non pas un droit de propriété sur l'emplacement qu'elles occupent, mais seulement *une concession d'usage* sur une partie inaliénable du domaine public.

L'ordonnance du 24 juillet 1816, en maintenant provisoirement les étalages et parcs à huîtres existant sur les grèves de Granville et de Cancale, a exclusivement investi l'administration de la marine du droit de surveiller l'installation et l'usage de ces établissements, et de prononcer sur l'extension qu'il y aurait lieu de leur donner.

Il est vrai que ces deux actes du Gouvernement ne s'appliquent pas, dans leurs termes, à tout le littoral; mais ils reposent évidemment sur cette considération première, que le ministre de la marine, ayant et ayant eu de tout temps la surveillance de la pêche côtière, a, par cela même, qualité pour autoriser et régler tous les modes de pêche, conformément aux lois, et en tant qu'ils ne nuisent pas à la sûreté de la navigation; et en effet, en toute occasion, il fait à ce sujet les règlements nécessaires.

Néanmoins, en 1829, le préfet du département de la Charente-Inférieure éleva quelques difficultés sur le droit que pouvait avoir le ministre de la marine d'autoriser la reconstruction d'un parc en pierre et d'un bouchot en clayonnage dont l'existence à une époque très ancienne, et peut-être antérieurement à l'an 1544, n'était pas douteuse. Le préfet ne contestait pas positivement le droit du ministre de la marine, il ne prétendait pas s'opposer personnellement à l'exercice de ce droit; mais il faisait observer que la loi du 29 floréal an x chargeant l'autorité administrative de constater, réprimer et poursuivre les contraventions en matière de grande voirie, et le décret du 10 avril 1812 déclarant cette loi applicable aux *travaux à la mer*, les cantonniers, gendarmes, conducteurs des ponts et chaussées, et autres agents de police et de surveillance dresseraient des procès-verbaux, et que le conseil de préfecture serait dans le cas d'appliquer les dispositions de l'ordonnance de 1681, qui prohibe toute construction nouvelle de parcs. En somme, le préfet de la Charente-Inférieure ne réclamait pas pour lui-même le droit de concéder les autorisations; il voyait dans le fait dont il s'agissait une construction nouvelle, et il pensait qu'elle ne pouvait pas être permise. Le ministre de la marine accorda ce qui avait été demandé; seulement cet incident donna lieu à une proposition qu'il adressa aux ministres des finances et de l'intérieur, et dont il sera parlé plus tard.

En 1847, un sieur Duvau sollicita du préfet du département d'Ille-et-Vilaine la concession d'une portion de grève, à l'effet d'y construire un parc en pierre. Pendant que l'affaire s'instruisait, ayant appris que le ministre de la marine s'opposait à cette construction prohibée par les lois, il s'adressa à l'autorité maritime, et réduisit sa demande à une autorisation temporaire, qui lui fut accordée par le chef du service de la marine à Saint-Servan, sous la condition qu'il n'entrerait point de pierres dans la construction, et sous les autres réserves usitées en pareil cas. Mais, à cette occasion, l'autorité domaniale et le ministre des finances élevèrent des prétentions nouvelles. On pensa que, les rivages de la mer étant dans le domaine public, l'administration des domaines avait le droit d'en aliéner des parties, lorsque l'intérêt de la voirie et celui de la navigation ne s'y opposaient pas. De plus, on soutint que, dans le cas où le ministre de la marine croirait devoir autoriser l'établissement temporaire d'une pêcherie sur les grèves, cette occupation ne pourrait pas être gratuite; qu'elle devait donner lieu à une amodiation, comme tout usage temporaire des biens de l'État; que, dès lors, l'autorisation donnée au concessionnaire par le département de la marine ne le dispensait pas de se pourvoir auprès du département des finances, afin d'obtenir un titre d'amodiation.

C'est en 1849 que la compétence du département de la marine a été le plus vivement et le plus sérieusement contestée par le préfet de la Manche. Il n'est pas inutile de reproduire textuellement son argumentation.

« Les rivages de la mer appartiennent à l'État. Le préfet représente l'État « dans tous les actes civils qui concernent le domaine public et le domaine pro- « prement dit. Si donc une concession d'une partie des rivages de la mer a lieu, « c'est par le préfet qu'elle doit être faite, sauf, selon le cas, à demander l'ap- « probation de l'autorité supérieure. Ce droit de surintendance accordé au préfet « résulte suffisamment des lois des 29 floréal an x et 10 avril 1812; et c'est en « vertu de cette surintendance qu'il réglemente tout ce qui concerne la police « sur le rivage... Concéder le droit de construire un parc, c'est concéder une « partie du domaine de l'État; et c'est au préfet, représentant de l'État, à faire « dans ce cas acte d'administration. »

Cette prétention, Monsieur le Ministre, a été soumise par votre prédécesseur à MM. les ministres de l'intérieur et des finances. L'un et l'autre ont appuyé la thèse soutenue par le préfet de la Manche; néanmoins, chacun d'eux y a joint des observations particulières qui ne doivent pas être passées sous silence.

Le ministre de l'intérieur, par sa lettre en date du 28 juillet 1849, déclare que, malgré son opinion arrêtée en faveur de la compétence du préfet, « s'il « résultait de faits précis, concordants et suffisamment nombreux, que les con- « cessions pour établissements de pêcheries ont toujours été faites par l'admi- « nistration de la marine, il n'hésiterait pas à en appuyer le maintien, lors « même que cette jurisprudence constituerait une déviation du principe posé « par les dispositions législatives précitées. »

Le ministre des finances, en approuvant la théorie du préfet de la Manche et du ministre de l'intérieur, renouvelle la prétention dont il a été déjà question, savoir : que les autorisations de cette nature ne sauraient être accordées gratuitement, mais qu'elles doivent avoir lieu par voie d'amodiation, avec le concours des agents du domaine.

La pensée des ministres de l'intérieur et des finances, nettement articulée en contradiction avec la vôtre, Monsieur le Ministre, et la possibilité qu'elle fût partagée par le ministre des travaux publics, dans les attributions duquel se trouve la grande voirie, ont donné lieu de penser qu'il serait peut-être nécessaire de recourir au Conseil d'État, qui, aux termes de l'article 5 de la loi organique des 15-27 janvier et 3 mars 1849, est appelé à prononcer sur les questions d'attributions entre les différents départements ministériels. Avant d'en venir à ce moyen de solution, le ministre de l'intérieur a exprimé le désir de connaître l'opinion de la Commission mixte chargée de préparer un projet de loi sur la pêche maritime côtière. La Commission a mis l'attention la plus scrupuleuse à l'examen de cette question; et ce n'est qu'après une discussion approfondie qu'elle a l'honneur de vous adresser le résultat de ses délibérations.

D'abord, et avant de résoudre la difficulté relative à la compétence, elle croit devoir s'expliquer sur deux points qui, à ses yeux, ne paraissent pas susceptibles de contradiction.

En fait, il a paru certain pour la Commission, ainsi qu'il a déjà été établi plus haut, que depuis la suppression des amirautés, en 1791, l'autorité maritime a été constamment et seule en possession du droit de statuer sur les demandes en construction ou reconstruction de pêcheries. D'après les termes mêmes de la loi des 9-13 août 1791, il n'a pu en être autrement jusqu'à la loi du 29 floréal an x, celle sur laquelle s'appuierait le droit du préfet. Quelque portée que l'on doive donner à cette dernière loi, il ne paraît pas que, depuis sa promulgation, rien ait été changé dans les usages précédents. Les archives du département de la marine sont remplies de pièces relatives à ces sortes de demandes; les agents de ce département y ont toujours fait droit, sans supposer qu'on pût les accuser d'excès de pouvoirs. Si donc le débat était circonscrit entre le ministre de l'intérieur et le ministre de la marine, il est probable qu'il serait bientôt terminé, d'après les termes mêmes de la dépêche du 28 juillet 1849. Mais, d'une part, les principes doivent être discutés indépendamment des concessions d'un ministre qui s'en rapporte aux faits non contestés; d'autre part, le ministre de l'intérieur n'est ni le seul, ni le plus intéressé dans la question. La Commission se borne donc, quant à présent, à constater le fait; on pourra en tirer telles conclusions qu'il appartiendra.

En second lieu, la Commission pense que le ministre des finances est dans l'erreur lorsqu'il assure que l'autorisation de construire une pêcherie ne peut être donnée gratuitement, et qu'elle doit être précédée d'une amodiation. Cette opinion résulte d'une confusion entre le *domaine public* et le *domaine de l'État.*

Le domaine public n'est susceptible ni de propriété ni d'aliénation : il n'appartient à personne, pas même à l'État; l'usage en est commun à tous; les lois se bornent à régler la manière d'en user. C'est ce qui résulte de la législation et de la jurisprudence de tous les pays et de tous les temps. Nous le retrouvons nettement établi par les articles 538 et 714 du Code civil. Le domaine de l'État, au contraire, se compose de tous les biens susceptibles de propriété privée qui n'appartiennent ni à des particuliers, ni à des départements, ni à des communes, ni à des établissements publics : l'État en a la propriété; ils sont aliénables et prescriptibles (loi des 22 novembre-1er décembre 1790, art. 8; Code civil, art. 2227). Les choses dépendantes du domaine public peuvent entrer dans le domaine de l'État, mais c'est seulement lorsque, par leur changement de nature ou de destination, elles sont devenues susceptibles de propriété privée et ont cessé d'être affectées à l'usage de tous (Code civil, art. 539-541).

Les rivages de la mer, tout ce qu'on appelle les grèves, font partie du domaine public (Code civil, art. 538); ils ne sont pas plus susceptibles de propriété privée que la mer elle-même, et ils sont considérés comme en faisant une dépendance nécessaire. En effet, par le rivage de la mer on entend tout ce qu'elle couvre et découvre pendant les nouvelles et pleines lunes, et jusqu'où le grand flot de mars se peut étendre (ordonnance de 1681, livre IV, titre VII, art. 1er). Ce ne sera donc jamais par un acte de l'autorité, quel qu'il soit, que cette portion du domaine public pourra en être détachée pour être incorporée au domaine de l'État : la loi elle-même ne prévaut pas contre la nature. Ce n'est que lorsque la mer s'est retirée et a cessé définitivement de couvrir une partie des grèves, lorsque le sol, habituellement découvert, s'est agrandi par des alluvions, ou lorsque des terrains ont été conquis sur la mer par des plantations ou des travaux d'endigage et de dessèchement, que le rivage prend le nom de *lais* ou *relais* de la mer : il entre alors dans le domaine de l'État, et devient susceptible d'aliénation, aux termes de l'article 41 de la loi du 16 septembre 1807 (**N. R.**) (*Bulletin des lois*, p. 126).

Or, c'est sur le rivage de la mer proprement dit, c'est sur les grèves que les parcs et pêcheries sont établis; ce serait bien inutilement qu'on les construirait sur un emplacement que les eaux ne couvriraient jamais. C'est donc sur une partie du domaine public, et non sur une partie du domaine de l'État, qu'il peut être question d'une autorisation à l'effet de les fonder.

Maintenant il est certain que l'Administration est tenue d'affermer les biens du domaine de l'État non affectés à un service public, d'après les termes de la loi des 23 et 28 octobre-5 novembre 1790; mais les dispositions de cette loi ne s'appliquent qu'aux biens nationaux, et ne peuvent évidemment pas être étendues au domaine public : les bords de la mer ne peuvent pas être plus affermés que la mer territoriale elle-même, que l'air respirable, que les grandes routes. On comprendrait sans doute que le droit de pêche dans la mer territoriale et sur les côtes eût pu être assujetti à une amodiation, comme le droit de pêcher dans les rivières navigables; mais le législateur, par de hautes considérations, a été conduit à une décision tout opposée. Les lois, ainsi qu'il a été dit plus haut, déclarent la pêche de la mer libre et commune à tous les Français, tant en pleine mer que sur les grèves; elles défendent à toute personne et à tout gouverneur ou fonctionnaire quelconque de lever aucun droit, non seulement sur les pêches qui se font en mer ou sur les grèves, mais sur les parcs et pêcheries, qui ne sont, après tout, que des moyens de faire la pêche (livre V, titre II, art. 9 et 10).

Et d'ailleurs, si l'administration des domaines avait la faculté d'aliéner les bords de la mer au profit des propriétaires riverains pour être convertis en pêcheries, le but de l'ordonnance de 1681 serait complètement manqué; la liberté et la communauté de la pêche seraient perdues; la population des côtes, déjà si misérable, serait ruinée; les concessions se feraient au profit des hommes riches, et les charges et les impôts retomberaient sur les pêcheurs pauvres, qui, assujettis à l'inscription maritime, payent ainsi largement la faculté de vivre de la mer.

De ce qui vient d'être établi, il résulte que les rivages de la mer ne sont pas la *propriété de l'État;* qu'ils ne sont qu'une partie du *domaine public*, comme la mer territoriale elle-même, dont ils sont inséparables; que la pêche y est libre et commune à tous, sans être assujettie à aucun impôt ni redevance; que l'usage de la pêche est seulement soumis aux lois de police qui la régissent. Par conséquent, aucune portion des rivages de la mer ne peut être l'objet ni d'une concession proprement dite, ni d'une amodiation. Il est bien vrai, ainsi qu'il a été dit, que des circonstances tout exceptionnelles, amenées par les anciennes usurpations des seigneurs locaux et par la consécration d'une longue possession, ont nécessité la conservation des parcs en pierre qui existaient en 1544; mais ces restrictions apportées à la liberté de la pêche ont été, dès les ordonnances de 1584, 1629 et 1681, interdites pour l'avenir. Quant à ces anciens parcs, il peut seulement être question de les entretenir, de les réparer, de les reconstruire, en cas de destruction. Mais les pêcheries sédentaires, dont l'usage est permis par l'ordonnance de 1681, ne donnent aucun droit de propriété à ceux qui les élèvent, et l'autorité est toujours maîtresse de les faire disparaître. C'est ce qui fait dire à Valin que, loin de nuire à la liberté de la pêche, elles concourent à l'entretenir; et, en effet, ce n'est qu'un usage de cette liberté, usage tempéré et réglé par les lois. Ainsi, il est entendu qu'il n'est permis à personne de bâtir sur les bords de la mer, d'y planter aucuns pieux ni faire aucuns ouvrages sans qu'il ait été constaté qu'il n'en peut naître aucun préjudice pour la navigation (ordonnance de 1681, livre IV, titre VII, art. 2). Et lorsque l'autorité permet l'établissement d'une pêcherie, elle ne donne qu'une autorisation précaire, expressément révocable, soumise à des conditions positives. Dès lors, celui qui la construit, dans les termes mêmes de son titre, ne jouit jamais que par simple tolérance, et ne peut, sous aucun prétexte, invoquer ni possession ni prescription (Code civil, art. 2232-2240).

Après toutes les observations qui viennent d'être faites, il est plus facile d'aborder la question de savoir à quelle autorité appartient le pouvoir d'autoriser, soit la reconstruction des parcs conservés par l'ordonnance de 1681, soit la construction de nouvelles pêcheries non interdites par cette ordonnance. Nous avons exposé l'état actuel, la manière dont on se conduit en fait quant à présent; il nous reste à signaler ce qu'il convient de déterminer pour l'avenir.

Il est à remarquer que ces autorisations n'intéressent pas seulement le département de la marine, chargé de veiller à la sûreté de la navigation et de maintenir la police de la pêche maritime. Le rivage de la mer, qui aujourd'hui fait partie du domaine public, peut être demain converti en lais ou relais et entrer dans le domaine de l'État; le département des finances, dans les attributions duquel ce domaine est placé, ne peut être considéré comme étranger à la question. Le département des travaux publics, comme chargé de la grande voirie, peut aussi revendiquer son intervention. Le département de la guerre doit exercer son action dans l'intérêt de la défense du territoire. Enfin, la justice administrative ayant la mission de réprimer toutes les contraventions en ce qui concerne les travaux faits sur les bords de la mer, et les communes pouvant aussi avoir des intérêts engagés, le département de l'intérieur a également un droit de surveillance incontestable.

Aussi une partie de la Commission, mais la minorité seulement, a-t-elle exprimé cette pensée, que personne ne serait plus compétent que le préfet pour accorder les autorisations dont il s'agit, après qu'il aurait fait une enquête complète, et après qu'il se serait assuré de l'adhésion des départements de la marine, des finances, des travaux publics, de la guerre et de l'intérieur. En effet, quoique les préfets soient placés sous la surveillance spéciale du ministre de l'intérieur, qui a l'initiative de leur nomination, ils n'en relèvent pas moins de tous les autres ministres en ce qui concerne leurs attributions respectives. D'un autre côté, par la constitution de leur autorité, les préfets ont un territoire déterminé, et cette assignation de territoire leur assure une compétence et une juridiction certaines.

Or, il est indubitable que la loi du 29 floréal an X, en chargeant la justice administrative de la répression des contraventions en matière de grande voirie, et le décret du 10 avril 1812, en étendant les dispositions de celui de 1811 aux travaux à la mer, a implicitement remis aux préfets la surveillance et la manutention de toute cette partie de l'administration publique. Il n'est pas moins reconnu que tout ce qui tient à la grande voirie par le moyen de la mer étant aujourd'hui confié à l'administration des ponts et chaussées, comme l'entretien des ports et des rades, le balisage, l'établissement des phares, etc., le département de la marine n'est plus en possession exclusive de cette police de la navigation qui lui appartenait autrefois.

Malgré l'importance de tous ces motifs, la majorité de la Commission n'a pas pensé qu'ils fussent assez puissants pour entraîner le changement d'un usage jusqu'ici constamment observé, qui ne paraît présenter aucun inconvénient, ou dont les inconvénients peuvent tout au moins être facilement corrigés et prévenus pour l'avenir.

L'administration domaniale n'a, dans la question, qu'un intérêt éventuel. Tant que le rivage de la mer est dans le domaine public, il n'est dans le cas d'être ni possédé, ni mis en régie, ni affermé, ni aliéné. Si la portion de grève sur laquelle une pêcherie serait établie était abandonnée par la mer, cette pêcherie deviendrait sans objet, l'autorisation toute précaire et révocable qui aurait été donnée serait retirée de plein droit, et les agents du domaine de l'État prendraient nécessairement et immédiatement possession du sol.

On observe, en ce qui concerne l'administration des travaux publics, que la loi du 29 floréal an x et les décrets qui l'ont suivie se sont bornés à attribuer à la justice administrative, en matière de contraventions à la police de la grande voirie, la compétence qui, des tribunaux de l'amirauté, avait été transportée en 1791 aux tribunaux correctionnels, mais aucune mesure législative n'a jamais donné aux préfets la disposition du rivage et la police de la pêche.

Le département de la guerre, pour la défense du territoire, n'a qu'un intérêt secondaire, et ne l'a jamais invoqué.

Quant au département de l'intérieur, ce n'est que bien rarement qu'il serait dans le cas d'intervenir, lorsque les communes se trouveraient intéressées; ce cas d'intervention n'est pas de nature à lui attribuer compétence, pas plus que dans toutes les circonstances où les communes ont des droits contentieux à examiner devant les tribunaux ordinaires ou partout ailleurs.

Le ministre de la marine, au contraire, a la police spéciale de tout ce qui concerne l'usage de la mer et de ses rivages; il est chargé particulièrement de la surveillance et de la réglementation de la pêche maritime, et de la manutention de tout ce qui tient à la sûreté de la navigation. De plus, les pêcheurs sont des gens de mer; ils sont soumis à l'inscription maritime; ils dépendent directement et disciplinairement du ministre de la marine. Sous tous les rapports, le département de la marine paraît donc, à la majorité de la Commission, appelé plus que les autres à statuer sur les demandes relatives aux pêcheries.

Aussi est-il vrai, d'une part, que c'est l'administration maritime qui est en possession, depuis 1791, de prononcer en cette matière; d'autre part, que les ministres chargés des autres départements lui ont reconnu ce droit, non seulement par une adhésion tacite, mais même plusieurs d'entre eux par un consentement exprès.

Ni le ministre de la guerre, ni le ministre des travaux publics, n'ont jamais réclamé. Le 28 juillet 1849, le ministre de l'intérieur, ainsi qu'il a été dit plus haut, déclarait que « s'il résultait de faits précis, concordants et suffisamment « nombreux, que les concessions pour établissements de pêcheries ont toujours « été faites par l'administration de la marine, il n'hésiterait pas à en assurer le « maintien ». Le 23 août 1832, dans une lettre qui va être rapportée plus bas, le ministre des finances reconnaissait expressément que, dans ces questions, l'intérêt prédominant est celui de la navigation, que l'initiative doit appartenir au ministre de la marine, qu'on doit lui réserver de statuer en définitive (1).

(1) On retrouve encore la même pensée dans la lettre du ministre des finances du 22 octobre 1849, celle qui donne précisément lieu à la question déférée à la Commission. Si le ministre des finances réclame pour le préfet comme agent du domaine de l'État, c'est uniquement dans le but non dissimulé d'assujettir les autorisations à la condition déjà discutée d'une amodiation ; mais, tout en maintenant cette thèse, il s'exprime ainsi : « Le département de la marine, à qui a été con-

Telles sont les raisons qui ont déterminé la majorité de la Commission à penser qu'il convient de maintenir le ministre de la marine dans le droit d'accorder les autorisations relatives à la construction et à la reconstruction des parcs et pêcheries.

Toutefois, la Commission, à l'unanimité, reconnait que les dispositions législatives et réglementaires aujourd'hui en vigueur ne présentent pas assez de netteté et de précision, que surtout il n'a été avisé d'aucune manière aux moyens de sauvegarder les intérêts divers des différents départements ministériels. Nous estimons donc qu'il y a lieu de provoquer la rédaction d'un règlement d'administration publique dont la nécessité se fait réellement sentir, et qui aura d'ailleurs l'avantage de prévenir amiablement toute difficulté entre les ministres relativement aux attributions qu'ils tiennent respectivement des lois. Quant aux dispositions que devrait contenir ce règlement d'administration publique, la Commission ajoutera quelques observations.

Il résulte des documents qui lui ont été communiqués, que dans la pratique, les autorisations sont données, non par le ministre lui-même, mais par les chefs du service de la marine. La Commission pense qu'à raison de l'importance de ces sortes de permissions, et à cause des intérêts si nombreux qui s'y trouvent engagés, il serait bon de réserver au ministre seul le droit d'autoriser les établissements de pêcheries. Ce ne serait, d'ailleurs, qu'un retour aux dispositions de l'article 1er du décret du 9 germinal an IX, sur les madragues.

Le ministre ne prononcerait qu'à la suite d'une enquête; et après avoir pris l'avis des ministres des travaux publics, des finances, de la guerre et de l'intérieur. Ici il est utile et opportun de rappeler un expédient qui avait été proposé en 1829 aux ministres des finances et de l'intérieur, et qui paraît de nature à détruire tous les inconvénients comme à prévenir toutes les réclamations.

A l'occasion des observations faites par le préfet de la Charente-Inférieure, le ministre de la marine écrivait : « Il conviendrait qu'à l'avenir les autorisations « demandées au ministre de la marine ne fussent délivrées que sur procès-verbal « d'une commission mixte, qui pourrait être composée du maire, du directeur « des domaines, d'un ingénieur des ponts et chaussées, du commissaire de l'in- « scription maritime et d'un officier de marine. » Et le ministre des finances, par une lettre en date du 23 août 1832, approuva cette proposition, en demandant seulement qu'un officier du génie militaire fût appelé à faire partie de la commission, conformément à ce qui est prescrit par l'ordonnance du 23 septembre 1825 (R.) pour les concessions des lais et relais de la mer. Le ministre des finances ajoutait : « Comme, dans l'appréciation des avantages ou des incon- « vénients qui peuvent résulter des établissements de pêche en général, *l'intérêt « prédominant est celui de la navigation, je vous prie de faire rédiger un projet de « règlement* pour établir le mode de convocation de la commission dont il s'agit « et la marche qu'elle aura à suivre dans l'examen des affaires de cette nature. « Je vous serai obligé de me communiquer ce règlement, et lorsqu'il aura été « définitivement arrêté entre les départements de la marine, de la guerre et

---

(*Suite.*)

« fiée la surveillance des intérêts de la pêche maritime, me semble avoir qualité pour décider si « les parcs d'huîtres, ou autres établissements analogues, sont ou non contraires à ces intérêts. Si « l'autorité maritime se prononce pour la négative, c'est à l'autorité administrative qu'il appartient, « je crois, d'en autoriser le maintien ou la construction ; les autorisations de cette nature ne sau- « raient être accordées gratuitement. »

« des finances, il pourra recevoir son exécution. » Le règlement ne fut pas rédigé; mais il n'en est pas moins vrai que le projet présentait toutes les garanties désirables, et qu'il était accepté par le ministre des finances, le seul qui ait contesté avec vivacité la compétence du département de la marine.

Il faudrait donc qu'un rapport préalable fût fait par une commission composée du maire, du directeur des domaines, d'un ingénieur des ponts et chaussées, d'un officier du génie militaire, du commissaire de l'inscription maritime et d'un officier de marine. Le ministre de la marine prononcerait ensuite lui-même, et dans son arrêté il aurait soin de réserver toutes les conditions usuelles, la stricte observation des lois et règlements, et surtout la faculté expresse de retirer l'autorisation à volonté. Il serait bien entendu que la permission serait toujours gratuite, aux termes des lois qui assurent à tous la liberté de la pêche maritime; qu'en un mot ce ne serait qu'une *autorisation* essentiellement révocable, et nullement une *concession*.

La Commission pense qu'un règlement d'administration publique, rédigé d'après les vues qui viennent d'être exposées, ne léserait aucun des ministres dans ses intérêts administratifs; qu'il préviendrait au contraire toute difficulté entre eux, et satisferait pleinement à tous les besoins du service, en assurant l'exécution bien entendue des lois.

Paris, le 25 novembre 1850.

Le Rapporteur,
Signé P. ROYER-COLLARD.

Le Président de la Commission,
Signé Prosper DE CHASSELOUP-LAUBAT.

RAPPORT AU PRÉSIDENT DE LA RÉPUBLIQUE,

SUIVI D'UN DÉCRET

sur la police de la pêche maritime côtière.

Paris, le 9 janvier 1852 (*B. O.* p. 42).

Monsieur le Président,

La pêche maritime côtière, cette importante industrie justement surnommée l'agriculture de la mer, réclame depuis longtemps des règles protectrices plus efficaces.

Postérieurement à l'ordonnance de 1681 (M.), qui consacrait d'essentielles dispositions pour la police de cette pêche, et jusqu'en 1790, de nombreux actes sont intervenus relativement à son exercice; mais ils sont, dans la plupart des circonstances, impuissants à réprimer les contraventions commises, soit parce que les pénalités qu'ils édictent ont été proscrites de nos codes, soit parce que leur validité est contestée.

La nécessité de la revision de la législation concernant les différentes pêches avait été reconnue dès 1790, et l'Assemblée nationale l'annonçait dans un décret du 8-12 décembre de cette année (1); *les événements de la révolution vinrent mettre obstacle à la promulgation d'un nouveau code sur la matière.*

En 1806, un projet de réglementation fut élaboré, mais il ne reçut aucune suite. La pêche était alors fréquemment troublée par les croiseurs ennemis; d'un autre côté, les nécessités de la guerre, en obligeant à soumettre les marins pêcheurs à de sévères dispositions qui paralysaient encore leur industrie, ne permettaient guère d'adopter des mesures propres à améliorer les conditions de son exploitation.

Les études sur ce sujet, reprises en 1816, en 1821 et en 1846, furent enfin converties définitivement en projet de loi dans le courant de 1850, par les soins d'une Commission spéciale.

Le travail de cette Commission a reçu l'assentiment du conseil d'amirauté.

Le Conseil d'État, en donnant son approbation à ses bases générales et essentielles, y a introduit quelques modifications utiles.

Je l'ai moi-même étudié avec soin.

J'ai pensé, Monsieur le Président, qu'il importait de ne point ajourner davantage la consécration de dispositions qui sont sollicitées par des intérêts considérables.

En effet, la prospérité de la pêche maritime côtière est d'une importance d'autant plus grande aujourd'hui pour l'alimentation publique, que les chemins de fer permettent de faire parvenir ses produits dans des centres de consommation où ils ne pouvaient arriver assez promptement par les anciens moyens de transport. D'un autre côté, cette industrie fournit aux populations riveraines de la mer leur principal moyen de travail, et elle constitue, pour l'inscription maritime, un élément considérable de recrutement. A ces divers titres, la destruction des abus qui nuisent à la reproduction et à la conservation du poisson et du coquillage est un intérêt public de premier ordre.

C'est à cet intérêt, dont les conseils généraux des départements du littoral se sont fait maintes fois l'organe, que le projet de loi que j'ai l'honneur de vous soumettre est appelé à donner satisfaction. Le système qu'il consacre, et qui est emprunté à la loi du 15 avril 1829 (R.), *sur la pêche fluviale, renvoie à des décrets les dispositions de détail qu'exige la réglementation des différentes pêches. Les aspects si divers de cette industrie, les conditions si différentes dans lesquelles elle s'exerce selon les localités et les espèces de poissons ou de coquillages, la nécessité de pouvoir apporter facilement dans son mode d'exploitation les modifications dont l'expérience aura révélé le besoin, justifient pleinement cette importante disposition.*

Le troisième paragraphe de l'article 24 du projet de loi que je présente à votre sanction dispose que les décrets réglementaires à rendre en exécution de l'article 3 devront être publiés dans le délai d'un an. Les éléments de ces décrets se trouvent en grande partie dans les études précédentes sur la matière; mais ils ont besoin d'être soumis à un nouvel examen, qui permettra d'y introduire les prescriptions complé-

---

(1) Décret du 8-12 décembre 1790 (N. R.), *Recueil des lois de la marine*, tome Ier, p. 204.

mentaires reconnues utiles. Je ne négligerai rien pour qu'ils paraissent le plus promptement possible. En attendant, les règlements aujourd'hui existants continueront d'être exécutés; mais les infractions aux dispositions qu'ils contiennent seront réprimées au moyen de l'application des pénalités édictées par la nouvelle loi. Ainsi les contraventions de même nature se trouveront, dès à présent, punies partout d'une manière uniforme, et par l'application de mesures claires et précises. Ce premier résultat améliorera déjà notablement l'état de choses actuel.

Ces considérations suffisent à faire apprécier l'urgence d'une loi qui doit, je le répète, pourvoir à d'impérieux besoins.

J'ai l'honneur d'être, etc.

Le Ministre de la marine et des colonies,

Signé TH. DUCOS.

LOI

sur la pêche maritime côtière

Du 9 janvier 1852 (*B. O.* p. 44, et *Bulletin des lois*, p. 153).
Notifiée par circulaire du 20 janvier 1852 (R.),
et promulguée le 1er février suivant.

LE PRÉSIDENT DE LA RÉPUBLIQUE,

Sur le rapport du ministre de la marine et des colonies;
Vu l'avis du conseil d'amirauté, en date du 20 mai 1850;
Vu l'avis du Conseil d'État, en date du 31 juillet 1851,

DÉCRÈTE :

ART. 1er (1). L'exercice de la pêche côtière, ou pêche du poisson et du coquillage, tant à la mer, le long des côtes, que dans la partie des fleuves, rivières, étangs et canaux où les eaux sont salées, est soumis aux dispositions suivantes (2).

---

(1) Voir l'article 1er du projet et les explications correspondantes du rapport de la Commission spéciale instituée en 1849.

(2) La navigation maritime est définie par l'article 1er de la loi du 19 mars 1852 (R.), *B. O.* p. 312.

L'article 6 de la loi du 20 mars 1852 (R.), *B. O.* p. 328, interdit aux pêcheurs l'exercice du cabotage.

L'article 7 du même acte statue sur le commandement des bateaux de pêche.

Enfin, les pénultième et dernier paragraphes de l'article 58 de la loi du 24 mars 1852 (R.) (*B. O.* p. 402) réser..., *en matière de pêche*, aux commissaires de l'inscription maritime, une *action disciplinaire* qui est l'objet de recommandations spéciales

ART. 2 (1). Aucun établissement de pêcherie, de quelque nature qu'il soit; aucun parc, soit à huîtres, soit à moules; aucun dépôt de coquillages, ne peuvent être formés sur le rivage de la mer, le long des côtes, ni dans la partie des fleuves, rivières, étangs et canaux où les eaux sont salées, sans une autorisation spéciale délivrée par le ministre de la marine.

Un règlement d'administration publique déterminera les formes suivant lesquelles cette autorisation sera accordée et pourra être révoquée.

ART. 3 (2). Des décrets determineront, pour chaque arrondissement ou sous-arrondissement maritime,

1° L'étendue de côte devant laquelle chaque espèce de pêche est permise;

2° La distance de la côte, ainsi que des graus, embouchures de rivières, étangs ou canaux, à laquelle les pêcheurs devront se tenir (3);

3° Les époques d'ouverture et de clôture des diverses pêches; l'indication de celles qui seront libres pendant toute l'année; les heures pendant lesquelles les pêches pourront être pratiquées (4);

4° Les mesures d'ordre et de police à observer dans l'exercice de la pêche en flotte (5);

5° Les rets, filets, engins, instruments de pêche prohibés; les procédés et modes de pêche prohibés (6);

6° Les dispositions spéciales propres à prévenir la destruction du frai et à assurer la conservation du poisson et du coquillage, notamment celles relatives à la récolte des herbes marines; la classification du poisson qui

---

(*Suite.*)

dans les circulaires des 27 mars 1852 (R.), § 13 (*B. O.* p. 388), et 4 juillet 1853 (R.), §§ 20, 21 et 22 (*B. O.* p. 33). — Voir la circulaire du 21 octobre 1853 (R.) (*B. O.* p. 753), pour l'emploi de ce pouvoir par les *administrateurs de sous-quartiers*.

Voir aussi les circulaires des : 26 mars 1864 (R.), *B. O.* p. 222; — 28 mars (R.), dernier paragraphe, et 19 septembre 1856 (R.), *B. O.* p. 305 et 875; etc.

(1) Voir : l'article 2 du projet et les explications correspondantes du rapport de la Commission spéciale instituée en 1849; — les explications contenues dans les 10°, 11°, 12°, 13°, 14° et 15° paragraphes de la dépêche du 8 mars 1853 (R.) (*B. O.* p. 190).

Voir, aussi, Circulaires des : 4 avril 1854 (R.), *B. O.* p. 443; — 4 mai 1858 (R.), *B. O.* p. 289 et annexes; — 7 février 1860 (R.), *B. O.* p. 81; — 17-24 avril 1873 (R.), *B. O.* p. 451 (*Redevances*); — et 12 mai-10 juin 1876, *B. O.* p. 1027 et 1032.

(2) Voir l'article 3 du projet et les décrets réglementaires de 1853, — 1859, — 1862, etc.

(3) Voir n° 2, article 3 du projet, et les explications correspondantes de la Commission spéciale.

(4) Voir le n° 1, article 3 du projet.

(5) Voir le n° 3, *idem*.

(6) Voir le n° 4, *idem*.

sera réputé frai; les dimensions au-dessous desquelles les diverses espèces de poissons et de coquillages ne pourront pas être pêchées, et devront être rejetées à la mer, ou, pour les coquillages, déposées en des lieux déterminés (1);

7° Les prohibitions relatives à la pêche, à la mise en vente, à l'achat, au transport et colportage, ainsi qu'à l'emploi, pour quelque usage que ce soit, du frai ou du poisson assimilé au frai, et du coquillage qui n'atteint pas les dimensions prescrites (2);

8° Les appâts défendus (3);

9° Les conditions d'établissement de pêcheries, de parcs à huîtres, à moules, et de dépôts de coquillages; les conditions de leur exploitation; les rets, filets, engins, bateaux et autres instruments, ainsi que les matériaux qui pourront y être employés (4);

10° Les mesures de police touchant l'exercice de la pêche à pied (5);

11° Enfin, et généralement, les mesures d'ordre et de précautions propres à assurer la conservation de la pêche et à en régler l'exercice (6).

Art. 4 (7). Les préfets maritimes et, dans les sous-arrondissements, les chefs du service de la marine fixeront par des arrêtés les époques d'ouverture et de clôture de la pêche des huîtres et des moules, et détermineront les huîtrières et moulières qui seront mises en exploitation.

Ces arrêtés seront, dans la quinzaine, transmis au ministre de la marine.

Art. 5. Quiconque aura formé sans autorisation un établissement de pêcherie, de parc à huîtres ou à moules, ou de dépôt de coquillages, de

---

(1) Voir le n° 5, article 3 du projet.
Voir *aussi* : Arrêt du 28 août 1857 (R.), notifié le 22 septembre 1857 (R.), *B. O.* p. 793 et 792 (*Goémon*);
Décrets des : 10 juillet 1864 (R.), *B. O.* p. 4 (*Goémon*);
16 août 1867 (R.), *B. O.* p. 132 (*Algues épaves*);
8 février 1868 (R.), *B. O.* p. 134-135 (*Herbes marines*).

(2) Voir : le n° 6, article 3 du projet, et les explications correspondantes de la Commission spéciale; — et décret du 14 août 1872 (R.), *B. O.* p. 167 (*Transport des huîtres dans la rade de Brest*).

(3) Voir le n° 7, article 3 du projet.

(4) Voir le n° 8, *idem*.

(5) Voir : le n° 9, *idem;* — la circulaire du 16 septembre 1853 (N. R.) (*B. O.* p. 611), — et celle du 20 octobre 1877, *B. O.* p. 558.

(6) Voir le n° 10, article 3 du projet.

(7) Voir l'article 4 du projet. — Voir la définition contenue dans les §§ 3, 4, 5 et 6 de la dépêche du 13 avril 1852 (R.), et dans les §§ 2, 3, 4, 5, 6, 7, 8, 9 et 10 de celle du 27 du même mois (R.) (*B. O.* p. 471 et 500).

quelque nature qu'il soit, sera puni d'une amende de 50 à 250 francs, et pourra, en outre, être puni d'un emprisonnement de six jours à un mois.

La destruction des établissements formés sans autorisation aura lieu aux frais des contrevenants (1).

Art. 6. Sera puni des peines portées par l'article précédent :

1° Quiconque se sera servi d'appâts prohibés (2);

2° Quiconque, dans l'établissement ou l'exploitation des pêcheries, parcs ou dépôts autorisés, aura contrevenu aux décrets rendus en exécution du paragraphe 9 de l'article 3.

Dans ce cas, l'autorisation pourra être révoquée et les établissements détruits aux frais des contrevenants (3).

Art. 7. Sera puni d'une amende de 25 à 125 francs ou d'un emprisonnement de trois à vingt jours :

1° Quiconque aura fabriqué, détenu hors de son domicile, ou mis en vente les rets, filets, engins, instruments de pêche prohibés par les règlements, ou en aura fait usage (4);

2° Quiconque aura contrevenu aux dispositions spéciales établies par les règlements pour prévenir la destruction du frai et du poisson assimilé au frai, ou pour assurer la conservation et la reproduction du poisson et du coquillage (5);

3° Quiconque aura fait usage d'un procédé ou mode de pêche prohibé par un décret rendu en exécution du paragraphe 5 de l'article 3 (6);

4° Quiconque aura pêché, transporté (7), mis en vente ou employé à un usage quelconque le frai, le poisson assimilé au frai, le poisson ou le coquillage dont les dimensions n'atteindraient pas le minimum déterminé par les règlements (8).

---

(1) Voir : les §§ 1, 2 et 3 de l'article 10 du projet et les explications correspondantes de la Commission spéciale; — et la circulaire du 4 avril 1854 (R.), *B. O.* p. 443; etc.

(2) Voir les §§ 1 et 2 de l'article 9 du projet et les explications correspondantes de la Commission spéciale.

(3) Voir : les §§ 4 et 5 de l'article 10 du projet; — et circulaires des : 19 février 1856 (R.), *B. O.* p. 113 et annexes; — 9 mai 1856 (R.), *B. O.* p. 454; — 8 septembre 1876, *B. O.* p. 319; etc.

(4) Voir les §§ 1 et 4 de l'article 7 du projet.

(5) Voir le § 1 de l'article 8 du projet.

(6) Voir : le § 1 de l'article 7 du projet; — et les trois circulaires citées à la note 3, qui précède.

(7) Le texte de la loi, pour les articles 7 et 16, a été rectifié ici d'après l'erratum du 5 mars 1852 (N. R.), signalé à la page 234 du *Bulletin officiel*, et à la page 348 du *Bulletin des lois* (1er semestre 1852).

(8) Voir le § 2 de l'article 8 du projet.

La peine sera double lorsque le transport aura lieu par bateaux, voitures ou bêtes de somme (1).

ART. 8 (2). Sera puni d'un emprisonnement de deux à dix jours et d'une amende de 5 à 100 francs :

1° Quiconque se livrera à la pêche pendant les temps, saisons et heures prohibés, ou aura pêché en dedans des limites fixées par les décrets ou arrêtés rendus pour déterminer la distance de la côte, de l'embouchure des étangs, rivières et canaux dans lesquels la pêche aura été interdite (3);

2° Quiconque aura enfreint les prescriptions relatives à l'ordre et à la police de la pêche en flotte (4);

3° Quiconque se sera refusé à laisser opérer dans les pêcheries, parcs, lieux de dépôt de coquillages, bateaux de pêche et équipages, les visites requises par les agents chargés, aux termes du paragraphe 1er de l'article 14, de la recherche et de la constatation des contraventions (5).

ART. 9 (6). Seront punies d'une amende de 2 à 50 francs, ou d'un emprisonnement d'un à cinq jours, toutes autres contraventions aux règlements rendus en exécution de l'article 3.

ART. 10. En cas de conviction de plusieurs infractions à la présente loi et aux arrêtés et règlements rendus pour son exécution, la peine la plus forte sera seule prononcée.

Les peines encourues pour des faits postérieurs à la déclaration du procès-verbal de contravention pourront être cumulées, s'il y a lieu, sans préjudice des peines de la récidive.

ART. 11 (7). En cas de récidive, le contrevenant sera condamné au maximum de la peine de l'amende ou de l'emprisonnement; ce maximum pourra être élevé jusqu'au double.

Il y a récidive lorsque, dans les deux ans précédents, il a été rendu contre le contrevenant un jugement pour contravention en matière de pêche.

---

(1) Voir le § 4 de l'article 8 du projet.

(2) Art. 8. — Voir Circulaire du 12 mars 1856 (R.), *B. O.* p. 173.

(3) Voir le § 1 des articles 5 et 6 du projet.

(4) Voir le § 3 de l'article 6 du projet et les explications correspondantes de la Commission spéciale.

(5) Voir décret du 14 août 1872 (R.), *B. O.* p. 167 (*Transport des huîtres. — Rade de Brest*).

(6) Voir : article 11 du projet, et circulaire du 6 avril 1855 (R.), *B. O.* p. 175.

(7) Voir : article 12 du projet; — et circulaires des 5 mai 1854 (R.), *B. O.* p. 558, et 12 mars 1856 (R.), *B. O.* p. 173.

ART. 12 (1). Pourront être déclarés responsables des amendes prononcées pour contraventions prévues par la présente loi, les armateurs des bateaux de pêche, qu'ils en soient ou non propriétaires, à raison des faits des patrons et équipages de ces bateaux; ceux qui exploitent les établissements de pêcheries, de parcs à huîtres ou à moules et de dépôts de coquillages, à raison des faits de leurs agents ou employés.

Ils seront, dans tous les cas, responsables des condamnations civiles. Seront également responsables, tant des amendes que des condamnations civiles, les pères, maris et maîtres, à raison des faits de leurs enfants mineurs, femmes, préposés et domestiques.

Cette responsabilité sera réglée conformément au dernier paragraphe de l'article 1384 du Code civil.

ART. 13 (2). La recherche des rets, filets, engins et instruments de pêche prohibés pourra être faite à domicile chez les marchands et fabricants.

ART. 14 (3). Les rets, filets, engins et instruments de pêche prohibés seront saisis; le jugement en ordonnera la destruction (4).

Le poisson et le coquillage saisis pour cause de délit seront vendus sans délai dans la commune la plus voisine, dans les formes prescrites par l'article 42 de la loi du 15 avril 1829 (R.); le prix en sera confisqué en cas de condamnation (5).

Les officiers et agents, chacun dans la limite de ses attributions, ont le droit de requérir directement la force publique pour la répression des infractions en matière de pêche maritime, ainsi que pour la saisie des filets, engins et appâts prohibés, et du poisson et des coquillages pêchés en contravention (6).

ART. 15 (7). Le produit des amendes et confiscations sera attribué à

---

(1) **Voir** : article 19 du projet, et circulaire du 18 août 1855 (R.), *B. O.* p. 755.

(2) **Voir** le § 5 de l'article 7 du projet et les explications correspondantes de la Commission spéciale.

(3) Art. 14. — **Voir** jugement du tribunal de Valognes, du 18 janvier 1859 (R.), notifié par circulaire du 17 juin 1859 (R.), *B. O.* p. 330 et 332 (*Achats de poisson frais de pêche étrangère*).

(4) **Voir** : les §§ 2 et 3 de l'article 7 du projet; — la circulaire du 8 septembre 1828 (N. R.), *A. M.* p. 732, et celle du 19 avril 1853 (R.), *B. O.* p. 323.

Voir aussi les circulaires des : 9 mai 1856 (R.), *B. O.* p. 454; — 25 novembre 1859 (R.), *B. O.* p. 453; — 3 juin 1861 (R.), *B. O.* p. 396, — et 8 septembre 1876, *B. O.* p. 319 et annexe; etc.

(5) **Voir** : les articles 5 § 2, 6 § 2, 8 § 3 et 9 § 3 du projet; — et circulaire du 16 août 1867 (R.), *B. O.* p. 131.

(6) **Voir** l'article 15 § 5 du projet.

(7) **Voir** l'article 13 du projet, ainsi que les instructions spéciales rappelées et contenues dans la circulaire du 26 octobre 1853 (M.), *B. O.* p. 786.

la Caisse des invalides de la marine, sous la déduction du cinquième de ces amendes et confiscations, lequel sera attribué à l'agent qui aura constaté la contravention, sans que cette allocation puisse excéder 25 francs pour chaque infraction.

Art. 16 (1). Les infractions sont recherchées et constatées par les commissaires de l'inscription maritime, les officiers et officiers-mariniers commandant les bâtiments et les embarcations garde-pêches, les inspecteurs des pêches maritimes, les syndics des gens de mer, les prud'hommes pêcheurs (2), les gardes jurés de la marine, les gardes maritimes (3) et les gendarmes de la marine (4).

Lorsque l'infraction portera sur le fait de vente, transport ou colportage du frai, du poisson assimilé au frai, du poisson ou coquillage n'atteignant pas les dimensions prescrites, elle pourra être également constatée par les officiers de police judiciaire, les agents municipaux assermentés, les employés des contributions indirectes et des octrois (5).

Art. 17. Les procès-verbaux devront être signés; ils devront, et à peine de nullité, être, en outre, affirmés, dans les trois jours de la clôture desdits procès-verbaux, par-devant le juge de paix du canton ou l'un de ses suppléants, ou par-devant le maire ou l'adjoint, soit de la commune de la résidence de l'agent qui dresse le procès-verbal, soit de celle où le délit a été commis.

Toutefois, les procès-verbaux dressés par les officiers du commissariat de la marine chargés du service de l'inscription maritime, par les officiers et officiers-mariniers commandant les bâtiments et embarcations garde-pêches, et les inspecteurs des pêches maritimes, ne sont point soumis à l'affirmation (6).

(*Suite.*)

Voir aussi les circulaires des : 24 juillet 1852 (R.), *B. O.* p. 83; — 27 août 1852 (R.), *B. O.* p. 218 et annexes; — 24 octobre 1864 (R.), *B. O.* p. 253; — 3 mars et 11 mai 1877, *B. O.* p. 244 et 576; etc.

(1) Voir : Circulaires du 14 mai 1852 (R.), *B. O.* p. 552 (*Prestation de serment*); Décret et circulaires des 27 novembre et 6 décembre 1859 (R.), *B. O.* p. 476, 479 et 483; etc. etc.

(2) Voir les explications contenues dans la dépêche du 5 juin 1852 (R.), *B. O.* p. 629, sur les *prud'hommes pêcheurs de la Méditerranée.*

(3) Voir la note 7 de la page 70.

(4) Voir : l'article 15, § 2 du projet; — les instructions en matière de serment contenues dans les circulaires des 14 mai 1852 (R.), 26 avril et 3 novembre 1853 (R.), *B. O.* de 1852 et 1853, p. 552, 329 et 801.

(5) Voir l'article 15 § 3 du projet.

(6) Voir : l'article 15 du projet et les explications correspondantes de la Commission

ART. 18. Toutes poursuites en raison des infractions commises à la présente loi et aux décrets et arrêtés rendus en exécution des articles 3 et 4 seront portées devant les tribunaux correctionnels.

Si le délit a été commis en mer, elles seront portées devant le tribunal du port auquel appartient le bateau (1).

Ces poursuites seront intentées dans les trois mois qui suivront le jour où la contravention aura été constatée.

A défaut de poursuites intentées dans ce délai, l'action publique et les actions privées relatives aux contestations entre pêcheurs seront prescrites (2).

ART. 19 (3). Les poursuites auront lieu à la diligence du ministère public, sans préjudice du droit de la partie civile; elles pourront être aussi intentées à la diligence (4) des officiers du commissariat chargés de l'inscription maritime. Ces officiers, en cas de poursuites par eux faites, ont droit d'exposer l'affaire devant le tribunal et d'être entendus à l'appui de leurs conclusions.

ART. 20. Les procès-verbaux feront foi jusqu'à inscription de faux (5).

A défaut de procès-verbaux ou en cas d'insuffisance de ces actes, les infractions pourront être prouvées par témoins (6).

(*Suite.*)

spéciale; — les circulaires des 8 juin 1853 (R.), *B.O.* p. 526; — 17 mars 1857 (R.), *B.O.* p. 190; — 22 juillet 1864 (R.), *B. O.* p. 37; — et décret du 14 août 1872 (R.), article 2, *B. O.* p. 167; etc.

(1) Voir: article 14 du projet; — Arrêt confirmatif du *Conseil d'État* en date du 2 avril 1852, notifié par la circulaire du 7 mai suivant (R.), *B. O.* p. 524;

Décret-loi du 24 mars 1852 (R.), *B. O.* p. 402 (article 58, les deux derniers paragraphes);

Circulaires des: 19 janvier 1855 (R.), *B. O.* p. 53 (*Compétence*);
19 septembre 1856 (R.), *B. O.* p. 875 (*Répression disciplinaire*);
26 mars 1864 (R.), *B. O.* p. 222 (*Répression disciplinaire*); etc.

(2) Voir article 17 du projet et les explications correspondantes de la Commission spéciale.

(3) Voir article 16 du projet.

(4) Voir: les explications contenues dans la circulaire du 2 mars 1852 (R.); — la dépêche du 13 avril suivant (R.), §§ 8 et 9; — celle du 27 du même mois (R.), §§ 11, 12 et 13; — la circulaire du 8 juin de la même année (R.), *B. O.* p. 183, 471, 500 et 613, — et celle du 18 janvier 1853 (R.), *B. O.* p. 49.

(5) Voir: § 4, article 15 du projet; — l'arrêt de cassation du 15 avril 1853, notifié par la circulaire du 13 mai suivant (R.), *B. O.* p. 358;

Circulaires des: 17 mars 1857 (R.), *B. O.* p. 190;
22 juillet 1864 (R.), *B. O.* p. 37;
et Décret du 14 août 1872 (R.), article 2, *B. O.* p. 167; etc.

(6) Voir § 1, article 15 du projet.

Art. 21 (1). Les citations, actes de procédure et jugements sont dispensés du timbre et enregistrés gratis.

Les citations et significations seront faites et remises sans frais par les syndics des gens de mer, les gardes jurés, les gardes maritimes et les gendarmes de la marine. Si la contravention a été constatée par des officiers de police judiciaire, des agents municipaux assermentés, des employés des contributions indirectes ou des octrois, les significations pourront être aussi remises par les agents de la force publique.

Les jugements seront signifiés par simple extrait contenant le nom des parties et le dispositif du jugement.

Cette signification fera courir les délais d'opposition, d'appel et de pourvoi en cassation.

Art. 22 (2). En cas de recours en cassation, l'amende à consigner est réduite à moitié du taux fixé par l'article 419 du Code d'instruction criminelle.

Art. 23. Les receveurs de l'administration de l'enregistrement et des domaines sont chargés du recouvrement des amendes prononcées pour contravention à la présente loi et aux décrets et arrêtés rendus pour son exécution; ils verseront les fonds en provenant dans les mains des trésoriers de la Caisse des invalides de la marine (3).

Art. 24 (4). Sont et demeurent abrogés, en ce qu'ils ont de contraire aux dispositions de la présente loi, les lois et règlements aujourd'hui existants sur la police de la pêche côtière ou pêche du poisson et du coquillage à la mer, le long des côtes, ainsi que dans la partie des fleuves, rivières, étangs et canaux où les eaux sont salées.

Sont également abrogés les règlements relatifs à la récolte du varech, sart, goémon et autres herbes marines.

Toutefois, ces lois et règlements continueront provisoirement à être exécutés, mais sous les peines ci-dessus énoncées pour les contraventions aux dispositions qu'ils contiennent, jusqu'à la publication des décrets à intervenir en conformité de l'article 3, laquelle publication devra avoir lieu dans l'année qui suivra la promulgation de la présente loi.

---

(1) Voir: article 18 du projet; — les recommandations contenues dans la dépêche du 29 octobre 1852 (R.), *B. O.* p. 389.

(2) Voir article 20 du projet et les explications correspondantes de la Commission spéciale.

(3) Voir: les instructions rappelées et contenues dans la circulaire du 26 octobre 1853 (M.), *B. O.* p. 786;
Et circulaires des: 24 juillet 1852 (R.), *B. O.* p. 83;
27 août 1852 (R.), *B. O.* p. 218;
13 mars 1876, *B. O.* p. 407;
26 décembre 1876. *B. O.* p. 795; etc.

(4) Voir l'article 21 du projet.

Il n'est, d'ailleurs, pas dérogé à la loi du 23 juin 1846 (R.), sur les pêcheries dans les mers situées entre les côtes de France et celles du Royaume-Uni de la Grande-Bretagne et de l'Irlande.

La présente loi sera insérée au *Bulletin des lois* et au *Bulletin officiel de la marine.*

Fait à Paris, à l'Élysée-National, le 9 janvier 1852.

Signé LOUIS-NAPOLÉON.

Le Ministre de la marine et des colonies,

Signé Th. DUCOS.

LE MINISTRE

AUX PRÉFETS MARITIMES, CHEFS DU SERVICE DE LA MARINE, COMMISSAIRES DE L'INSCRIPTION MARITIME.

Pêche maritime côtière. — *Instructions pour l'exécution de la loi du 9 janvier 1852* (R.), *et pour la préparation des décrets réglementaires à intervenir* (1).

(Direction du personnel militaire et des mouvements de la flotte. — Bureau de l'inscription maritime et de la police de la navigation.)

Paris, le 20 janvier 1852 (*B. O.* p. 37).

Messieurs, vous trouverez ci-joint, précédé d'un rapport au Président de la République, le décret du 9 janvier 1852 (R.), portant loi pour la police de la pêche maritime côtière.

L'article 24 de cet acte abroge la législation aujourd'hui existante sur la matière, ainsi que celle relative à la récolte du varech, sart, goémon et autres herbes marines. Il dispose toutefois que les prescriptions de la législation ancienne continueront provisoirement à être exécutées, mais sous les peines énoncées par la nouvelle loi, jusqu'à la publication des décrets réglementaires (2) à intervenir en conformité de l'article 3 de ladite loi.

Conséquemment, les procès-verbaux qu'il y aura lieu de dresser pour

---

(1) Voir les notes (*édit. ref.*), sous la loi elle-même, et l'énumération des principaux actes à consulter, qui précède le texte; et consulter plus spécialement, sous la présente circulaire, celles des: 12 mars 1852 (N. R.), *B. O.* p. 273; — 23 mars 1852 (R.), *B. O.* p. 330, — et 2 avril 1852 (N. R.), *B. O.* p. 452.

(2) Décrets réglementaires des 4 juillet 1853 (R.), *B. O.* p. 33 à 404, et 19 novembre 1859 (R.), *B. O.* p. 379.

constater les infractions aux dispositions qui régiront encore la pêche maritime, d'ici à l'époque de la publication de ces décrets, devront se référer aux articles des lois et règlements abrogés en principe, mais provisoirement maintenus, qui ont prévu l'infraction, et aux articles du décret du 9 janvier 1852 (R.), pour les peines applicables aux contraventions établies par les procès-verbaux.

Je dois appeler d'abord sur ce point essentiel la scrupuleuse attention des administrateurs de la marine, et je leur recommande expressément de ne jamais le perdre de vue, afin de prévenir tout embarras, toute incertitude, de la part des procureurs de la République à qui les procès-verbaux seront transmis pour les poursuites à exercer contre les contrevenants.

Les décrets réglementaires à rendre en exécution de l'article 3 de la loi du 9 janvier 1852 (R.) devront contenir l'ensemble des dispositions relatives à l'exercice de la pêche et à la conservation du poisson et du coquillage. Cette indication suffit à faire apprécier l'importance de ces actes et le soin tout particulier qu'exige leur élaboration.

Comme je l'ai énoncé dans mon rapport à M. le Président de la République, les éléments de ces décrets se trouvent en grande partie dans les études déjà faites, à diverses époques, pour la réglementation de nos pêches, études qui ont été résumées dans le travail transmis aux ports par la circulaire du 14 août 1821 (N. R.).

C'est ce travail qui doit servir de base pour l'élaboration des décrets à publier aujourd'hui.

Toutefois, l'époque déjà ancienne à laquelle remonte l'établissement des projets de règlements sur la police de la pêche, communiqués par la circulaire précitée aux administrateurs de la marine, oblige à les soumettre à une revision qui permettra d'y introduire les modifications dont l'expérience aura révélé le besoin.

Il est, d'ailleurs, un point des plus essentiels à l'égard duquel ces règlements comportent des dispositions additionnelles : c'est celui relatif à la récolte des herbes marines, que le paragraphe numéroté 6 de l'article 3 de la loi du 9 janvier 1852 (R.) rattache aux dispositions spéciales propres à prévenir la destruction du frai et à assurer la conservation du poisson et du coquillage. Vous savez que la récolte de ces herbes intéresse à un haut degré l'agriculture et diverses industries d'une grande importance. La détermination des mesures qui les concernent devra donc être l'objet d'une étude des plus attentives.

Afin d'imprimer à la revision à laquelle il doit être procédé une marche rapide, et d'assurer aux divers intérêts engagés dans la question de la réglementation de la pêche les garanties désirables, j'ai arrêté les dispositions suivantes pour la préparation des décrets à intervenir.

Des commissions locales seront immédiatement instituées au chef-lieu de chacun des quartiers de l'inscription maritime, pour formuler, en ce qui concernera le quartier, les prescriptions dont les onze paragraphes de l'article 3 de la loi du 9 janvier 1852 (R.) indiquent la nature.

Ces commissions seront présidées par le commissaire de l'inscription maritime.

Les membres qui devront les composer seront désignés, sur la proposition du commissaire de l'inscription maritime, par le préfet maritime ou le chef du service de la marine du sous-arrondissement.

Les commissions comprendront un membre de la chambre de commerce, s'il en existe une au chef-lieu du quartier, ainsi que le maire ou un membre du conseil municipal par lui délégué. Elles entendront ou recevront toutes les observations que les intéressés ou les personnes ayant des connaissances spéciales sur la matière désireront leur présenter. Si les nécessités du service ne permettent pas de faire entrer les administrateurs des sous-quartiers dans les commissions, ils devront être mis en demeure de leur soumettre des propositions qu'ils seront, au besoin, appelés à défendre devant elles.

Le travail de ces commissions sera transmis, dès qu'il aura pu être arrêté, au préfet maritime ou au chef du service du sous-arrondissement. Les commissaires de l'inscription maritime accompagneront, s'il y a lieu, l'envoi de ce travail de *leurs observations particulières.*

Les chefs du service de la marine examineront avec tout le soin nécessaire les projets élaborés par les commissions instituées dans les quartiers de leur sous-arrondissement. Ils adresseront à ces commissions les observations que cet examen leur aura suggérées, et, si elles n'en tiennent pas compte, ils en transmettront copie au préfet maritime, en lui faisant parvenir les projets des commissions, qu'ils devront, dans tous les cas, s'abstenir de modifier.

Une commission sera formée au chef-lieu de l'arrondissement par le préfet maritime pour la centralisation et la revision des divers règlements locaux. Le contrôle devra être représenté dans cette commission.

Le travail des commissions locales sera modifié dans toutes les parties jugées défectueuses par la commission centrale, qui préparera ensuite le règlement général de l'arrondissement, lequel sera subdivisé en sous-arrondissements et quartiers.

Toutes les dispositions qui pourront être appliquées dans la totalité des quartiers de l'arrondissement seront comprises sous le titre : *Dispositions générales;* celles qui ne concerneraient que les quartiers d'un même sous-arrondissement seront rangées sous le titre : *Dispositions particulières au sous-arrondissement de. . . . .* ; enfin, celles qui seront spéciales à un ou plusieurs quartiers figureront sous la rubrique de chacun de ces quartiers.

J'attache la plus grande importance à la stricte observation de ces prescriptions, et je recommande de s'y conformer exactement. Ce qui importe dans le travail auquel il s'agit de procéder, c'est l'unité, la netteté, la clarté, la précision, et le mode que j'indique m'a paru le plus sûr pour obtenir cet important résultat. Le seul inconvénient qu'offrira ce système sera de donner un assez grand développement à chacun des règlements; mais il me paraît devoir être largement compensé par les facilités qu'il présentera pour l'application des nombreuses et si diverses règles relatives à la police des pêches.

Je n'ai pas naturellement à entrer ici dans des détails sur les prescriptions que les règlements devront contenir; mais je dois appeler votre attention sur trois points principaux à y énoncer.

Le premier est l'indication des limites de chaque arrondissement, sous-arrondissement ou quartier, laquelle devra être placée sous la rubrique de ces diverses fractions du littoral de la France.

Le second est l'indication à placer au titre : *Dispositions générales*, de la partie des fleuves, rivières, étangs et canaux où la pêche est réputée maritime, c'est-à-dire s'exerce librement, sans fermage ni licence, et aussi l'indication de la partie salée de ces mêmes fleuves, rivières, étangs et canaux où la pêche doit être soumise aux dispositions de la loi du 9 janvier 1852 (**R.**) et des décrets rendus pour son exécution.

L'ordonnance du 10 juillet 1835 (**N. R.**) (*A. M.* p. 663 et 718), rendue en exécution de la loi du 15 avril 1829 (**R.**) sur la pêche fluviale, a fixé, comme vous le savez, les limites entre la pêche fluviale et la pêche maritime (1); mais cette ordonnance n'a pas fait connaître le point de cessation de salure des eaux. Ce point a, d'ailleurs, été déjà mentionné dans les tableaux adressés par les préfets maritimes à l'un de mes prédécesseurs, en exécution des circulaires des 1er, 26 octobre et 2 novembre 1829, pour la préparation de l'ordonnance précitée du 10 juillet 1835; mais si quelques doutes existaient à cet égard, il y aurait lieu de procéder à des vérifications nouvelles, auxquelles devraient concourir les agents de l'administration des eaux et forêts. J'écris à M. le ministre des finances pour le prier de donner des ordres éventuels à ce sujet.

Le troisième des points qui m'ont paru devoir être signalés ici est celui relatif aux lettres distinctives que doivent porter les bateaux de pêche. Déjà la circulaire du 19 août 1847 (2) a statué à ce sujet; mais il importe de reproduire ses prescriptions dans les décrets réglementaires à intervenir.

Telles sont, Messieurs, les instructions générales destinées à assurer l'exécution des prescriptions de la loi rendue le 9 de ce mois pour la police de la pêche maritime côtière.

Je vous invite à vous y conformer, chacun en ce qui vous concerne, et je recommande aux administrateurs appelés à concourir à l'important travail dont il s'agit de ne rien négliger pour le rendre aussi complet

---

(1) La circulaire du 22 juillet 1851 (**R.**), *B. O.*, p. 49, a indiqué les modifications apportées à l'ordonnance du 10 juillet 1835 depuis sa publication.

(2) 19 août 1847 (**N. R.**), *A. M.* p. 937.

que possible. Je me propose d'ailleurs de signaler par des dépêches spéciales, à la suite de l'examen auquel il va être procédé des nombreux documents sur les pêches maritimes, réunis dans les bureaux de mon département, les diverses questions qui me paraîtraient nécessiter une attention particulière.

J'attache beaucoup de prix à la prompte promulgation des décrets dont la préparation est ordonnée par la présente dépêche, et je désire vivement qu'elle puisse avoir lieu bien avant l'expiration du délai d'un an que le paragraphe 3 de l'article 24 de la loi accorde pour leur publication. Afin d'obtenir ce résultat, j'autorise les préfets maritimes à envoyer l'un des membres de la commission formée au chef-lieu de l'arrondissement dans ceux des quartiers où l'établissement du règlement local rencontrerait des difficultés, qui pourraient, par ce moyen, être plus facilement résolues. Il devrait, d'ailleurs, m'être rendu compte de cette disposition et des motifs qui l'auraient fait adopter.

Les décrets généraux devront m'être transmis par les préfets maritimes, dès qu'ils auront été arrêtés par la commission centrale, dont la composition sera portée à ma connaissance.

Les modifications qu'elle viendrait à subir me seront également indiquées.

Recevez, etc.

Signé Th. DUCOS.

DÉCRET-LOI DU 21 FÉVRIER 1852

CONCERNANT

LA PÊCHE ET LA DOMANIALITÉ PUBLIQUE MARITIMES.

ACTES A CONSULTER

sur le décret concernant la pêche et la domanialité publique maritimes.

Du 21 février 1852.

1852.

24 février 1852 (R.). — *B. O.* p. 157 et 158.

Circulaires notificatives aux autorités maritimes et aux préfets des départements du littoral, du décret du 21 février 1852 sur la domanialité et la pêche maritimes.

23 mars 1852 (R.). — *B. O.* p. 330.

Exécution du décret du 21 février 1852, en ce qui touche la détermination des limites de l'inscription maritime et de la salure des eaux dans les fleuves, rivières et canaux affluant directement ou indirectement à la mer.

8 décembre 1852 (R.). — *B. O.* p. 540 et 542.

Fixation du point de cessation de la salure des eaux dans les fleuves et rivières affluant à la mer.

1853.

21-25 février 1853 (R.). — *B. O.* p. 150 et 153.

Pêche côtière. — Fixation du point de cessation de la salure des eaux dans les canaux et rivières canalisées.

8 mars 1853 (R.). — *B. O.* p. 190.

Domanialité publique maritime. — Application de la loi du 21 février 1852.

4 juillet 1853 (R.). — *B. O.* p. 33 à 404.

Circulaire d'envoi, rapport et décrets réglementaires sur la pêche maritime côtière dans les quatre premiers arrondissements maritimes.

16 août 1853 (R.). — *B. O.* p. 655.

Rapport et décret portant règlement d'administration publique concernant la zone frontière, la commission mixte des travaux publics et ses attributions.

1854.

24 janvier 1854 (R.). — *B. O.* 2e semestre, p. 221.

Délimitation du rivage à Palavas (quartier de Cette). — Explications (annexe A à la circulaire du 1er août 1854 (R.).

28 février 1854 (R.). — *B. O.* p. 257.

On demande la résiliation du bail passé avec le sieur Lemonnier pour l'amodiation d'une partie de la plage d'Étretat (quartier de Fécamp).

22 mai 1854 (R.). — *B. O.* 2e semestre, p. 224.

Délimitation du rivage à Palavas (quartier de Cette) (annexe B à la circulaire du 1er août 1854) (R.).

1er août 1854 (R.). — *B. O.* p. 220.

Application de la loi du 21 février 1852. — Délimitation du rivage (annexes A et B).

7 décembre 1854 (R.). — *B. O.* de 1855, p. 100.

Exécution de la loi du 21 février 1852. — Frais résultant des opérations délimitatives (annexe à la circulaire du 13 février 1855) (R.).

1855.

13 février 1855 (R.). — *B. O.* p. 99.

Exécution de la loi du 21 février 1852. — Délimitations du rivage. — Les dépenses *matérielles* résultant des opérations seront seules supportées par le département de la marine.

7 avril 1855 (R.). — *B. O.* p. 185.

Correspondance : Pêche et domanialité. — Une lettre par affaire.

1er mai 1855 (R.). — *B. O.* p. 204.

Domanialité. — Délimitation du rivage dans les ports de commerce.

21-28 juin 1855 (R.). — *B. O.* p. 401.

Application de la loi du 21 février 1852. — Opérations délimitatives du rivage dans l'Océan et la Méditerranée.

Détermination de l'embouchure des fleuves et rivières. — Délimitations dans les ports de commerce.

3 juillet 1855 (R.). — *B. O.* p. 709.

Le décret du 16 août 1853 n'est pas applicable aux opérations délimitatives du rivage.

7 août 1855 (R.). — *B. O.* p. 589.

Application de la loi du 21 février 1852 : — Délimitations du rivage. — Publicité.

26 octobre 1855 (R.). — *B. O.* p. 781.

Application de la loi du 21 février 1852.

Les opérations délimitatives prescrites par cette loi peuvent être consacrées par voie d'arrêté déclaratif de domanialité.

1856.

15 juillet 1856 (R.). — *B. O.* p. 605.

Les maires des communes riveraines des cours d'eau dont l'embouchure doit être déterminée, ne peuvent faire partie des commissions mixtes chargées de procéder aux opérations délimitatives qu'avec voix consultative seulement.

1858.

25 mai 1858 (R.). — *B. O.* p. 552.

Rejet d'une demande en revendication de propriété d'un *étang salé* déclaré faire partie du *domaine public maritime*, et rejet d'une réclamation en indemnité introduite contre l'État pour trouble apporté à la jouissance dudit étang.

1859.

19 novembre 1859 (R.). — *B. O.* p. 379.

Décret sur la police de la pêche maritime côtière dans le 5e arrondissement maritime.

1862.

10 mai 1862 (R.). — *B. O.* p. 443-446.

Rapport et décret réglementant la pêche côtière dans les cinq arrondissements maritimes.

27 décembre 1862 (R.). — *B. O.* p. 489 et 490.

Application de l'article 18 du décret du 16 août 1853 sur les attributions de la commission mixte des travaux publics.

1864.

18 juin 1864 (R.). — *B. O.* p. 412.

Application du décret du 21 février 1852.

Envoi d'une instruction sur le mode à suivre pour l'accomplissement des opérations délimitatives du rivage.

1865.

27 février 1865 (R.). — *B. O.* p. 103.

Application du décret du 21 février 1852. — Rappel à l'observation des prescriptions de l'article 4.

1866.

5 septembre 1866 (R.). — *B. O.* p. 259.

Correspondance : Pêche et domanialité. — Une lettre par affaire.

1875.

2 mars 1875. — *B. O.* p. 295.

Domanialité publique maritime. — Maintien des règles en usage pour l'instruction des demandes présentées en vue de l'occupation des plages ou de la construction d'ouvrages quelconques sur la mer ou sur ses rivages.

RAPPORT AU PRINCE PRÉSIDENT DE LA RÉPUBLIQUE,

SUIVI D'UN DÉCRET

concernant la pêche et la domanialité publique maritimes.

Notifié le 24 (**R.**)

RAPPORT.

Paris, le 21 février 1852 (*Bulletin des lois*, p. 550, et *B. O.* p. 159).

MONSEIGNEUR,

J'ai l'honneur de soumettre à votre approbation diverses mesures dont la promulgation récente de la loi sur la pêche maritime côtière nécessite l'adoption.

La loi du 15 avril 1829 (**R.**) établit que des ordonnances insérées au *Bulletin des lois* doivent fixer les limites entre les pêches fluviale et maritime dans les rivières affluant à la mer; que ces limites sont les mêmes que celles de l'*inscription maritime*, mais que la pêche qui se fait en dessus du point où les *eaux sont salées* est soumise aux règles de police et de conservation établies pour la pêche fluviale.

Si l'ordonnance du 10 juillet 1835 (1) a déterminé les divers points de séparation de la pêche libre et de la pêche affermée, aucun acte n'a encore fixé les points à partir desquels doit s'exercer l'action des règlements relatifs à la police des pêches maritime et fluviale.

Cette lacune sera comblée dans les divers décrets à l'élaboration desquels il est actuellement procédé sous ma direction, conformément à l'article 3 de la loi du 9 janvier 1852 (**R.**), et, par suite, il me semble plus normal que la fixation des limites de l'inscription maritime, sur les fleuves et rivières affluant directement ou indirectement à la mer, soit désormais confiée à mon département, qui se concerterait préalablement avec l'administration des eaux et forêts.

La nouvelle loi sur la pêche n'a fait que reproduire les principes consacrés par les anciens règlements sur la matière, et il me paraît également plus conforme à la nature des choses, ainsi qu'à l'esprit de cette loi, que le ministre de la marine soit appelé à déterminer à l'avenir, selon la règle posée dans l'article 1er, titre VII, livre IV, de l'ordonnance d'août 1681 (**M.**), les limites du *domaine public maritime*, sur tous les points du littoral, excepté toutefois dans les ports de commerce et à l'embouchure des fleuves et rivières : ce qui implique, pour le ministre de la marine, le soin de procéder dans l'occasion aux déclarations administratives d'inaliénabilité et d'imprescriptibilité basées sur les articles 538 et 714 du Code civil.

Je m'empresse de faire remarquer que cette disposition ne porte aucune atteinte aux attributions du département des travaux publics, qui a mission de veiller à la conservation du rivage, des ports de commerce et travaux à la mer, ainsi que d'assurer l'exécution des règlements relatifs à la grande voirie.

C'est pour ce motif que je m'abstiens de réclamer la détermination des limites du domaine public maritime dans les ports de commerce (2). Quant à la délimi-

---

(1) 10 juillet 1835 (**M. R.**), *Bulletin des lois*, p. 145, et *A. M.* p. 663 et 718.

(2) Voir Circulaire du 1er mai 1855 (**R.**), *B. O.* p. 204.

tation du rivage à l'embouchure des fleuves et rivières, j'adhère aux conclusions d'une décision du Conseil d'État, en date du 24 janvier 1850, qui, en raison de la multiplicité et du caractère des intérêts engagés, attribue au ministre des finances la direction de cette opération (1).

Je saisis, au reste, cette occasion d'appeler votre attention sur une omission regrettable que présente l'ordonnance du 23 septembre 1825 (R.) relative à la concession des lais et relais de mer, c'est-à-dire de portions du *domaine de l'État* qui, aux termes des articles 557 du Code civil et 41 de la loi du 16 septembre 1807 (2), sont susceptibles d'appropriation.

Le ministre et l'administration de la marine ne sont point mentionnés, dans cet acte, parmi les diverses autorités qui doivent être préalablement consultées; bien que des dispositions amiables aient été concertées pour obvier aux conséquences d'une omission préjudiciable aux intérêts maritimes, il me paraît nécessaire de consacrer régulièrement cette modification. Il convient, d'ailleurs, qu'il soit également reconnu que mon département doit, *à fortiori*, être valablement consulté, préalablement à toute autorisation d'établissement, de quelque nature que ce soit, sur le domaine public maritime.

Tel est, Monseigneur, l'objet du projet de loi que j'ai l'honneur de soumettre à votre sanction, et dont l'adoption aura pour résultat, tout en préservant les intérêts considérables que j'ai mission de défendre, de faire disparaître toute occasion de difficultés et de conflits administratifs.

Je suis, etc.

Le Ministre Secrétaire d'État de la marine et des colonies,

Signé Th. DUCOS.

DÉCRET.

Paris, le 21 février 1852 (*Bulletin des lois*, p. 552, et *B. O.* p. 161).

LOUIS-NAPOLÉON, Président de la République française,

Vu l'ordonnance de la marine d'août 1681 (M.), livre IV, titre VII, article 1er;

Les articles 538, 557, 714, 2226, 2232 et 2240 du Code civil;

La loi du 16 septembre 1807, article 41 (N. R.) (2);

Le décret du 16 décembre 1811 (N. R.), *Bulletin des lois* de 1812, 1er sem., p. 66;

Le décret du 10 avril 1812 (N. R.), *Bulletin des lois*, p. 285;

L'ordonnance du 23 septembre 1825 (R.);

La loi du 15 avril 1829, article 3 (R.);

L'ordonnance du 10 juillet 1835 (N. R.), *A. M.* p. 663 et 718;

---

(1) D'ailleurs, par suite d'une délibération du conseil d'administration de la direction générale de l'enregistrement et des domaines, en date du 18 juin 1850, le département des finances a remis à celui des travaux publics la direction des opérations de délimitation du rivage à l'embouchure des fleuves et rivières.

Voir Dépêche à Toulon du 8 mars 1853 (R.), *B. O.* p. 190.

(2) 16 septembre 1807 (N. R.), *Bulletin des lois*, 6.

La loi du 23 mars 1842 (N. R.), *Bulletin des lois*, p. 198;
La décision du Conseil d'État, en date du 24 janvier 1850 (N. R.);
La loi du 9 janvier 1852 (R.), articles 2 et 3;
Les articles 56 et 58 de la Constitution du 14 janvier 1852 (N. R.), *Bulletin des lois*, p. 49-59;
Sur le rapport du ministre secrétaire d'État de la marine et des colonies;
Le conseil d'amirauté entendu,

DÉCRÈTE :

ART. 1er. Des décrets du Président de la République, insérés au *Bulletin des lois*, et rendus sur la proposition du ministre de la marine, détermineront, dans les fleuves et rivières affluant directement ou indirectement à la mer, les limites de l'inscription maritime et les points de cessation de la salure des eaux.

ART. 2 (1). Les limites de la mer seront déterminées par des décrets du Président de la République, rendus sous forme de règlements d'administration publique, tous les droits des tiers réservés, sur le rapport du ministre des travaux publics, lorsque cette délimitation aura lieu à l'embouchure des fleuves ou rivières, et, sur le rapport du ministre de la marine, lorsque cette délimitation aura lieu sur un autre point du littoral.

Dans ce dernier cas, les opérations préparatoires seront indistinctement confiées, par le ministre de la marine, soit aux préfets maritimes, soit aux préfets de département.

Quant aux déclarations de domanialité, relatives à des portions du domaine public maritime, elles seront faites par les mêmes fonctionnaires dont les arrêtés déclaratifs seront visés par le ministre de la marine.

ART. 3 (2). L'avis du ministre de la marine sera réclamé en ce qui concerne la concession des lais et relais de mer, et son assentiment devra être obtenu pour les autorisations relatives à la formation d'établissements, de quelque nature que ce soit, sur la mer et ses rivages.

ART. 4 (3). Les syndics des gens de mer, gardes maritimes et gendarmes de la marine pourront constater, concurremment avec les fonctionnaires et agents dénommés dans les lois et décrets relatifs à la grande voirie,

---

(1) Art. 2. — Voir Dépêche du 22 mai 1852 (R.), *B. O.* p. 571, et circulaire du 4 mai 1858 (R.), *B. O.* p. 289 et annexes.

(2) Art. 3. — Voir : Décret du 16 août 1853 (R.), *B. O.* p. 655, et *J. M.* ref., tome V, p. 686;
Dépêche du 28 février 1854 (R.), *B. O.* p. 257;
Circulaires et annexes des :
27 décembre 1862 (R.), *B. O.* p. 489 et 490;
2 mars 1875, *B. O.* p. 295;
28 février 1878, *B. O.* p. 334;
22 juillet 1878, *B. O.* p. 106; etc.

(3) Art. 4. — Voir Circulaires des 14 mai 1852 (R.), *B. O.* p. 552; et 27 février 1865 (R.), *B. O.* p. 103; etc.

les établissements irrégulièrement formés sur le domaine public maritime.

Les commissaires de l'inscription maritime donneront, dans ce cas, aux procès-verbaux de ces agents, la direction indiquée par l'article 113, titre IX, du décret du 16 décembre 1811 (N. R.), *Bulletin des lois* de 1812, 1er semestre, p. 66.

Fait au palais des Tuileries, le 21 février 1852.

Signé LOUIS-NAPOLÉON.

Par le Prince Président :

Le Ministre Secrétaire d'État de la marine et des colonies,

Signé TH. DUCOS.

LE MINISTRE DE LA MARINE ET DES COLONIES,

À MM. LES PRÉFETS MARITIMES, CHEFS DU SERVICE DE LA MARINE, COMMISSAIRES DE L'INSCRIPTION MARITIME DES PORTS DE L'OCÉAN.

Envoi du décret *réglementaire sur la* pêche maritime côtière.

(Direction du personnel.— Bureau de l'inscription maritime, de la police de la navigation et des pêches, 2e section.)

Paris, le 4 juillet 1853 (*B. O.* p. 33).

Messieurs, je vous transmets ci-joint un exemplaire d'un décret, en date de ce jour, portant promulgation du règlement concernant la pêche maritime côtière dans votre arrondissement.

Ci-joint également le rapport spécial que j'ai remis à Sa Majesté l'Empereur, en soumettant à sa signature l'acte important que je m'empresse de porter à votre connaissance.

Je recommande instamment aux commissaires de l'inscription maritime de s'attacher, par une étude approfondie, à se bien pénétrer de l'économie des diverses dispositions du nouveau décret, avant de se préoccuper de son application, qui doit être menée avec une gradation intelligente, destinée à prévenir de trop brusques froissements.

Il ne leur échappera pas que le titre Ier leur offre les moyens d'obtenir une police efficace par l'institution de prud'hommes pêcheurs et de gardes jurés; ils ne négligeront donc point de signaler, à ceux qui leur paraîtraient réunir les garanties que réclame l'exercice de ces emplois, les avantages qui y sont attachés. Je ne me dissimule pas, au reste, qu'il est indispensable de corroborer ces moyens élémentaires d'action par la nomination d'inspecteurs des pêches et l'établissement d'un service convenable de surveillance à la mer; j'y aviserai en temps utile.

La disposition qui autorise la formation de communautés ou associations de pêcheurs (1) est facultative, il est vrai; mais j'hésite d'autant moins à la signaler à la plus sérieuse attention des administrateurs, que son application procure depuis longtemps déjà des avantages considérables aux populations de Granville et de Cancale.

Le titre II résume et complète, en ce qui concerne votre circonscription maritime, des indications indispensables et dont un grand nombre ne reposaient encore sur aucune fixation authentique.

Je crois inutile d'insister sur la différence qu'établit nettement le présent décret entre la pêche qu'il régit et celle qui, quoique libre, est soumise aux prescriptions de la loi du 15 avril 1829 (R.).

Le titre des dispositions générales, qui traite des rets, filets, engins et modes de pêche prohibés, doit être l'objet d'une étude toute particulière.

Les commissaires des quartiers où se pratique la pêche en flotte veilleront à ce que les bateaux soient munis des matières nécessaires aux signaux.

Mais il est un point sur lequel je ne saurais trop insister, je veux parler de l'application des dispositions du décret relatives à la conservation du coquillage, et qui fourniront les moyens de préserver les huîtrières actuellement existantes, de repeupler celles qu'une exploitation imprévoyante a détruites, et même d'en créer de nouvelles.

J'attends donc des administrateurs le zèle le plus persévérant pour réaliser, en faveur des populations maritimes, un des bienfaits les plus certains de la législation nouvelle. Si l'emploi de ces moyens doit entraîner des dépenses, ils ne devront point s'arrêter devant cette considération, et ils formuleront leurs propositions tout en s'attachant à les renfermer dans les limites les plus exactes.

En ce qui concerne la récolte des herbes marines (2), je me suis vu amené à ménager des intérêts généraux d'un ordre fort important, et j'ai dû consentir à une dérogation aux dispositions de la loi du 19 mars 1852

---

(1) *Associations de pêcheurs.* — **Voir** Décret du 17 juin 1865 (R.), *B. O.* p. 338.

(2) *Récolte des herbes marines et des goémons de rive.*

Voir : Décrets des 8 février 1868 (R.), notifiés le 12, *B. O.* p. 135 et 134,

Et 31 mars 1873 (R.), notifié le 2 avril (R.), *B. O.* p. 345 et 344; etc. (et notes, *édit. ref.*).

(**R.**) sur le rôle d'équipage : aussi, les administrateurs de la marine devront-ils tenir la main à ce que la tolérance dont il s'agit ne soit pas étendue au delà des limites fixées par le présent décret.

Je ne me suis préoccupé que de la récolte du varech sans toucher à la question de son emploi, soit comme engrais, soit comme élément de la fabrication de la soude. Ce détail, étranger aux intérêts de mon département, rentre désormais dans les attributions du ministre de l'agriculture, du commerce et des travaux publics, à qui il appartient de prendre, à cet égard, les dispositions qu'il jugera convenables. J'appelle donc aujourd'hui sur ce point l'attention de mon collègue.

Il est essentiel d'assurer l'exécution des prohibitions relatives à la vente et à l'emploi du frai, du poisson assimilé au frai, du poisson et du coquillage qui n'ont pas les dimensions réglementaires. Le concours des autorités civiles ayant action sur les agents mentionnés au paragraphe 5 de l'article 1er du décret ne nous fera pas défaut. J'invoque d'ailleurs, dans ce but, toute la sollicitude du ministre de l'intérieur.

Je prie, en outre, M. de Persigny de vouloir bien donner les ordres nécessaires afin que le numéro du *Bulletin des lois* qui contiendra l'acte que je vous notifie, soit transmis à tous les maires des communes du littoral.

Le titre relatif aux parcs et pêcheries sédentaires, aux conditions de leur installation, doit être l'objet d'une étude des plus attentives de la part des administrateurs de la marine, notamment en ce qui touche la vérification des titres et la formation des commissions de visite.

Les commissaires de l'inscription maritime s'attacheront à bien faire connaître aux détenteurs actuels qu'à très peu d'exceptions près, il ne s'agit point pour eux de dépossession, mais bien de régularisation : il serait dès lors nécessaire de donner, soit par la voie de la presse locale, soit au moyen d'affiches, toute la publicité désirable aux deux premiers articles du titre dont il s'agit.

Mon intention formelle étant de n'accorder désormais aucune autorisation relative à l'établissement de *pêcheries à poissons* (1), les autorités maritimes s'abstiendront de donner suite aux demandes de cette nature qui pourraient leur être adressées; mais, d'après les considérations que j'ai fait valoir plus haut en faveur de l'industrie huîtrière, il n'en est pas de même en ce qui concerne les parcs à huîtres, à moules, et les dépôts de coquillages, pour la création desquels je suis disposé à accorder toutes facilités dans les limites tracées par le décret.

Ainsi que vous le remarquerez, cet acte reproduit la prescription relative à l'exercice du pouvoir disciplinaire, étendue, par l'article 58 de

(1) *Pêcheries à poissons.* — **Voir** : Rapport du 21 novembre 1854 (**R.**), notifié le 10 janvier 1855 (**R.**), *B. O.* de 1855, p. 3 et 4;
Instruction et annexes du 2 novembre 1867 (**R.**), *B. O.* p. 431 (et notes, *édit. ref.*).

loi du 24 mars 1852 (R.) (1), aux infractions légères en matière de pêche.

Appliquée avec discernement, cette disposition, qui permet de prendre en considération certaines infortunes, doit conduire à des résultats très efficaces pour les intérêts de la pêche.

Je crois, toutefois, devoir rappeler à cette occasion la recommandation contenue dans le treizième paragraphe de ma circulaire du 27 mars de la même année (R.), à savoir que toutes les infractions commises par les détenteurs de pêcheries doivent être renvoyées devant les tribunaux correctionnels : les très rares exceptions qui pourront être faites à cette règle ne devront être consenties qu'en faveur de ceux appartenant à l'inscription maritime et qui paraîtront dignes d'indulgence en raison de leur pauvreté, de leurs antécédents et de leurs services.

J'insiste aussi sur cette observation, qu'il convient de ne verbaliser contre ceux qui se livrent à la pêche à pied avec filets, sans déclaration préalable, que lorsqu'ils le font habituellement.

Je n'ai rien à ajouter, en raison de son caractère explicite, au titre qui traite des dispositions transitoires, et qui doit être également, de la part des administrateurs, l'objet d'une attention particulière.

Il ne vous échappera point que la plupart des dispositions du décret ci-joint ont atténué la rigueur nécessaire, je m'empresse de le reconnaître, des propositions faites au point de vue des intérêts maritimes, par les commissions locales et centrales. Il était impossible, en effet, de substituer sans transition l'ordre et la règle à une absence presque complète de toute police. L'intervention de l'acte que je vous notifie n'est qu'un point de départ : la législation nouvelle, qui tend à faire disparaître les abus les plus immédiatement préjudiciables, est, dans ma pensée, susceptible de revision et de perfectionnement : aussi les autorités maritimes doivent-elles s'attacher à en étudier les effets, afin de me mettre à même d'y apporter, quand le moment en sera venu, les modifications destinées à les compléter.

Les pêcheurs devront surtout être bien avertis de ma ferme volonté de poursuivre strictement l'application des dispositions du décret, précisément à cause de l'indulgence qui les caractérise.

Recevez, Messieurs, l'assurance de ma considération très distinguée,

Le Ministre Secrétaire d'État de la marine et des colonies,

Signé Th. DUCOS.

---

(1) Voir la circulaire du 21 octobre 1853 (R.), *B. O.* p. 753, pour l'usage de ce pouvoir par les administrateurs de sous-quartiers.

RAPPORT À L'EMPEREUR,

pour lui soumettre les règlements sur la police de la pêche maritime côtière dans les quatre premiers arrondissements maritimes.

Au palais de Saint-Cloud, le 4 juillet 1853 (*B. O.* p. 38) (1).

Sire,

En promulguant, le 9 janvier 1852 (**R.**), *la loi relative à la police de la pêche côtière, vous avez voulu régénérer une industrie de premier ordre menacée dans le principe même de son existence par de nombreux et déplorables abus.*

Cette loi, en permettant de poursuivre dans une certaine mesure l'application des anciens règlements, trop longtemps enfreints faute d'une sanction pénale efficace, a comblé une lacune que tous les gouvernements qui se sont succédé depuis le commencement de ce siècle avaient en vain cherché à faire disparaître.

Mais Votre Majesté n'a point voulu s'en tenir à ce premier succès.

Comprenant que la législation surannée qui régit la pêche côtière demandait une refonte dans sa partie réglementaire aussi bien que dans sa partie pénale, vous vous êtes imposé, Sire, le devoir de reviser ces dispositions éparses et souvent contradictoires, d'élaguer celles qui ne sont plus applicables, et de formuler une série de mesures nettes et précises au moyen desquelles les infractions les plus nuisibles à l'intérêt général des pêches, tout comme à l'intérêt particulier des pêcheurs, soient prévenues ou punies.

Tel a été le but que vous vous êtes proposé en rédigeant l'article 3 de la loi du 9 janvier 1852 (**R.**), *qui a laissé à des décrets dont vous m'avez confié la préparation, le pouvoir d'édicter, pour chaque arrondissement maritime, les prescriptions réglementaires destinées à compléter cette loi.*

Pénétré de votre pensée et désireux de concilier dans la limite du possible les intérêts si graves et si complexes impliqués dans l'industrie de la pêche, j'ai chargé des commissions mixtes, dans chaque quartier d'inscription maritime, d'élaborer un projet de règlement spécial à ce quartier, et j'ai fait reviser et centraliser ces premières études par des commissions supérieures formées au chef-lieu de chaque arrondissement maritime. Lorsque ces œuvres diverses me sont parvenues, j'ai voulu qu'elles fussent examinées sous mes yeux avec le plus grand soin, et j'y ai puisé les éléments essentiels des quatre décrets que j'ai l'honneur de soumettre à la sanction de Votre Majesté, en attendant le jour, désormais prochain, où je pourrai lui présenter le cinquième et dernier.

Aux termes de l'article 24 de la loi du 9 janvier 1852 (**R.**), *ces décrets auraient dû être publiés dans l'année qui a suivi sa promulgation.*

---

(1) Inséré au *Bulletin des lois*, XIe série, partie supplémentaire, p. 49.
Les décrets des quatre premiers arrondissements maritimes ont été promulgués le 6 septembre 1853.

Mais, pour me renfermer dans la stricte exécution de cette disposition, j'aurais été contraint de refuser aux commissions formées dans les ports le temps nécessaire au parfait accomplissement de leur tâche, et Votre Majesté m'a autorisé à ne pas compromettre ainsi le résultat de l'œuvre considérable qu'elle a entreprise.

Ainsi que je l'ai fait remarquer ci-dessus, les gouvernements qui se sont succédé en France depuis le commencement du siècle ont eu à cœur de remédier aux abus qui ruinent la pêche côtière et s'opposent au rapide développement auquel cette grande industrie est plus que jamais appelée.

Dès 1806, l'Empereur prescrivit, en effet, au ministre de la marine de préparer une refonte complète de la législation sur la matière, et la continuation de la guerre maritime mit seule obstacle à ce que les travaux effectués à cette époque fussent revêtus du caractère légal.

En 1816, de nouvelles et sérieuses études furent faites dans le même but. Reprises en 1822, elles demeurèrent sans résultat, parce que le projet de réglementation rédigé à cette époque avait pour base la création d'une juridiction exceptionnelle, tout à fait incompatible avec les lois fondamentales du pays.

Laissant aux tribunaux ordinaires la connaissance des délits de pêche, Votre Majesté a ainsi évité l'obstacle contre lequel tous les efforts du Gouvernement s'étaient brisés depuis 1816, et a réalisé enfin le vœu si longtemps inutile des populations maritimes, assez sages pour comprendre les désastreux effets des infractions qu'elles commettent, tout en désirant les voir réprimer d'une manière efficace et générale.

Toutefois, Votre Majesté a senti qu'après tant d'années d'une tolérance complète, il ne serait pas sans inconvénient de soumettre les pêcheurs à des règles d'une sévérité rigoureuse.

Pour me conformer à ses intentions bienveillantes, je me suis attaché bien moins à formuler des mesures énergiques et absolues, telles que la plupart des commissions locales les avaient proposées dans leurs divers travails, qu'à concilier tous les intérêts, en tenant compte, autant que possible, de la position précaire des populations du littoral, dont vous voulez améliorer le sort sans aggraver, même transitoirement, ce qu'il a de pénible aujourd'hui.

J'ai la confiance de n'avoir rien négligé pour atteindre ce double but, et, si mes espérances se réalisent, les gens de mer verront en peu d'années leur bien-être s'accroître dans une proportion considérable, l'inscription maritime s'enrichira d'un grand nombre de nouvelles recrues, les intérêts divers qui se rattachent à l'industrie de la pêche profiteront largement de sa prospérité, et nos populations maritimes feront remonter jusqu'à vous les hommages de leur reconnaissance.

Je suis, etc.

Le Ministre Secrétaire d'État de la marine et des colonies,

Signé Th. DUCOS.

DÉCRET DU 4 JUILLET 1853

PORTANT

RÈGLEMENT SUR LA POLICE

DE LA PÊCHE MARITIME CÔTIÈRE

DANS

L'ARRONDISSEMENT DE BREST.

RÈGLEMENT

sur la police de la pêche maritime côtière dans le deuxième arrondissement maritime.

Du 4 juillet 1853.

SOMMAIRE DU DÉCRET

DU 4 JUILLET 1853

portant règlement sur la pêche maritime côtière dans l'arrondissement de Brest.

FIN DU SOMMAIRE DU DÉCRET.

DÉCRET

portant règlement sur la pêche maritime côtière *dans le* deuxième arrondissement *maritime.*

Au palais de Saint-Cloud, le 4 juillet 1853 (*B. O.* p. 121, et *Bulletin des lois*, partie supplémentaire).

NAPOLÉON, par la grâce de Dieu et la volonté nationale, EMPEREUR DES FRANÇAIS,

A tous présents et à venir, SALUT.

Vu l'article 3 de la loi du 9 janvier 1852 (R.), sur la pêche côtière;

Vu l'article 1er de la loi du 21 février 1852 (R.), sur la pêche et la domanialité publique maritimes;

Sur le rapport de notre ministre secrétaire d'État au département de la marine et des colonies;

Le conseil d'amirauté entendu,

AVONS DÉCRÉTÉ et DÉCRÉTONS ce qui suit :

ART. 1er. Le règlement dont la teneur suit sera exécuté dans l'étendue de la circonscription du deuxième arrondissement maritime.

TITRE Ier (1).

POLICE DE LA PÊCHE MARITIME CÔTIÈRE.

DISPOSITIONS PRÉLIMINAIRES.

Police de la pêche. — Par qui exercée.

ART. 1er. La police supérieure de la pêche côtière, tant à la mer, le long des côtes, que dans la partie des fleuves, rivières et canaux où les eaux sont salées, est exercée, dans l'arrondissement de Brest, par le préfet maritime.

Cette attribution est dévolue, sous l'autorité du préfet maritime, au commissaire général, dans le sous-arrondissement de Brest, et au chef du service de la marine, dans le sous-arrondissement de Saint-Servan.

Sous les ordres immédiats de ces deux administrateurs supérieurs, les commissaires de l'inscription maritime sont spécialement chargés d'assurer l'exécution des lois et règlements concernant la pêche côtière.

Dans ces fonctions, les commissaires de l'inscription maritime sont secondés par les officiers et officiers-mariniers commandant les bâtiments et les embarcations garde-pêche, les inspecteurs des pêches maritimes, les syndics des gens de mer, les prud'hommes pêcheurs, les gardes jurés de la marine, les gardes maritimes et les gendarmes de la marine.

La police des faits de vente, transport ou colportage du frai, du poisson assimilé au frai, du poisson et du coquillage n'atteignant pas les dimensions prescrites, est exercée, concurremment avec les officiers et agents mentionnés ci-dessus, par les officiers de police judiciaire, les agents municipaux assermentés, les employés des contributions indirectes et des octrois.

Les officiers et maîtres de port de commerce sont tenus de déférer aux ordres

(1) Voir, au sujet de l'application du titre Ier, la dépêche du 21 février 1854 (R.), *B O.* p. 228.

ou réquisitions des commissaires de l'inscription maritime concernant la police des pêches.

Suspension de la pêche en temps de guerre maritime.

Art. 2 (1). En temps de guerre maritime, la pêche ne peut être interdite, suspendue ou limitée que par l'ordre du ministre de la marine.

Toutefois, en cas d'urgence, le préfet maritime exerce le même droit, sauf à rendre compte immédiatement au ministre de ses décisions.

Inspecteurs des pêches.

Art. 3. Il peut être établi des inspecteurs des pêches dans tous les quartiers où la nécessité s'en fait sentir.

Ces agents, choisis de préférence parmi les anciens officiers et les anciens administrateurs de la marine, sont nommés par le ministre.

Subordination des inspecteurs des pêches.

Art. 4. Les inspecteurs des pêches sont placés sous les ordres directs des commissaires de l'inscription maritime.

Institution des prud'hommes pêcheurs.

Art. 5. Il peut être établi des prud'hommes pêcheurs dans les quartiers où la pêche a de l'importance.

Nomination des prud'hommes pêcheurs.

Art. 6 (2). Ces prud'hommes sont nommés, sur la proposition des commissaires de l'inscription maritime, dans le sous-arrondissement de Brest, par le préfet maritime, et, dans le sous-arrondissement de Saint-Servan, par le chef du service de la marine en ce port.

Choix à faire pour les nominations de prud'hommes pêcheurs.

Art. 7. Les prud'hommes sont choisis parmi les anciens patrons de bateaux, les maîtres au cabotage, les capitaines au long cours, les armateurs de bateaux de pêche, les anciens administrateurs ou officiers de la marine possédant des connaissances spéciales en matière de pêche.

Nombre de ces agents.

Art. 8. Le nombre des prud'hommes pêcheurs est déterminé par le préfet maritime ou le chef du service de la marine, suivant l'importance de la pêche dans les localités où ils sont établis.

Attributions des prud'hommes pêcheurs.

Art. 9. Ils concourent à faire exécuter les lois et règlements concernant la pêche côtière et à assurer la répression des contraventions y relatives.

Ils recueillent en outre les renseignements de nature à intéresser cette industrie, et les communiquent aux commissaires de l'inscription maritime sous l'autorité desquels ils sont placés.

---

(1) Art. 2. — Voir Circulaire du 21 février 1854 (R.), *B. O.* p. 221, et annexes.

(2) Art. 6. — Voir Circulaire du 3 novembre 1853 (R.), *B. O.* p. 801 (*prestation de serment*).

Avantage attaché à l'exercice des fonctions de prud'homme pêcheur.

Art. 10 (1). Les fonctions de prud'homme pêcheur sont gratuites.

Le temps passé dans l'exercice de ces fonctions compte comme service en paix sur les bâtiments de la flotte, et donne droit à la pension dite *demi-solde*, pourvu que le titulaire réunisse au moins deux cents mois de navigation ou ait été blessé au service de l'État.

Établissement des gardes jurés.

Art. 11. Il peut être établi des gardes jurés dans chaque quartier, sous-quartier et syndicat.

Le nombre de ces agents est fixé par le préfet maritime ou par le chef du service de la marine à Saint-Servan, suivant les nécessités du service.

Choix des gardes jurés.

Art. 12. Les gardes jurés sont choisis parmi les patrons de bateaux de pêche ayant au moins vingt-quatre mois d'exercice en cette qualité, sachant lire et écrire, âgés de vingt-cinq ans accomplis, et réunissant deux années et plus de service à l'État.

Nomination des gardes jurés.

Art. 13. Les gardes jurés sont nommés, dans le sous-arrondissement de Brest, par le préfet maritime, et, dans le sous-arrondissement de Saint-Servan, par le chef du service de la marine.

Ces nominations portent exclusivement sur les candidats présentés, soit par les pêcheurs, soit par les administrateurs ou agents de la marine, dans les formes ci-après indiquées.

Élection des candidats à l'emploi de garde juré.

Art. 14. Les patrons pêcheurs sont annuellement convoqués et présidés par le commissaire de l'inscription maritime, l'administrateur de la marine ou le syndic des gens de mer, suivant les localités, à l'effet de procéder à l'élection, par scrutin de liste, des candidats à l'emploi de garde juré.

Chaque liste comprend un nombre de candidats double de celui des places à donner.

L'administrateur ou l'agent de la marine qui a convoqué les pêcheurs et les deux plus anciens patrons de bateaux, sachant lire et écrire, composent le bureau et procèdent au dépouillement des votes.

Les résultats de cette opération sont constatés dans un procès-verbal signé par le président et les membres du bureau.

Élections des gardes jurés par les communautés de pêcheurs.

Art. 15. Dans les localités où il existe des communautés ou des associations de pêcheurs spéciales à certaines pêches, ces communautés ou associations élisent à part leurs gardes jurés, en procédant suivant le mode ci-dessus indiqué.

Liste à dresser par le président.

Art. 16. Le président du bureau dresse, dans les vingt-quatre heures, une seconde liste de candidats à l'emploi de garde juré.

---

(1) Art. 10 et 23. — Voir Instructions du 13 septembre 1869 (R.), *B. O.* p. 182 (*pensions*).

Cette liste, dont la composition est laissée au choix du président du bureau, présente, comme l'autre, un nombre de candidats double de celui des emplois disponibles.

Après avoir été annotés des observations du commissaire du quartier, les deux listes et le procès-verbal d'élection sont transmis, suivant qu'il y a lieu, soit au préfet maritime, par l'intermédiaire du commissaire général, soit au chef du service de la marine à Saint-Servan, qui nomment définitivement les gardes jurés, en les choisissant sur l'une ou l'autre liste.

Toutefois, la moitié au moins de ces agents doit être prise parmi les candidats élus par les pêcheurs réunis ou non en communautés.

Désignation des candidats par l'administrateur du quartier.

ART. 17. Si les patrons de bateaux réunis en assemblée générale ne s'accordent pas pour élire des gardes jurés, l'administrateur du quartier propose les patrons pêcheurs qu'il juge les plus capables de remplir ces fonctions.

Il en est ainsi lorsqu'avant l'époque fixée pour les élections, il y a lieu de pourvoir au remplacement des gardes jurés en exercice.

Durée des fonctions des gardes jurés.

ART. 18. Les gardes jurés sont nommés pour un an, et sont indéfiniment rééligibles. Ils reçoivent du préfet maritime ou du chef du service de la marine à Saint-Servan, suivant le cas, une commission qui est enregistrée au greffe du tribunal de première instance dans le ressort duquel ils sont domiciliés.

Avant d'entrer en fonctions, ils prêtent, devant ce tribunal, le serment ci-après :

« Je jure de remplir avec fidélité les fonctions de garde juré; de faire exécuter « ponctuellement les règlements relatifs à la pêche côtière; de me conformer aux « ordres qui me seront donnés par mes supérieurs, et de signaler les contraven« tions aux règlements, dans l'intérêt de tous, et sans haine ni ménagement pour « les contrevenants. »

Les fonctions de garde juré sont compatibles avec la profession de pêcheur.

ART. 19. Les gardes jurés peuvent continuer à se livrer à l'industrie de la pêche comme les autres patrons de bateaux.

Ils sont exempts de tout autre service public pendant la durée de leurs fonctions.

De quelle autorité ces agents relèvent.

ART. 20. Les gardes jurés sont placés sous les ordres immédiats de l'inspecteur des pêches, et sous ceux des syndics, dans les localités où il n'existe pas d'inspecteurs des pêches.

Attributions des gardes jurés.

ART. 21. Ils concourent à faire exécuter les lois et règlements sur la pêche côtière, et à provoquer la répression des contraventions y relatives.

Ils signalent à l'inspecteur des pêches ou, à défaut, au syndic les observations qu'ils ont faites dans l'intérêt de la pêche.

Rétribution des gardes jurés.

ART. 22. Les gardes jurés élus par les communautés ou associations de pêcheurs reçoivent, sur les caisses particulières de ces associations, une indemnité dont elles fixent le chiffre, et qui ne peut, en aucun cas, excéder 20 francs par mois.

Les fonctions des autres gardes jurés sont gratuites.

Toutefois, lorsqu'ils sont détournés de l'exercice de leur industrie, dans l'intérêt des pêcheurs et sur leur demande, ils reçoivent une indemnité de 3 francs par jour.

La même indemnité leur est allouée lorsqu'ils sont déplacés sur l'ordre du commissaire de l'inscription maritime et dans l'intérêt du service. Ils touchent aussi, en ce cas, des frais de route à raison de 1 fr. 50 cent. par myriamètre.

Les fonctions de garde juré sont assimilées au service à l'État.

Art. 23 (1). Le temps passé dans l'exercice des fonctions de garde juré est compté comme service à l'État, en paix.

Toutefois, les gardes jurés ne jouissent de cet avantage que lorsqu'ils l'ont mérité par leur zèle et leur bonne conduite.

Rapport sur la conduite des gardes jurés.

Art. 24. Chaque année, au moment où les gardes jurés cessent leurs fonctions, l'inspecteur des pêches ou, à défaut, le syndic adresse au commissaire du quartier un rapport sur la conduite de ces agents.

Ce rapport est immédiatement transmis, soit au préfet maritime, par l'intermédiaire du commissaire général, soit au chef du service de la marine à Saint-Servan, qui décident si les gardes jurés ont acquis des droits à la faveur accordée par l'article précédent.

Il est pris note de cette décision sur la matricule, à l'article de chacun de ces agents.

Gardes jurés spéciaux.

Art. 25. Les communautés ou associations de pêcheurs peuvent nommer des gardes jurés exclusivement affectés à la surveillance permanente des parcs à huîtres ou à moules et des autres établissements de pêcheries.

Ces agents sont élus comme les gardes jurés des pêches, mais séparément.

Les communautés qui les emploient leur allouent un traitement annuel dont elles déterminent la quotité.

Ils ne participent d'ailleurs à aucun des avantages stipulés en faveur des autres gardes jurés; mais, comme eux, ils ont droit au cinquième du produit des amendes et des confiscations prononcées par suite de leur vigilance.

Récompense honorifique accordée aux gardes jurés.

Art. 26. Les gardes jurés non rétribués par les communautés ou associations de pêcheurs reçoivent du département de la marine, après dix années consécutives d'exercice irréprochable de leurs fonctions, une médaille en argent portant, d'un côté, les mots: *Service de gardes jurés*, et de l'autre, ceux-ci: *Témoignage de satisfaction.*

Cette médaille est portée suspendue à un ruban bleu azur.

Mesure disciplinaire applicable aux prud'hommes pêcheurs et aux gardes jurés.

Art. 27. Les prud'hommes pêcheurs et les gardes jurés dont la conduite

(1) Art. 23. — Voir la note de la page 103.

donne des sujets de plaintes sont suspendus ou révoqués de leurs fonctions par le préfet maritime ou le chef du service de la marine à Saint-Servan, sur le rapport des commissaires de l'inscription maritime.

Devoirs des gendarmes de la marine au sujet de la pêche.

Art. 28. Les gendarmes de la marine sont tenus d'exécuter les ordres concernant la police des pêches qu'ils reçoivent des commissaires des quartiers où ils servent.

Dispositions prohibitives concernant les agents chargés de la police des pêches.

Art. 29. Il est défendu aux officiers et agents chargés de la police des pêches d'exiger ou de recevoir des pêcheurs une rétribution quelconque, soit en nature, soit en argent, sous peine d'être poursuivis comme concussionnaires.

Il leur est également interdit de prendre, directement ou indirectement, un intérêt dans la pêche ou dans le commerce du poisson frais, du coquillage et des engrais ou amendements marins.

Toutefois, cette dernière prohibition ne s'applique pas aux gardes jurés.

Droit de constatation des agents chargés de la police des pêches.

Art. 30. Les contraventions aux lois et règlements sur la pêche côtière commises tant à la mer, le long des côtes, que dans la partie salée des fleuves, rivières et canaux, peuvent être constatées par tous les agents de la marine chargés de la police des pêches, à quelque quartier ou station qu'ils appartiennent.

Établissement des communautés ou associations de pêcheurs.

Art. 31. Les pêcheurs sont autorisés à former des communautés ou associations, en prélevant sur le produit de leur industrie les sommes nécessaires pour subvenir aux dépenses faites dans l'intérêt commun.

Les patrons de bateaux sont seuls admis à faire partie de ces communautés.

Formes à suivre pour établir ces communautés.

Art. 32. Dans ce cas, l'inspecteur des pêches ou, à défaut, le syndic de la localité réunit les pêcheurs en assemblée générale, et s'enquiert des retenues qu'ils consentent à s'imposer.

Le procès verbal de la séance est transmis, par la voie hiérarchique, soit au préfet maritime, soit au chef du service de la marine à Saint-Servan, qui, s'ils le jugent convenable, soumettent à l'approbation du ministre la création de la communauté demandée.

Présidence des assemblées de pêcheurs.

Art. 33. Les commissaires de l'inscription maritime président les communautés de pêcheurs, réunis en assemblée générale.

Ils peuvent toutefois confier, par délégation, cette présidence, soit aux administrateurs des sous-quartiers, soit aux inspecteurs des pêches, soit aux syndics.

Attributions du président.

Art. 34. Le président maintient l'ordre et le calme dans les délibérations; il dirige les débats et signe les procès-verbaux des séances.

Caissier de la communauté.

Art. 35 (1). Dans sa première séance, la communauté élit à la pluralité des voix un caissier, dont elle détermine le traitement annuel.

Ce caissier, nommé pour trois ans et indéfiniment rééligible, est responsable des erreurs qu'il peut commettre dans sa gestion, mais non des vols avec effraction dont il serait victime.

Il remplit les fonctions de secrétaire de la communauté.

Comptes à tenir.

Art. 36. Le caissier tient registre des recettes et des dépenses, et en rend compte, tous les six mois (le premier dimanche d'avril et le premier dimanche d'octobre), à la communauté, qui statue, à la pluralité des voix, sur l'emploi des fonds restés en caisse et de ceux qui peuvent y être versés dans le courant du terme suivant.

Une ampliation du procès-verbal de cette délibération est remise au caissier pour sa décharge.

Régularisation des recettes et des dépenses.

Art. 37. La régularité des payements résulte de l'émargement par la partie prenante ou du vu payer apposé par l'administrateur, l'inspecteur des pêches ou le syndic, sur le procès-verbal de la séance où l'emploi des fonds a été décidé.

Les dépenses urgentes et imprévues sont reconnues par deux des plus anciens patrons de bateaux que délègue à cet effet la communauté des pêcheurs, et le payement de ces dépenses est ordonnancé par eux au moyen de mandats particuliers qu'ils signent.

Ces délégués sont nommés au commencement de chaque semestre, et ne peuvent exercer leurs fonctions que pendant six mois.

Les recettes s'opèrent toujours en présence de deux patrons de bateaux, membres de la communauté, qui signent au registre.

Tenue et arrêté des comptes.

Art. 38. Les comptes du caissier sont arrêtés et signés, tant par lui que par les quatre plus anciens patrons de bateaux et par le président de la communauté ou son délégué.

Les registres du caissier sont tenus sur papier libre; ils sont cotés et parafés par le président de la communauté, qui les vérifie ou les fait vérifier au moins une fois par an.

Pièces à fournir semestriellement.

Art. 39. Une ampliation du compte et du procès-verbal établis chaque semestre, ainsi qu'il est dit à l'article 36, est transmise, soit au préfet maritime, soit au chef du service de la marine à Saint-Servan.

But des dépenses.

Art. 40. Les dépenses doivent toujours être faites dans l'intérêt de la communauté. Toutefois, lorsque les ressources de la caisse le permettent, il peut en être distrait un fonds de secours à répartir entre les pêcheurs nécessiteux ou leurs familles.

(1) Art. 35. — Voir Décret du 3 avril 1866 (R.), B. O. p. 115.

Registres spéciaux à tenir par le caissier.

Art. 41. Le caissier tient un registre des déclarations et procès-verbaux d'expertise des gardes jurés particuliers de la communauté, concernant les faits relatifs à la pêche pratiquée par cette communauté. Il tient en outre, s'il y a lieu, un registre des marchés conclus et des ventes ou livraisons effectuées.

Ces registres, sur papier libre, cotés et parafés par l'administrateur de l'inscription maritime, restent déposés dans la salle de la communauté, où chacun a le droit de les consulter sur place.

En cas de contestation, ces registres font foi.

Passation des marchés.

Art. 42. Les communautés de pêcheurs peuvent passer des marchés à profit commun pour la vente du coquillage et du poisson.

Les patrons de bateaux, convoqués à cet effet, donnent leur avis sur les conditions et les prix offerts par les acheteurs ou leurs fondés de pouvoirs.

S'ils ne parviennent pas à s'accorder, le président de l'assemblée détermine les conditions et les prix des marchés et appelle les patrons à les voter au scrutin secret.

Pour que le marché soit valable, la moitié au moins des membres de la communauté doit participer à la délibération.

Les membres des communautés de pêcheurs sont tenus d'assister aux séances de ces communautés.

Art. 43. Les membres des communautés de pêcheurs sont tenus d'assister aux séances de ces communautés, sous peine d'être punis disciplinairement en cas d'absence non justifiée.

Ceux qui troublent l'ordre et la tranquillité des séances en sont exclus, après un premier avertissement, pour un temps qui ne peut excéder la durée de la campagne de pêche, sans préjudice des autres peines qu'ils peuvent avoir encourues.

Le président prononce cette exclusion et en fixe le terme.

Uniforme des inspecteurs des pêches. — Marques distinctives des prud'hommes et des gardes jurés.

Art. 44. Dans l'exercice de leurs fonctions, les inspecteurs des pêches, les prud'hommes pêcheurs et les gardes jurés portent l'uniforme ou les marques distinctives ci-après indiqués:

UNIFORME D'INSPECTEUR DES PÊCHES.

Redingote en drap bleu, à collet rabattu, et croisant sur la poitrine, avec deux rangs de boutons à l'ancre en cuivre doré ;

Ancres brodées en or au collet et aux parements ;

Pantalon bleu sans bande;

Casquette en drap bleu, conforme au modèle adopté dans la marine militaire, avec une ancre et une aigle en or sur la cuve;

Sabre suspendu à un ceinturon de cuir noir verni, dont l'agrafe en cuivre doré porte une ancre en relief.

Dans les cérémonies publiques, la casquette est remplacée par un chapeau à trois cornes, avec une ganse en galon or mat.

MARQUES DISTINCTIVES DES PRUD'HOMMES PÊCHEURS.

Médaille en argent du poids de 3 francs, suspendue à un ruban vert, et portant d'un côté les mots : *Département de la marine*, et de l'autre ceux-ci : *Prud'hommes pêcheurs*.

MARQUES DISTINCTIVES DES GARDES JURÉS.

Médaille en argent du poids de 2 francs, suspendue à un ruban bleu, avec ces mots : *Département de la marine* d'un côté, et *Gardes jurés* de l'autre.

Ces médailles sont fournies par le département de la marine aux prud'hommes pêcheurs et aux gardes jurés, qui en demeurent responsables et les rendent lorsqu'ils cessent leurs fonctions.

TITRE II.

LITTORAL DE L'ARRONDISSEMENT. — LIMITES DE LA PÊCHE MARITIME ET DE LA ZONE DANS L'ÉTENDUE DE LAQUELLE LE PRÉSENT DÉCRET EST APPLICABLE SUR LES FLEUVES, RIVIÈRES ET CANAUX.

Littoral de l'arrondissement de Brest.

ART. 45 (1). Le littoral de l'arrondissement de Brest, divisé en deux sous-arrondissements (Saint-Servan et Brest), se compose des quartiers de Granville, Saint-Malo, Dinan, Saint-Brieuc, Paimpol, Morlaix, Brest et Quimper. Il s'étend depuis l'embouchure de la rivière d'Ay (département de la Manche), jusqu'à l'embouchure de l'Odet (département du Finistère).

Limites de la pêche maritime.

ART. 46 (2). La pêche est maritime, c'est-à-dire libre, sans fermage ni licence, tant sur les côtes du deuxième arrondissement que dans les fleuves, rivières et canaux désignés au tableau suivant, jusqu'aux limites de l'inscription maritime.

Toutefois, les dispositions du présent décret ne sont applicables dans ces fleuves, rivières et canaux que jusqu'au point de cessation de la salure des eaux (3).

Entre ce point et les limites de l'inscription maritime, la pêche, quoique libre et exempte de licence, est soumise aux mesures d'ordre et de police, édictées par la loi du 15 avril 1829 (R.) sur la pêche fluviale (4).

Suivent les TABLEAUX.

(1) Art. 45. — Voir Décret *modificatif* du 24 octobre 1855 (R.), *B. O.* p. 779.

(2) Art. 46. — Voir Arrêt de cassation du 29 mai 1869 (R.), notifié le 26 juin 1869 (R.), *B. O.* p. 510.

(3) Voir Dépêche du 9 octobre 1855 (R.), *B. O.* p. 767 (*embouchure des rivières et salure des eaux*).

(4) *Pêche fluviale.* — Voir Circulaire du 4 juillet 1878, *B. O.* p. 3, et annexes.

QUARTIERS.	FLEUVES, RIVIÈRES OU CANAUX.	LIMITES de L'INSCRIPTION MARITIME.	LIMITES de LA SALURE DES EAUX.
Granville.	Sienne	Moulin d'Hienville, au delà du pont.	Pont-Neuf, vis-à-vis le château de Montchalon.
	Sée	Ferme de Bas-Limon, commune de Tirpied.	1 kilomètre et demi au-dessus du pont Gilbert, au chemin conduisant de la rive droite au clocher de Saint-Jean de la Haize.
	Sélune	Digue des moulins de Ducey.	A 1 kilomètre et demi au-dessus de Pontaubeau, jusqu'à la route de la rive droite au bas Guyot.
	Couesnon	Le port près la rivière de Sacey, et les moulins de Langles près Autrain.	Au lieu dit *le Port*, à 500 mètres au-dessus du pont de Pontorson.
St-Malo	Voir le quartier de Dinan.	"	"
Dinan	Rance	Écluse de Lehon	Pont de Dinan.
	Arguenon	Pont de Plancoët	Pont de Plancoët.
St-Brieuc.	Frémur	Pont du Veau-Rouault	Pont du Veau-Rouault.
	Remur	Pont Malard	Pont Malard.
	Bouche d'Erquy	Moulin de la Hinandaie.	Moulin de la Hinandaie.
	Dahouet	Clos du Val	Clos du Val.
	Bignon	Première maison en aval du village de Bignon.	Première maison en aval du village de Bignon.
	Gouessan	Moulin Relan	Moulin Relan.
	Urne	A son embouchure	A son embouchure.
	Gouet	Pont de Gouet, route de Saint-Brieuc à Binic.	Pont de Gouet.
	Ic	Extrémité ouest de la côte du Paradis.	Extrémité ouest de la côte du Paradis.
Paimpol	Jaudy	Pont de la roche Derrien.	Pont de la roche Derrien.
	Guendy	Moulin de l'Évêque	Moulin de l'Évêque.
	Trieux (1)	Moulin de la roche Jagu.	Moulin de la roche Jagu.
	Leff	Barrage du moulin du Houëll, en amont du pont.	Barrage du moulin du Houëll.

(1) Quartier de *Paimpol*. — Rivière le *Trieux*. — Voir Décret du 5 decembre 1855 (R.), *B. O.* p. 890.

QUARTIERS.	FLEUVES, RIVIÈRES OU CANAUX.	LIMITES de L'INSCRIPTION MARITIME.	LIMITES de LA SALURE DES EAUX.
Morlaix. . (1)	Ar-iar..........	Pont de la métairie de Manach-an-Dour.	Côté nord du pont Ar-iar.
	Léguer..........	Moulin de Keriguel, commune de Ploubezre.	Côté nord du pont Sainte-Anne.
	Guilliec.........	Village de Saint-Jacques.	Moulin de la Palue.
	Kellec ou Horne. .	Moulin de Kellec........	Pont Biais.
	Penzé...........	Moulin du Roi........	Côté sud du pont de Penzé.
	Jarlot..........	Confluent du Jarlot et du Kerlent.	Côté nord du pont de Morlaix.
	Pennelé.........	Moulin de Pennelé.....	500 mètres en aval du pont de Pennelé.
	Dourduff........	Dourduff en terre......	Moulin de la mer.
	Dourou.........	Moulin du pont.......	300 mètres en aval du moulin de Moallic.
Brest (1).	Aber-Wrac'h......	Moulin Diouris.......	Moulin Diouris.
	Aber-Benoît......	Moulin du Chatel et Tariec.	Moulin du Chatel et Tariec.
	Aber-il-Dut.......	Pont Run...........	Pont Run.
	Elorn...........	Fraou-Elorn.........	Fraou-Elorn.
	Daoulas.........	Pont de Daoulas.......	Pont de Daoulas.
	Hôpital.........	Pont de l'Hôpital......	Pont de l'Hôpital.
	Faou..........	Quiela.............	Quiela.
	Pont-de-Buis......	Tibeuze............	Tibeuze.
	Aulne..........	1re écluse. Pont de Châteaulin.	Rozarnou.
(2).....	Aven (2).......	"	"
Quimper. (1)	Pouldavid.......	Sur tout son cours.....	Sur tout son cours.
	Goyen..........	Chaussée de l'étang de Kéridreuff à Pont-Croix.	Chaussée de l'étang de Kéridreuff à Pont-Croix.
	Pont-l'Abbé......	Chaussée du moulin de Pont-l'Abbé.	Chaussée du moulin de Pont-l'Abbé.
	Steyr...........	Chaussée du moulin du Duc.	Vis-à-vis la rue du Palais-de-Justice, sur le quai de Quimper.
	Odet...........	Chaussée du moulin de l'Évêché.	*Idem.*

(1) **Voir** Dépêche du 9 octobre 1855 (**R.**), *B. O.* p. 767. — Fixation de *l'embouchure des rivières situées dans les quartiers de Morlaix, Brest* et *Quimper.* — **Observations sur** *les rapports de cette délimitation, avec celle de la salure des eaux.*

(2) Quimper. — *Rivière d'Aven.* — **Voir** Décret modificatif du 24 octobre 1855, article 4 (**R.**), *B. O.* p. 779.

TITRE III.

ÉPOQUE D'OUVERTURE ET DE CLÔTURE DES DIFFÉRENTES PÊCHES. — INDICATION DE CELLES QUI SONT LIBRES PENDANT TOUTE L'ANNÉE. — HEURES PENDANT LESQUELLES CERTAINES PÊCHES SONT INTERDITES.

Pêche de la sardine et du hareng.

Art. 47 (1). La pêche de la sardine et du hareng est permise depuis le moment où ces poissons de passage arrivent sur le littoral de l'arrondissement de Brest jusqu'au jour où ils le quittent.

La pêche de la sardine ouvre une heure avant le lever du soleil et ferme une heure après son coucher; elle est interdite pendant la nuit.

Pêche du prêtre et du petit prêtre.

Art. 48 (2). La pêche du prêtre, petit prêtre ou éperlan bâtard commence le 1er août et finit le 30 avril.

Pêche des poissons d'eau douce.

Art. 49. La pêche des poissons d'eau douce qui peuvent se trouver momentanément en aval du point de cessation de la salure des eaux dans les fleuves, rivières et canaux affluant à la mer, ouvre et ferme aux époques prescrites par les règlements rendus en vertu de la loi du 15 avril 1829.

Poissons dont la pêche est libre toute l'année.

Art. 50. La pêche de tous les poissons non mentionnés ci-dessus est permise pendant toute l'année, en se conformant aux dispositions du présent décret.

Pêche des huîtres. — Ouverture et clôture.

Art. 51. La pêche des huîtres ouvre le 1er septembre et ferme le 30 avril; elle est interdite avant le lever et après le coucher du soleil.

Pêche des moules. — Ouverture et clôture.

Art. 52. La pêche des moules commence et finit aux mêmes époques et aux mêmes heures.

Les huîtrières et les moulières ne peuvent être exploitées sans l'autorisation du préfet ou du chef du service.

Art. 53. La pêche des huîtres et des moules n'est permise, même pendant la période d'ouverture, c'est-à-dire du 1er septembre au 30 avril, que sur les huîtrières et moulières dont le préfet maritime ou le chef du service de la marine à Saint-Servan a autorisé l'exploitation.

Pêche à pied des huîtres ou des moules.

Art. 54. La pêche à pied des huîtres et des moules est interdite du 30 avril au 1er septembre, sauf les exceptions prévues aux titres des quartiers du sous-

(1) Art. 47. — *Pêche du hareng.* — Voir Décret du 24 septembre 1864 (R.), *B. O.* p. 205.

(2) Art. 48. — Voir Décret *modificatif* du 25 juillet 1855 (R.), *B. O.* p. 559.

arrondissement de Saint-Servan ; pendant la période d'ouverture, elle est également interdite avant le lever et après le coucher du soleil.

Pêche des crustacés et des coquillages.

Art. 55 (1). Les époques d'ouverture et de clôture de la pêche des homards et langoustes sont déterminées au titre de chaque quartier par le présent décret.

La pêche des autres coquillages, poissons à croûte et crustacés est permise pendant toute l'année.

TITRE IV.

RETS, FILETS, ENGINS ET INSTRUMENTS DE PÊCHE, PROCÉDÉS ET MODES DE PÊCHE PROHIBÉS.

Rets, filets, engins, instruments, modes et procédés de pêche prohibés.

Art. 56 (2). Sont prohibés, dans l'étendue de l'arrondissement de Brest, les rets, filets, engins, instruments, modes et procédés de pêche autres que ceux décrits ci-dessous et au titre IX des pêcheries :

1° Les folles.

Les mailles des folles ou filets à raies et à gros poissons auront au moins $0^{m},120$ en carré.

2° Les demi-folles, grandes canières, grandes pentières et grands rieux.

Les mailles de ces divers filets auront au moins $0^{m},067$ en carré.

3° Les petites canières, petites pentières, petits rieux, cibaudières, six-doigts, mailles-royales, lesques, bretellières, haussières, flues, flottées, muletières, rets à croc, rets entre rochers, traversières, maquereaulières, séchées, tressous et tressures.

Les mailles de ces filets auront au moins $0^{m},054$ en carré.

Il en sera ainsi de tous les autres *rets à nappes simples* lestés et flottés, connus sous tels noms et dénominations que ce puisse être.

4° Les tramaux sédentaires.

Les tramaux sédentaires et toute autre espèce de rets tramaillés, soit qu'on les destine à devenir fondriers, demi-fondriers ou flottants, auront les mailles de la nappe du milieu de $0^{m}.035$ au moins en carré; les mailles des rets des deux côtés seront au moins de $0^{m},200$ en carré.

5° Les picots.

Les filets appelés picots, ou filets à aiguillettes, auront les mailles de $0^{m},027$ au moins en carré, et seront chargés de 122 grammes de plomb au plus, par $1^{m},620$ de longueur.

Tous les filets sédentaires ci-dessus mentionnés, dont l'usage, interdit aux

(1) Art. 55. — Voir Décret *modificatif* du 27 mai 1857 (R.), notifié le 2 juin 1857 (R.), *B. O.* p. 465 à 470.

(2) Art. 56. — Voir Circulaire du 25 novembre 1859 (R.), *B. O.* p. 453 (*saisie et destruction des filets et engins prohibés*).

pêcheurs à pied, n'est permis qu'en bateau, peuvent être employés pendant toute l'année et à quelque distance que ce soit des côtes.

6° Le chalut ou rets traversier.

Ce filet sera établi conformément à l'un des deux types décrits ci-dessous :

1° Le chalut aura la forme d'un carré long ou rectangle, dont la longueur ne pourra jamais excéder le double de la largeur.

L'ouverture de la gueule n'excédera pas 13 mètres.

Les mailles en seront lacées de suite, et ne pourront avoir moins de $0^{m},035$ en carré dans toute l'étendue du filet, qui sera monté de manière que ses mailles restent toujours ouvertes.

Les deux cinquièmes de son ouverture ou gueule seront bordés par un léger cordage garni de flottes de liège; les trois autres cinquièmes de cette ouverture ou gueule seront également bordés par un cordage ou une ralingue de $0^{m},054$ au plus, chargé de 489 grammes de plomb par $1^{m},620$, lequel plomb sera divisé en bagues mobiles placées à des distances égales.

De chaque côté de l'ouverture, on placera un petit échalon de bois, dans lequel seront passés et amarrés la corde de la tente et le cablot du pied qui forment l'ouverture du sac. On fixera entre ces deux cordages une pierre qui, attachée sur l'échalon et dans le sens de sa longueur, n'excédera pas le poids de 25 kilogrammes. Cette pierre pourra être remplacée par une égale quantité de plomb, disposé de manière à garnir le pied de chaque échalon. On amarrera sur lesdits échalons, dans la partie où sont attachées les flottes de liège, une perche destinée à contenir l'ouverture du filet. La longueur de cette perche n'excédera pas $11^{m},370$.

2° Le chalut aura la forme d'un sac conique tronqué, ne présentant aucun étranglement; il sera fait avec un filet dont les mailles, lacées de suite, auront $0^{m},035$ au moins en carré.

La longueur de la vergue en bois ou de la barre en fer sur laquelle la partie supérieure du chalut sera transfilée ne pourra excéder $11^{m},500$.

Le dessous du chalut, à son extrémité, pourra être garni, sur une longueur de 3 mètres, d'un renfort de vieux filets; mais ce renfort sera établi de manière à ne point croiser ni rétrécir les mailles du chalut, qui devront toujours conserver au moins $0^{m},035$ d'ouverture en carré.

Les mailles de tout filet supplémentaire auront, en conséquence, les mêmes dimensions que celles du filet principal.

Le chalut monté sur une vergue en bois portera deux chandeliers en fer, dont le poids total ne pourra excéder 130 kilogrammes.

Le chalut monté sur une barre de fer portera deux chandeliers de bois recouverts d'une feuille de fer.

Le poids total des chaînes ou plombs servant à garnir la ralingue d'un chalut n'excédera pas 50 kilogrammes.

Les chaînes seront fixées en festons sur toute la longueur de la ralingue, et les plombs en bagues mobiles.

La pêche au chalut ne pourra se pratiquer à moins de 500 mètres de la limite extérieure des huîtrières, situées en deçà de 4 kilomètres, à partir de la laisse de basse mer.

Elle est formellement interdite dans les fleuves, rivières et canaux.

Les autres conditions relatives au mode d'emploi du chalut seront déterminées au titre de chaque quartier.

7° La grande seine à jet (1).

Les mailles de la grande seine à jet, lacées de suite même pour le sac, auront au moins $0^{m},035$ en carré.

Ce filet ne pourra excéder 80 mètres en longueur et 8 mètres en largeur ou profondeur.

La ralingue du fond sera chargée de 250 grammes au plus de plomb par $1^{m},620$ de longueur.

Les conditions relatives au mode et aux époques d'emploi de la seine sont déterminées au titre de chaque quartier.

8° La petite seine (2).

Les mailles de la petite seine dite halopin, servant à pêcher le lançon, le sprat, esplotte ou esprotte, auront au moins $0^{m},006$ en carré.

Ce filet ne pourra excéder 49 mètres de longueur sur $9^{m},74$ de hauteur.

Il ne sera chargé que de 125 grammes de plomb par brasse, et, dans aucun cas, il ne pourra y être adapté ni sac ni poche.

Les conditions relatives au mode et à la période d'emploi de ce filet sont déterminées au titre de chaque quartier.

9° La seine à prêtres.

Les mailles de la seine à prêtres, petit prêtre ou éperlan bâtard, auront au moins $0^{m},014$ en carré.

La longueur de ce filet sera de 24 mètres au plus, sur une largeur de $2^{m},40$.

L'usage en est interdit du 1er avril au 30 septembre.

10° Les rets à grados.

Les rets à grados auront les mailles de $0^{m},012$ au moins en carré.

La ralingue de ce filet sera toujours élevée de $0^{m},108$ au-dessus du fond.

Il est interdit de traîner les rets à grados.

11° Les rets à sardines (2).

Les rets à sardines auront les mailles de $0^{m},009$ au moins en carré.

L'usage en est exclusivement permis pendant la durée de la pêche de ce poisson.

12° Les rets à hareng.

Les mailles des rets ou appelets pour faire la pêche du hareng auront au moins $0^{m},025$ en carré.

Il n'est permis de s'en servir que pendant la durée de la pêche du hareng, sauf l'exception prévue au titre du quartier de Granville.

13° Les rets à maquereau.

Les mailles des rets ou appelets à maquereau auront au moins $0^{m},030$ en carré.

---

(1) Art. 56, n° 7. — Voir Décret *modificatif* du 3 novembre 1857 (R.), *B. O.* p. 942.

(2) Art. 56, nos 8 et 11. — Voir Décret du 28 juin 1856 (R.), *B. O.* p. 576 (*pêche de l'anchois à Quimper*).

L'usage en est permis pendant toute l'année.

14° Le carreau ou hunier.

Le filet dit carreau ou hunier employé à la pêche du petit poisson servant d'appât aura les mailles de $0^m,014$ en carré.

L'usage de ce filet est interdit du 1er avril au 1er septembre.

15° Le havenet, havet ou havaux.

Les mailles de ce filet sédentaire, employé à la pêche de toute espèce de poisson, seront de $0^m,034$ au moins en carré.

Il sera monté sur deux perches croisées ayant chacune, au maximum, $4^m,800$ de longueur; ces perches seront tenues ouvertes par une traverse de bois placée près du point où elles se croisent. L'ouverture du filet n'excédera pas $4^m,800$, et la ralingue placée à l'extrémité des deux perches pour maintenir le filet ne pourra être chargée que de 122 grammes de plomb par mètre.

Il est interdit de traîner sur les fonds cet engin, dont l'usage est permis pendant toute l'année.

16° Le filet à saumon.

Les mailles du filet à saumon seront lacées de suite et auront au moins $0^m,060$ en carré.

L'usage en est permis pendant toute l'année.

17° Le casier à vieilles.

Le casier employé pour prendre la vieille aura, entre barreaux, un écartement de $0^m,027$ au moins.

Il est permis de s'en servir toute l'année.

18° Les dards ou foènes.

Les dards ou foènes destinés à la pêche des poissons plats seront armés de six branches au plus, placées à $0^m,027$ au moins les unes des autres.

L'usage en est permis toute l'année, mais seulement en bateau.

19° Le ciseau.

Les mailles du filet nommé ciseau auront au moins $0^m,030$ en carré, et son ouverture ne pourra excéder 5 mètres.

Monté sur deux perches croisées à leur gros bout, ce filet est plongé obliquement dans l'eau, du bord d'un bateau mouillé en travers du courant.

Il est permis pendant toute l'année.

20° Les ravoirs, uves, casiers et autres engins en filet ou en bois en forme d'entonnoir, à poche ou à double fond, destinés à la pêche du poisson.

Les mailles de ces divers engins pourront être en filet, en osier ou en bois.

Les mailles en filet auront au moins $0^m,054$ en carré.

Les mailles en osier ou en bois seront formées de tiges ou verges placées dans le sens de la longueur à $0^m,040$ de distance les unes des autres; elles seront croisées à angle droit par d'autres verges ou tiges placées à $0^m,067$ au moins les unes des autres, de manière à former des ouvertures rectangulaires de $0^m,040$ sur $0^m,067$.

Ces engins ne pourront se terminer en pointe, et leur base, quelle qu'en soit la forme, aura toujours dans sa moindre largeur un diamètre de 0m,330.

Ils pourront être fixés avec des pieux d'un mètre au plus de hauteur, d'un diamètre de 0m,054 au plus, et distants de 0m,700 au moins les uns des autres.

Ces engins conserveront toujours entre eux une distance de 2 mètres au moins.

21° Le havenet à chevrettes.

Les mailles du havenet à chevrettes auront au moins 0m,008 en carré.

La plus grande largeur de ce filet, monté sur deux perches croisées, sera de 1m,500. La ralingue fixée à l'extrémité inférieure ne pourra être chargée de plus de 500 grammes de plomb, et devra toujours avoir au moins 0m,324 de plus de longueur que le plus grand écartement des perches sur lesquelles elle sera fixée de manière à n'être ni tendue ni raide.

Il est interdit de placer à l'extrémité inférieure de ce filet aucune traverse de bois, de fer ou de toute autre matière.

Les périodes pendant lesquelles cet engin peut être employé sont déterminées au titre de chaque quartier.

L'usage en est interdit en tout temps pendant la nuit.

22° Les bouteux, haveneaux et autres instruments servant à la pêche des chevrettes.

Les mailles de ces filets, qui seront lacées de suite et devront être tenues ouvertes, auront au moins 0m,008 en carré.

Ils seront montés sans rétrécissement aucun sur une fourche ou sur un cercle auquel sera adapté un manche.

La traverse de ces instruments sera formée d'un bâton rond ou d'une corde qui ne pourra excéder 1m,20 de longueur. La corde pourra être chargée de 500 grammes de plomb.

Les périodes pendant lesquelles ces engins pourront être employés sont déterminées au titre de chaque quartier.

L'usage en est interdit en tout temps pendant la nuit.

23° Les chaudières et autres instruments sédentaires.

Les chaudières et autres instruments sédentaires spécialement employés à la pêche de la chevrette auront les mailles de 0m,008 en carré.

Ces engins sont permis pendant toute l'année.

24° La seine à chevrettes (1).

La seine à chevrettes, montée sur deux bâtons ronds, ne peut avoir plus de 2 mètres d'ouverture sur 3 mètres de longueur.

Ce filet n'est assujetti à aucune dimension de mailles.

Il est autorisé exclusivement et pendant toute l'année dans la rivière de l'Arguenon (quartier de Dinan), en amont de la roche connue sous le nom de Héronnière.

25° La drague à huîtres, à maërl, à sables coquilliers et à goémon rouge.

La drague cernée de fer portera un sac fait en filet de chanvre, en lanières

---

(1) Art. 56, n° 24. — *La seine à chevrettes.* — Voir Décret *modificatif* du 27 mai 1857 (R.), *B. O.* p. 462.

de cuir ou en fil de fer. Les mailles des sacs en filet de chanvre ou en lanières de cuir auront au moins $0^m,054$ en carré; celles des sacs en fil ou anneaux de fer auront au moins $0^m,050$ en carré ou en diamètre.

Ces dimensions pourront être réduites à $0^m,035$ pour l'exploitation des huîtrières qui sont indiquées au titre spécial au quartier de Paimpol.

Le poids total de la drague, non compris la corde ou la chaîne de traction, ne pourra excéder 65 kilogrammes.

Cet engin sera exclusivement employé à la pêche des huîtres et à la récolte du maërl, des sables coquilliers et du goémon rouge, sauf le cas prévu ci-dessous relativement à l'exploitation des moulières.

Lorsque, pour proportionner la drague à la force du bateau, il y aura lieu d'en réduire les dimensions, cette réduction ne s'étendra pas à la largeur des mailles ou des anneaux, qui devra toujours rester la même.

Néanmoins, pour l'extraction du maërl et des sables coquilliers, le sac de la drague pourra être garni d'une forte toile.

L'usage de la drague n'est permis qu'en bateau.

Les autres conditions relatives à l'emploi de cet instrument seront indiquées au titre VI et au titre spécial à chaque quartier.

26° La cuiller en fer pour la pêche des amendements marins.

Cet instrument, de forme carrée et garni d'un manche, aura au plus $0^m,320$ à sa surface inférieure.

27° Les couteaux à moules.

Les couteaux en fer destinés à la pêche des moules ne pourront avoir plus de $0^m,189$ de long, y compris le manche; la lame de ces couteaux n'excédera pas $0^m,054$ de large : cet instrument sera exclusivement employé sur les moulières qui découvrent à la basse mer.

28° Les râteaux à moules.

Les râteaux à moules seront faits de bois garni de dents de fer placées à la distance de $0^m,034$ au moins les unes des autres. Ces instruments seront employés à l'exploitation des moulières qui ne découvrent pas.

29° La drague à moules.

La drague à moules sera conforme à la drague à huîtres décrite ci-dessus.

L'usage de cet instrument ne sera permis que par décision spéciale du préfet maritime ou du chef du service de la marine à Saint-Servan, pour l'exploitation des moulières sur lesquelles il reste au moins $3^m,240$ d'eau à la basse mer d'équinoxe.

30° Les claies, paniers, bouraques et autres engins employés à la pêche des crabes, homards, rocailles et poissons à croûte.

Ces divers engins, formés d'osier à jour, auront les verges éloignées les unes des autres de $0^m,028$ au moins.

Ces engins sont permis pendant toute l'année.

31° Les varveux, verveux ou louves.

Ce filet, également destiné à la pêche des crabes, homards, etc., sera fait en forme d'entonnoir dont l'entrée sera transfilée sur un cercle de bois; le reste du filet sera tenu ouvert au moyen de plusieurs cercles de bois éloignés les uns des autres de $0^{m},065$ au moins.

Les mailles des varveux, verveux ou louves auront au moins $0^{m},028$ en carré.

L'usage de cet engin est permis pendant toute l'année.

32° Les crocs en fer.

Le croc en fer emmanché sur une perche de bois pourra servir pendant toute l'année à la pêche des poissons à croûte dans les rochers.

33° L'hameçon.

La pêche à l'hameçon ou pêche à la ligne et aux cordes est permise pendant toute l'année, quel que soit le mode suivant lequel elle se pratique.

34° Les couteaux, crochets, pelles en bois ou en fer.

Ces instruments peuvent être employés pendant toute l'année à la pêche du lançon et des autres poissons ou coquillages qui s'ensablent.

Il est néanmoins interdit de se servir de la pelle en bois ou en fer sur les fonds où croissent des herbes marines depuis le 1er avril jusqu'au 1er septembre.

Filets prohibés.

Art. 57 (1). Sont également prohibés :

1° Les rets, filets, engins, instruments, modes et procédés de pêche qui, quoique autorisés d'une manière générale, seraient employés dans un quartier où l'usage n'en est pas spécialement permis;

2° Les rets, filets, engins, instruments, modes et procédés de pêche exclusivement destinés à la pêche de certains poissons ou coquillages, lorsqu'ils sont employés à d'autres pêches ou en dehors des époques indiquées;

3° Les rets, filets, engins, instruments, modes et procédés de pêche employés dans des conditions et sur des points autres que ceux qui sont déterminés par le présent décret.

Les filets permis dans l'arrondissement ne sont point par cela même autorisés dans tous les quartiers.

Art. 58. Les titres particuliers à chaque quartier déterminent quels sont, parmi les rets, filets, instruments, engins, modes et procédés de pêche décrits en l'article précédent, ceux dont l'usage est permis dans le quartier.

Toutefois, les rets, filets, engins, instruments, modes et procédés de pêche dont l'usage est autorisé d'une manière générale dans l'étendue de l'arrondissement, mais qui ne sont pas mentionnés au titre de chaque quartier, pourront y être ajoutés en vertu d'une décision du ministre de la marine.

Quant aux dispositions relatives aux pêcheries énoncées au titre IX, elles sont applicables à tous les établissements de cette nature existants dans le deuxième arrondissement, sauf l'exception prévue aux articles 372, 373, 395, 396, 412, 413, 439, 440, 447 et 448.

---

(1) Art. 57. — Voir Circulaires des : 25 novembre 1859 (R.), *B. O.* p. 453 (*saisie et destruction des filets et engins prohibés*);
8 septembre 1876, *B. O.* p. 319; etc. etc.

Les filets non décrits ne peuvent être autorisés qu'au moyen d'un décret.

ART. 59. Les rets, filets, instruments, engins, modes et procédés de pêche non décrits en l'article 56 ne peuvent être mis en usage dans l'arrondissement qu'en vertu d'un décret.

Les mailles des filets doivent être mesurées quand ils sont mouillés.

ART. 60. Les mailles des filets de toute espèce doivent présenter les dimensions réglementaires lorsque ces filets sont imbibés d'eau.

TITRE V.

MESURES D'ORDRE ET DE POLICE POUR LA PÊCHE EN FLOTTE.

DISPOSITIONS COMMUNES À TOUTES LES PÊCHES.

Position des pêcheurs arrivant sur les lieux de pêche.

ART. 61. Il est défendu aux bateaux arrivant sur les lieux de pêche de se placer ou de jeter leurs filets de manière à se nuire réciproquement ou à gêner ceux qui ont déjà commencé leurs opérations.

Feux de position.

ART. 62. Les bateaux pêchant la nuit sous voiles avec des filets dérivants doivent montrer des feux à intervalles rapprochés pour faire connaître leur position.

Ils sont munis, à cet effet, d'un vase contenant de l'essence de térébenthine dont ils imbibent un pinceau qu'ils allument ensuite.

Rang des bateaux.

ART. 63. Il est défendu aux pêcheurs de quitter leur rhumb ou rang après que les filets ont été mis à la mer.

Solidarité des pêcheurs en flotte.

ART. 64. Les pêcheurs en flotte sont tenus de suivre le mouvement donné par la masse. Ils doivent lever la pêche et mouiller simultanément, suivant la décision de la majorité.

Toutefois, s'il se trouve sur les lieux un navire garde-pêche, un garde maritime ou un garde juré, ils se conforment aux ordres qu'ils en reçoivent à cet égard.

Filets déplacés par les courants.

ART. 65. Lorsque les courants entraînent les filets d'un pêcheur sur ceux d'un autre pêcheur, celui dont les filets sont ainsi déplacés est tenu de les retirer pour les jeter sur un autre point.

Filets qui se mêlent.

ART. 66. Si des filets appartenant à des pêcheurs différents viennent à se mêler, les propriétaires de ces filets ne peuvent les couper, à moins de consentement mutuel et avant d'avoir reconnu l'impossibilité de les séparer par d'autres moyens.

Filets retenus au fond.

Art. 67. Si les filets d'un bateau pêcheur, retenus au fond par un obstacle quelconque, empêchent ce bateau de dériver, il allume son feu comme s'il continuait à faire la pêche.

Mouillage accidentel.

Art. 68. Tout patron de bateau qui, pendant la nuit, veut jeter l'ancre doit, sauf le cas de force majeure, se retirer assez loin du lieu de pêche pour qu'il ne puisse causer aucun dommage aux bateaux dérivants.

Il doit, dans tous les cas, allumer son feu de position comme il est dit à l'article 62.

Filets laissés à la mer.

Art. 69. Lorsqu'un bateau, après avoir pêché son complet chargement de poisson, laisse une partie de sa tessure à la mer, il en fait le signal en mettant un pavillon en berne, si c'est le jour, et en allumant un feu de minute en minute, pendant un quart d'heure, si c'est la nuit.

Dans ce cas, l'obligation de relever les filets restants est imposée au bateau du même quartier, le plus rapproché et qui a été hélé le premier.

Comptes à rendre à l'administrateur de l'inscription maritime.

Art. 70. Le patron qui a laissé des filets pleins à la mer et celui qui les a relevés en rendent compte, chacun de son côté, dans les vingt-quatre heures, à l'administrateur de l'inscription maritime.

La moitié du poisson appartient, à titre d'indemnité, à celui qui a relevé les filets, et l'autre moitié est remise, avec ces engins, à leur propriétaire.

Défense de louvoyer parmi les bateaux pêcheurs.

Art. 71. Il est défendu aux maîtres ou patrons d'embarcations faisant le commerce de poisson frais, de louvoyer parmi les bateaux sur les lieux de pêche, et d'y envoyer leurs canots sous prétexte d'arrher le poisson : ils doivent attendre dans le port ou à l'entrée hors des lieux de pêche le retour des bateaux, sauf le cas prévu par l'article 74.

Défense de montrer des feux.

Art. 72. Hors le cas de nécessité absolue, il est défendu à tout pêcheur de montrer des feux dans d'autres circonstances que celles qui sont déterminées au présent décret.

DISPOSITIONS SPÉCIALES À LA PÊCHE DE LA SARDINE.

Pêcheurs de sardines.

Art. 73. Il est interdit aux patrons exerçant la pêche de la sardine de mouiller la nuit dans les lieux où l'on pêche ce poisson.

Disposition exceptionnelle en faveur de la pêche de la sardine.

Art. 74. Par exception aux dispositions de l'article 71, les maîtres ou patrons d'embarcation faisant le commerce de la sardine peuvent se tenir dans le voisinage des lieux où l'on pratique cette pêche, pour en acheter les produits, mais sans qu'il puisse en résulter de préjudice envers qui que ce soit.

— 122 —

DISPOSITIONS SPÉCIALES À LA PÊCHE DU MAQUEREAU ET DU HARENG.

Jet des filets.

Art. 75. Lorsqu'un bateau exerçant la pêche du hareng ou du maquereau aux filets dérivants arrive sur le lieu de pêche, il amène toutes ses voiles pour indiquer qu'il a pris sa place.

Il doit se tenir à 162 mètres au moins de tout autre bateau, lorsqu'il jette ses filets à la mer.

Cette distance est portée à trois quarts de mille au moins lorsque la pêche se fait à plus de 3 milles de la laisse de basse mer.

Jet des filets à bord des bateaux pontés et des bateaux non pontés.

Art. 76. Toutes les fois que pour pêcher le hareng, des bateaux pontés et des bateaux non pontés commencent en même temps à mettre leurs filets à la mer, ces derniers les jettent au vent des autres, hors le cas où ils préfèrent s'en éloigner d'un demi-mille au moins pour les placer sous le vent.

Les bateaux pontés doivent, de leur côté, jeter leurs filets sous le vent des bateaux non pontés, à moins qu'ils ne préfèrent s'en éloigner d'un demi-mille au moins pour les placer au vent.

Bateaux pontés arrivant sur un point où se trouvent des bateaux non pontés.

Art. 77. Lorsque des bateaux pontés arrivent sur un point où d'autres bateaux, parmi lesquels il s'en trouve de non pontés, sont déjà établis en pêche, ces nouveaux venus doivent jeter leurs filets sous le vent des bateaux non pontés, hors le cas où ils préfèrent s'en éloigner d'un demi-mille au moins pour les placer au vent.

Lorsque des bateaux non pontés arrivent sur un point où d'autres bateaux, parmi lesquels il s'en trouve de pontés, sont déjà établis en pêche, ces derniers arrivés doivent jeter leurs filets au vent des bateaux pontés, à moins qu'ils ne préfèrent s'en éloigner d'un demi-mille au moins pour les placer sous le vent.

Disposition exceptionnelle relative au jet des filets.

Art. 78. Toutefois, si le point où se trouve le hareng est tellement resserré que tous les bateaux, en observant les règles mentionnées ci-dessus, ne puissent prendre part à la pêche, les derniers arrivés ont la faculté de jeter leurs filets sans observer les distances prescrites pour le placement réciproque des bateaux harenguiers pontés et non pontés; mais les pêcheurs qui usent de cette faculté sont responsables des avaries et des dommages que leur dérive peut occasionner aux autres bateaux.

Les pêcheurs aux filets dormants se tiendront sur leurs filets.

Art. 79. Lorsque des filets dormants sont employés pour pêcher le hareng ou le maquereau, les bateaux qui exercent cette pêche doivent se tenir constamment sur leurs filets.

Il est d'ailleurs interdit à ces bateaux de pratiquer leur industrie dans les parages où se trouvent des embarcations faisant la pêche du hareng ou du maquereau avec des filets dérivants.

Défense de mouiller des filets dans les parages où se pratique la pêche du hareng.

Art. 80. Il est interdit de mouiller des filets ou tout autre instrument de pêche dans les parages où s'exerce la pêche du hareng et du maquereau avec des filets dérivants.

Défense de jeter à la mer une hauteur de filets plus grande que la profondeur de l'eau.

Art. 81. Afin que les filets servant à la pêche du hareng ne puissent, en traînant sur le fond, nuire à la tessure tendue par d'autres bateaux, les patrons ne doivent pas jeter à la mer une hauteur de filets plus grande que la profondeur de l'eau.

Bateau ayant perdu ses filets.

Art. 82. Tout bateau ayant perdu ses filets le signale, de jour, par une manne mise en berne au haut de son grand mât, et de nuit, par un feu hissé à la tête du même mât.

Celui qui a trouvé des filets le signale de son côté, le jour, par une manne mise en berne à son mât de misaine et de nuit, par un feu hissé à la tête du même mât.

Ceux qui ont perdu ou trouvé des filets sont tenus d'en faire la déclaration au bureau de la marine aussitôt après leur retour dans le port.

DISPOSITIONS COMMUNES AUX BATEAUX CHALUTIERS ET À CEUX QUI FONT LA PÊCHE DU MAQUEREAU ET DU HARENG AVEC DES FILETS TRAÎNANTS.

Guidons de reconnaissance.

Art. 83. Dans les localités où se pratique la pêche du hareng et du maquereau avec filets traînants, les bateaux qui l'exercent, ainsi que les bateaux chalutiers, portent en tête de mât un guidon ayant au moins 0m,20 de hauteur et 0m,61 de longueur.

Les couleurs de ces guidons sont :

Pour les bateaux dérivants, blanc et bleu;

Pour les bateaux chalutiers, bleu.

Le guidon des bateaux dérivants est divisé verticalement en deux parties égales dont la partie blanche est la plus rapprochée du mât.

Il est interdit à tout autre bateau de pêche de porter des guidons semblables à ceux qu'indique le présent article.

Limites que les bateaux chalutiers ne doivent pas franchir.

Art. 84. Il est interdit d'exercer la pêche au chalut dans les eaux où se trouvent des bateaux faisant la pêche du hareng ou du maquereau avec des filets dérivants.

Lorsque des pêcheurs de hareng ou de maquereau s'établissent sur un point quelconque, les bateaux chalutiers déjà en pêche sur ce point doivent s'en éloigner, et se tenir à 3 milles au moins de distance des pêcheurs de hareng ou de maquereau.

PÊCHE DES HUÎTRES.

Désignation des jours de sortie. — Signal à donner pour commencer et finir la pêche.

Art. 85. Les officiers ou agents chargés de la police des pêches déterminent, après s'en être entendus, s'il y a lieu, avec l'administrateur de la marine, l'inspecteur des pêches ou le syndic, les marées pendant lesquelles les bateaux peuvent aller en pêche. Le signal du départ est donné par un pavillon national placé dans un endroit convenu et hissé une heure avant la sortie. Si la sortie doit avoir lieu le matin, le pavillon est hissé la veille.

Rendus sur le banc désigné pour être pêché, les officiers ou agents de service donnent le signal de commencer la pêche en hissant à l'extrémité de la grande vergue un pavillon blanc et rouge qu'ils conservent pendant une demi-heure, à l'expiration de laquelle ils reprennent le guidon national.

Tous les bateaux cessent la pêche aussitôt que ces officiers ou agents substituent au pavillon national le pavillon blanc et rouge.

Sortie et rentrée des bateaux.

Art. 86. Lorsque les bateaux pêcheurs appartiennent à la même localité, ils doivent sortir du port et y rentrer avec l'officier ou l'agent de service dont le bâtiment ou l'embarcation porte le guidon national.

Cas dans lequel les décisions prises pour la sortie des bateaux sont sans appel.

Art. 87. Sont sans appel les décisions prises par les officiers et officiers-mariniers commandant les bâtiments garde-pêche, par les inspecteurs des pêches ou par les syndics, touchant les marées et les heures de pêche.

Mais si des prud'hommes, des gardes jurés ou des gardes maritimes se refusent à la sortie demandée par plusieurs patrons de bateaux, ces patrons peuvent en appeler à l'inspecteur des pêches ou au syndic qui, après avoir entendu les deux parties et après avoir examiné par lui-même l'état de la mer et du temps, ordonne la sortie, s'il le juge à propos. Dans ce cas, l'inspecteur ou le syndic désigne les agents chargés de sortir avec les pêcheurs pour exercer la police pendant la durée de la pêche.

Tout patron de bateau qui a demandé à l'inspecteur ou au syndic une sortie refusée par les prud'hommes pêcheurs, les gardes jurés ou les gardes maritimes, est tenu d'aller en pêche, si la sortie a lieu.

Obéissance aux ordres des gardes jurés des ports ou baies où se fait la pêche.

Art. 88. Les gardes jurés n'exercent d'autorité que sur les bancs qui dépendent de leur port ou baie; en conséquence, les patrons de bateaux, et même les gardes jurés de divers quartiers qui se réunissent sur un seul point de la côte, sont tenus d'obéir aux ordres des gardes jurés des ports ou baies dont dépendent les lieux où se fait la pêche et d'attendre leur arrivée pour la commencer.

A cet effet, lorsque le garde juré du lieu aperçoit une réunion de bateaux sur un des bancs compris dans sa station, il est tenu de s'y porter immédiatement.

Si la pêche a lieu à plus de 3 milles de la laisse de basse mer, le plus âgé des gardes jurés exerce la surveillance sur tous les pêcheurs, de quelque quartier qu'ils soient.

Division des bateaux en séries.

Art. 89. Dans les quartiers où le nombre des bateaux pêcheurs est trop élevé par rapport à l'importance des huîtrières, ces bateaux sont divisés en séries, qui pêchent alternativement aux jours déterminés par l'administration.

TITRE VI.

DISPOSITIONS SPÉCIALES PROPRES À PRÉVENIR LA DESTRUCTION DU FRAI ET À ASSURER LA CONSERVATION DU POISSON ET DU COQUILLAGE, NOTAMMENT CELLES RELATIVES À LA RÉCOLTE DES HERBES MARINES; CLASSIFICATION DU POISSON RÉPUTÉ FRAI; DIMENSIONS AU-DESSOUS DESQUELLES LES DIVERSES ESPÈCES DE POISSONS ET DE COQUILLAGES NE POURRONT PAS ÊTRE PÊCHÉES ET DEVRONT ÊTRE REJETÉES À LA MER, OU, POUR LES COQUILLAGES, DÉPOSÉES EN DES LIEUX DÉTERMINÉS.

PÊCHE DES HUÎTRES.

Visite annuelle des bancs d'huîtres.

Art. 90. Tous les ans, dans la première quinzaine du mois d'août, il est procédé, sur l'ordre des administrateurs de l'inscription maritime, par des commissions dont la composition est indiquée au titre de chaque quartier, à la visite des anciens bancs et à la constatation des huîtrières découvertes ou formées récemment.

Parages communs. — Visites d'exploration à faire par les commissions des quartiers intéressés.

Art. 91. La visite et la constatation des huîtrières, situées dans les parages communs à plusieurs quartiers, sont opérées de concert et contradictoirement par les commissions de ces quartiers.

Devoirs des commissions de visite.

Art. 92. Dans leurs rapports, les commissions de visite indiquent l'état des huîtrières anciennes; le gisement et le degré d'importance des bancs découverts ou formés récemment; les huîtrières ou portions d'huîtrières susceptibles d'être mises en exploitation; l'époque où cette exploitation peut commencer, et même, s'il y a lieu, le nombre de jours pendant lesquels la pêche est permise, ainsi que le nombre de bateaux à y employer; les huîtrières à tenir en réserve pendant l'année et celles où doivent être reportées les huîtres n'ayant pas les dimensions réglementaires ou qui ont été pêchées en contravention.

Le coquillage ainsi rejeté à la mer est toujours déposé sur des huîtrières tenues en réserve.

Amers et points de reconnaissance des huîtrières.

Art. 93. Les rapports des commissions indiquent, en outre, les amers propres à fixer l'exacte délimitation de chaque huîtrière.

A défaut d'amers pouvant servir à cette délimitation, les bancs sont signalés par le placement, aux frais des pêcheurs, d'un nombre de bouées suffisant pour faire reconnaître l'huîtrière ou la partie de l'huîtrière mise en exploitation.

Dans les quartiers où il existe des communautés de pêcheurs, les frais occasionnés par le placement des bouées sont supportés par ces communautés.

La perte ou l'absence des signes de délimitation placés sur l'eau entraîne l'interdiction de la pêche jusqu'à leur replacement.

Rapports des commissions. — Suite à y donner.

Art. 94. Les rapports mentionnés aux articles précédents sont transmis sous le plus bref délai, par le commissaire de l'inscription maritime, avec l'expression de son opinion, à l'administrateur supérieur du sous-arrondissement.

Après avoir pris communication de ces rapports, le préfet maritime ou le chef du service de la marine à Saint-Servan fixe par des arrêtés les époques d'ouverture et de clôture de la pêche des huîtres, et détermine les bancs qui doivent être mis en exploitation.

Ces arrêtés sont transmis dans la quinzaine au ministre de la marine.

Bancs à exploiter. — Les faire connaître par des affiches.

Art. 95. Les bancs ou portions de bancs définitivement désignés pour être pêchés sont indiqués par des affiches faisant connaître les noms des bancs ou portions de bancs, leur situation, leurs amers et la position des bouées.

Ces affiches sont placées dans l'endroit le plus apparent du quartier, du syndicat ou de la commune où résident les pêcheurs d'huîtres.

Suspension de la pêche sur les bancs en exploitation.

Art. 96. Si, dans le cours de la pêche, il est reconnu qu'un ou plusieurs bancs ont été suffisamment exploités, les officiers, fonctionnaires ou agents spécialement chargés de la police de la pêche sur ces bancs doivent en suspendre immédiatement l'exercice.

Dans ce cas, ils rendent compte sans délai de leur décision à l'administrateur de l'inscription maritime, qui provoque la convocation de la commission de visite mentionnée à l'article 90.

Le rapport de la commission, accompagné de l'avis de l'administrateur de l'inscription maritime, est transmis au préfet maritime ou au chef du service de la marine à Saint-Servan, qui statue définitivement et rend compte de sa décision au ministre.

Cette décision est portée à la connaissance des pêcheurs de la manière indiquée à l'article précédent.

Découverte d'un banc nouveau.

Art. 97. Tout pêcheur qui a découvert un nouveau banc d'huîtres est tenu d'en faire immédiatement la déclaration à l'administrateur de son quartier ou à celui du port où il aborde.

Il doit, en outre, donner les amers de ce banc pour qu'il soit visité aussitôt.

Défense de draguer pendant les marées où la pêche n'a pas été autorisée.

Art. 98. Il est interdit à tout pêcheur de draguer sur des bancs d'huîtres en dehors des marées pendant lesquelles la pêche a été autorisée par les agents chargés de la surveillance.

A cet effet, les bateaux ne doivent pas rester mouillés de nuit sur les bancs; ils sont, au contraire, tenus de rentrer le jour dans le port, sauf les cas de force majeure dont il est justifié devant les agents ci-dessus indiqués et devant l'inspecteur des pêches, ou, à défaut, devant le syndic des gens de mer.

Il leur est également défendu de draguer sur des bancs ou portions de bancs autres que ceux qui ont été désignés conformément à l'article 95.

Les pêcheurs doivent se tenir exclusivement sur les bancs désignés.

Art. 99. Les bateaux qui se livrent à l'exploitation des bancs ou portions de bancs désignés pour être pêchés ne doivent point draguer au delà des limites qui en déterminent la position.

Triage des huîtres.

Art. 100. Le triage des huîtres peut être opéré, soit sur les lieux de pêche, soit dans le port.

Dans le premier cas, les équipages sont tenus de rejeter immédiatement à la mer toutes les huîtres qui n'atteignent pas les dimensions réglementaires, ainsi que les poussiers, sables, graviers et fragments d'écailles.

Dans le second cas, le triage est exécuté aussitôt après le déchargement du bateau, et les petites huîtres, ainsi que les matières ci-dessus mentionnées, sont reportées, à la plus prochaine marée de jour, sur le banc désigné à cet effet dans la baie où la pêche a eu lieu.

Ce report peut être effectué par un seul des bateaux pêcheurs que l'administrateur de la marine désigne à tour de rôle.

Mesures coercitives contre les pêcheurs qui n'exécutent pas le triage et le report des petites huîtres.

Art. 101. Si les patrons de bateaux négligent de se conformer de suite aux dispositions de l'article précédent, le triage est fait à leurs frais par les personnes que désigne l'inspecteur des pêches ou tout autre agent de surveillance, et les petites huîtres sont reportées, également aux frais des délinquants, avec les détritus ci-dessus mentionnés, sur le banc destiné à les recevoir, et ce sans préjudice des peines prévues par la loi du 9 janvier 1852.

Les patrons de bateaux sont personnellement responsables des infractions à l'article précédent commises par leurs apparcilleurs.

Défense de jeter du lest ou des immondices sur les huîtrières.

Art. 102. Il est interdit de jeter sur les huîtrières, et sur les grèves servant aux étalages, aucune immondice ou du lest de navires.

Dépôt des dragues après la clôture de la pêche des huîtres.

Art. 103. Dans les localités où les dragues ne servent qu'à la pêche des huîtres, elles sont déposées, après avoir été numérotées, dans des lieux déterminés par les administrateurs de l'inscription maritime, depuis la clôture jusqu'à l'ouverture de cette pêche.

Elles sont également laissées à terre pendant la période d'ouverture, lorsque les bateaux sortent pour faire la pêche du poisson frais.

Mélange des huîtres déposées provisoirement sur le littoral.

Art. 104. Lorsque, par suite d'un coup de vent ou de toute autre cause, des huîtres appartenant à divers particuliers, et momentanément déposées sur la grève, se trouvent confondues, l'inspecteur des pêches, le syndic, les prud'hommes, les gardes jurés ou les gardes maritimes déterminent au besoin la part afférente à chacun.

Si cet arbitrage ne concilie pas les parties, il en est rendu compte à l'administrateur de l'inscription maritime, qui statue définitivement.

PÊCHE DES MOULES.

Défense d'arracher les moules.

Art. 105. Il est défendu d'arracher les moules et le frai des moules à poignées, et de cueillir ces bivalves avec d'autres instruments que ceux que mentionne l'article 56 ci-dessus.

Défense de jeter des immondices ou du lest sur les moulières.

ART. 106. Il est interdit de jeter sur les moulières aucune immondice, de quelque nature qu'elle soit, ou du lest de navires.

Dispositions applicables aux moulières importantes.

ART. 107. Les dispositions des articles 90, 91, 92, 93, 94, 95, 96, 97 et 98 du présent titre sont applicables aux moulières importantes que désigne, à cet effet, le préfet maritime ou le chef du service de la marine à Saint-Servan.

DISPOSITIONS RELATIVES À LA RÉCOLTE DES HERBES MARINES, DES MADRÉPORES ET SABLES COQUILLIERS (1).

Herbes marines. — Classification des goémons.

ART. 108. Les diverses herbes marines connues sous les noms de varech, sart ou goémon, sont ainsi classées : 1° goémons tenant à la rive; 2° goémons venant épaves à la côte; 3° goémons poussant en mer.

Goémons. — Définition de chacune des espèces.

ART. 109. Par goémons tenant à la rive, on entend ceux attenant à la partie du littoral que la mer découvre aux basses mers d'équinoxe.

Par goémons épaves, ceux qui, détachés par la mer, sont journellement portés à la côte par le flot.

Par goémons poussant en mer, ceux qui, tenant aux fonds et aux rochers, ne peuvent être atteints de pied sec aux basses mers d'équinoxe.

GOÉMON DE RIVE.

Goémon de rive. — Abandon exclusif en est fait.

RT. 110 (2). Abandon est fait exclusivement aux habitants de chaque com e du goémon attenant au rivage de cette commune.

Défense de le vendre aux forains et de le transporter hors de la commune.

ART. 111. Il est expressément défendu de vendre ce goémon aux forains et de le transporter hors du territoire de la commune, à moins de décision contraire du conseil municipal.

Époque de la coupe. — Latitude laissée aux municipalités.

ART. 112 (3). La coupe de ce goémon ne peut avoir lieu qu'une fois par an, dans la période comprise entre le 1er octobre et le 31 mars, aux jours déterminés par l'autorité municipale, qui les fait connaître au commissaire de l'inscription maritime du quartier dans lequel est située la commune.

Les municipalités sont chargées, sous la surveillance des préfets des départements, des règlements relatifs à la police et à l'ordre à observer dans l'enlèvement de ce goémon.

---

(1) Art. 108 et suivants. — Voir Décret du 8 février 1868 (R.), *B. O.* p. 134 (*récolte des herbes marines*).

(2) Art. 110. — Voir Décret modificatif du 6 mai 1863 (R.), *B. O.* p. 206.

(3) Art. 112. — Voir Décret du 2 mai 1855 (R.), *B. O.* p. 209 (§ *additionnel*).

Une seconde coupe est autorisée pour l'île de Bréhat. — Coupe de la pailleule à Granville.

Art. 113 (1). Par disposition spécialement applicable à l'île de Bréhat, qui ne produit d'autre combustible que le goémon, une seconde coupe est autorisée; elle est réglée comme il est dit à l'article précédent, et elle a lieu du 1er août au 1er octobre.

Par dérogation à l'article 112, la coupe de la zostère marine, connue sous le nom de pailleule, pourra commencer le 15 juillet dans le quartier de Granville, où les dispositions de l'article 111 ne sont point applicables à ce fucus.

Les herbes marines qui sont attenantes au sol dans les pêcheries sont abandonnées aux communes.

Art. 114. Les herbes marines attenantes au sol dans l'intérieur des pêcheries sont également abandonnées aux habitants des communes, qui peuvent les couper aux jours déterminés, ainsi qu'il a été dit à l'article 112, sans que les détenteurs de ces établissements puissent y mettre obstacle.

Droits des propriétaires ruraux des communes du littoral.

Art. 115. Les individus qui possèdent des terres dans les communes du littoral qu'ils n'habitent pas peuvent couper et récolter du goémon sur les rivages de ces communes, sous la condition de l'employer dans la circonscription desdites communes.

Dispositions concernant les marins pêcheurs.

Art. 116. Il est expressément défendu aux marins pêcheurs de prendre part aux coupes qui se font sur le littoral d'une autre commune que celle où ils sont domiciliés.

Toutefois, on ne peut, sous aucun prétexte, priver les marins pêcheurs de participer, à titre d'habitants et avec les moyens de transport qu'ils ont à leur disposition, aux coupes générales pratiquées sur le littoral des communes où ils sont domiciliés.

Bateaux à employer pour la récolte du goémon de rive et du goémon épave.

Art. 117. Pour récolter le goémon de rive et le goémon épave qui se trouvent sur des parties de la côte inaccessibles par terre, les habitants des communes emploieront comme moyens de transport, pour eux et pour les goémons, des embarcations montées par des inscrits maritimes et pourvues de rôle d'équipage.

Transport du goémon réservé aux communes.

Art. 118. Lorsque, pour le transport du goémon réservé aux communes, il y a lieu de le disposer en dromes, ces dromes ne peuvent être conduites à terre qu'à la remorque d'un ou de plusieurs bateaux montés par des marins inscrits et pourvus de rôle d'équipage.

GOÉMONS ÉPAVES.

Autorisation de prendre ce goémon en tout temps.

Art. 119. Il est permis à toute personne de recueillir en tout temps et en

---

(1) Art. 113. — Modifié par décret du 25 janvier 1860 (R.), *B. O.* p. 54.

tous lieux, les pêcheries exceptées, les goémons jetés par les flots sur les grèves, et de les transporter où bon lui semble.

Défense d'établir des pêcheries à goémon.

Art. 120. Il est expressément interdit d'établir des pêcheries à goémon sur le littoral du deuxième arrondissement maritime.

Goémons épaves déposés dans les pêcheries.

Art. 121. Les goémons épaves que la mer dépose dans l'intérieur des pêcheries appartiennent aux concessionnaires de ces établissements.

GOÉMONS POUSSANT EN MER.

Récolte permise toute l'année.

Art. 122. La pêche ou récolte du goémon et de toute autre espèce d'herbes marines est permise, pendant toute l'année, sur les rochers situés en mer et sur les rives des îles désertes.

On entend par rochers situés en mer ceux où l'on ne peut se rendre à pied sec à la basse mer des marées d'équinoxe.

Bateaux employés pour la récolte du goémon poussant en mer.

Art. 123 (1). La récolte des goémons poussant en mer ne peut être faite qu'au moyen de bateaux conduits par des hommes appartenant à l'inscription maritime et pourvus de rôle d'équipage.

Goémon destiné à l'usage particulier des cultivateurs.

Art. 124. Néanmoins, pour la récolte de ceux de ces goémons qui sont destinés aux besoins particuliers des cultivateurs, ces derniers et leurs valets de ferme peuvent accidentellement s'adjoindre aux équipages réguliers des bateaux, sans toutefois que leur nombre puisse excéder deux individus par tonneau, non compris les hommes du bord.

DISPOSITIONS COMMUNES À TOUS LES GOÉMONS.

Les goémons ne doivent être coupés et récoltés que de jour. — Instruments autorisés.

Art. 125 (2). La coupe et la récolte des goémons ne doivent avoir lieu que pendant le jour.

Il est permis d'arracher ces herbes ou de les couper à la main avec couteaux ou faucilles.

La récolte des goémons épaves sera opérée avec des fourches ou des perches armées d'un seul croc.

Interdiction de la drague pour la récolte des goémons. — Exception à cet égard.

Art. 126. L'usage de la drague est interdit pour recueillir les herbes marines.

---

(1) Art. 123. — Voir Dépêche du 21 février 1854 (R.), *B. O.* p. 227 (*rôle d'équipage* ad hoc *armé pour la pêche et non au bornage*).

(2) Art. 125, § 3. — *Modifié* par décret du 17 juillet 1857 (R.), notifié le 24 juillet 1857 (R.), *B. O.* p. 638 à 642.

Il n'est fait d'exception à cet égard qu'en rade de Brest et pour la pêche du goémon rouge, ainsi qu'il a été dit à l'article 56.

La récolte de ce dernier goémon n'a lieu, dans ladite rade, que sur les points et aux époques déterminés par le préfet maritime.

AMENDEMENTS MARINS (1).

Instruments autorisés pour l'enlèvement des amendements marins.

ART. 127. L'enlèvement du maërl, des sables coquilliers et des vases de mer peut être effectué avec la drague mentionnée à l'article 56, la cuiller en fer de forme carrée ou les pelles mentionnées au même article.

Époques et lieux d'enlèvement des amendements marins.

ART. 128. L'enlèvement des amendements marins ne peut être effectué qu'aux époques et dans les lieux déterminés par le préfet maritime ou par le chef du service de la marine à Saint-Servan.

Toutefois, sauf la détermination des lieux, qui doivent toujours être rigoureusement délimités, l'enlèvement du maërl *mort* et des sables coquilliers provenant de l'apport successif opéré par la mer peut se faire toute l'année.

Les amendements marins ne peuvent être enlevés que de jour.

ART. 129. L'enlèvement des amendements marins n'est permis que de jour et par les seuls moyens indiqués à l'article 123.

Néanmoins, lorsque cet enlèvement se fait au-dessus de la laisse de basse mer, sur les grèves accessibles aux voitures, les cultivateurs peuvent s'y livrer et se servir de ce moyen de transport, mais sur les seules parties de grèves déterminées par l'autorité maritime.

Limites dans lesquelles le dragage est permis.

ART. 130. Les bateaux employés au dragage des amendements marins ne peuvent exercer cette industrie à moins de 100 mètres des limites extérieures des huîtrières.

Dragage sur les huîtrières qui se forment ou qui disparaissent.

ART. 131. Lorsque de nouvelles huîtrières se forment ou que d'anciennes se repeuplent, tout autre dragage que celui des huîtres cesse sur les points par elles occupés.

Si, au contraire, quelques-unes des huîtrières reconnues viennent à disparaître complètement, le dragage des amendements marins peut se faire dans leurs emplacements.

Ces changements de délimitation doivent toujours être autorisés par des arrêtés du préfet maritime ou du chef du service de la marine à Saint-Servan.

---

(1) *Amendements marins.* — Articles 127 à 132.
Voir : Circulaires des : 30 janvier 1855 (M.), *B. O.* p. 63;
6 avril 1855 (R.), *B. O.* p. 175; — 16 janvier 1858 (M.), *B. O.* p. 12;
Décret du 8 février 1868 (R.), *B. O.* p. 134 (article 9);
Arrêtés et Circulaires des 2 et 27 décembre 1875, *B. O.* p. 695 et 696; — et 10 mai, et 10 juin 1876, *B. O.* p. 1023 et 1024; etc. etc.

CLASSIFICATION DU POISSON RÉPUTÉ FRAI. — PROHIBITIONS RELATIVES À LA PÊCHE DU FRAI. — DIMENSIONS AU-DESSOUS DESQUELLES LES DIVERSES ESPÈCES DE POISSONS ET DE COQUILLAGES NE PEUVENT ÊTRE PÊCHÉES.

Œufs de poissons et de crustacés.

ART. 132 (1). Les œufs de tous les poissons et ceux des crustacés sont compris sous la dénomination de frai.

Il est interdit de les pêcher ou recueillir, de quelque manière que ce soit, sauf l'exception prévue à l'article 142.

La gueldre est assimilée au frai.

Dimensions réglementaires des poissons et des coquillages.

ART. 133. Il est interdit de pêcher les poissons, crustacés et coquillages indiqués ci-après qui n'ont pas les dimensions suivantes :

POISSONS RONDS	Longueur de l'œil à la naissance de la queue.	Colin	0m,270
		Alose	
		Feinte	
		Saumon	
		Esturgeon	
		Morue	
		Bar	0m,160
		Mulet	
		Lieu	
		Dorade	
		Merlan	0m,120
		Grondin	
		Surmulet ou rouget	
		Maquereau	
		Truite saumonée	
		Vive	
		Vieille	
		Brème	
POISSONS PLATS	Longueur de l'œil à la naissance de la queue.	Turbot	0m,200
		Raie	
		Plie	0m,100
		Barbue	
		Sole	
		Carrelet	
		Limande	
POISSONS LONGS	Longueur de l'œil à la naissance de la queue.	Congre	0m,270
		Anguille	
		Lingue	

(1) Art. 132 et suivants. — Voir Circulaire du 12 juin 1855 (R.), B. O. p. 339 (*frai*).

Crustacés (1)	Longueur de l'œil à la naissance de la queue.	Homards (1) / Langoustes (1)	0m,200
		Chevrettes	0m,030
Coquillages	Diamètre dans la plus grande largeur.	Huîtres	0m,060
		—— de Tréguier	0m,040
	Longueur.	Moules	0m,030

Poissons dont la longueur n'atteint pas 0m,081.

Art. 134. Il est également défendu de pêcher tous les poissons de mer non dénommés ci-dessus, sauf les exceptions prévues aux articles 135 et 136, dont la longueur mesurée de l'œil à la naissance de la queue est au-dessous de 0m,081.

La même défense s'applique aux poissons d'eau douce qui n'ont pas les dimensions prescrites par les règlements rendus en vertu de la loi du 15 avril 1829 (R.).

Poissons et coquillages qu'il est permis de pêcher sans dimension de taille.

Art. 135. Il est néanmoins permis de pêcher, quelles que soient leurs dimensions, mais avec les filets et engins déterminés par le présent décret, les poissons qui s'ensablent, tels que les aiguilles, lançons et autres de même espèce.

La pêche des crustacés et coquillages non dénommés à l'article 133 est également autorisée sans minimum de dimensions, mais avec les engins et instruments permis.

Poissons destinés à servir d'appât.

Art. 136. Il est également permis de prendre, quelles que soient leurs dimensions, les poissons connus sous les noms de *blanche, blaquet, blanchemélie, menusse* et *saumonelle*, à la condition expresse que ces poissons ne pourront être employés que comme appât.

Cette pêche ne doit d'ailleurs être faite qu'avec les filets, engins et instruments permis par le présent décret.

TITRE VII.

PROHIBITIONS RELATIVES À LA MISE EN VENTE, À L'ACHAT, AU TRANSPORT ET AU COLPORTAGE, AINSI QU'À L'EMPLOI, POUR QUELQUE USAGE QUE CE SOIT, DU FRAI OU DU POISSON ASSIMILÉ AU FRAI, DU POISSON ET DU COQUILLAGE QUI N'ATTEIGNENT PAS LES DIMENSIONS PRESCRITES.

Frai, fretin, poissons, crustacés et coquillages au-dessous des dimensions réglementaires.

Art. 137 (1). Il est interdit de donner ou de faire donner, de saler, d'acheter, de vendre ou de faire vendre, de transporter, de colporter et d'employer à

(1) Art. 133, et 137, n° 2. — *Crustacés.* — *Homards et langoustes.* — Voir Décret modificatif du 27 mai 1857 (R.), notifié le 2 juin 1857 (R.), *B. O.* p. 465 à 470.

un usage quelconque, notamment à la nourriture des animaux et à l'engrais des terres :

1° Le frai et le crustacé désignés à l'article 132 ;

2° Les poissons, crustacés et coquillages nomenclaturés à l'article 133, et qui n'ont pas la dimension minimum y indiquée pour chaque espèce ;

3° Les poissons mentionnés à l'article 134.

Poissons exclusivement destinés à servir d'appât.

ART. 138. Il est également défendu de vendre, d'acheter, de transporter, de colporter et d'employer autrement que comme appât, les poissons dénommés en l'article 136.

Moules recueillies sur la carène des navires doublés en cuivre.

ART. 139. Il est défendu en tout temps d'exposer ou de mettre en vente les moules recueillies sur la carène des navires doublés en cuivre.

Visite des poissons et coquillages colportés.

ART. 140 (1). Il est prescrit aux pêcheurs en bateau ou à pied, aux détenteurs de pêcheries, de parcs à huîtres, à moules, et de dépôts de coquillages, aux marchands, colporteurs, voituriers, capitaines, maîtres ou patrons, et à tous ceux qui transportent du poisson et du coquillage, de laisser visiter à la première réquisition, par les officiers, administrateurs ou agents chargés de la police des pêches, leurs bateaux, voitures, mannes et autres objets contenant le poisson ou le coquillage.

TITRE VIII.

APPÂTS DÉFENDUS.

Désignation des appâts défendus.

ART. 141. Il est défendu d'employer comme appât le frai et le crustacé assimilé au frai mentionnés à l'article 132, les poissons nomenclaturés à l'article 133 et qui n'ont point les dimensions réglementaires, ainsi que ceux qui sont dénommés à l'article 134.

Résure, rave ou rogue.

ART. 142. Il est néanmoins permis d'employer, pour la pêche de la sardine, de la résure, rave ou rogue, pourvu qu'elle soit de bonne qualité. Celle qui ne remplit pas cette condition est considérée comme appât prohibé, et la destruction en est poursuivie.

Drogues et liquides. — Défense de s'en servir pour appât.

ART. 143. Il est défendu de jeter dans les eaux de la mer, le long des côtes et dans la partie des fleuves, rivières, canaux et étangs où les eaux sont salées, de la chaux, des noix vomiques, des noix de cyprès, des coques du Levant, de la momie, du musc, et toutes autres drogues ou liquides pour servir d'appât, enivrer ou empoisonner le poisson.

---

(1) Art. 140. — Voir Décret du 14 août 1872 (R.), B. O. p. 167 (*transport des huîtres dans la rade de Brest*).

TITRE IX (1).

CONDITIONS D'ÉTABLISSEMENT DE PÊCHERIES, DE PARCS À HUÎTRES, À MOULES, ET DE DÉPÔTS DE COQUILLAGES. — CONDITIONS DE LEUR EXPLOITATION. — RETS, FILETS, ENGINS, BATEAUX ET AUTRES INSTRUMENTS ET MATÉRIAUX QUI PEUVENT Y ÊTRE EMPLOYÉS.

Établissements de pêcheries fondés en vertu d'autorisations régulières.

ART. 144. Sont provisoirement maintenus les pêcheries, les parcs à huîtres ou à moules et les dépôts de coquillages, établis en vertu d'autorisations régulières, dont les détenteurs se conformeront aux dispositions ci-après.

Démolition des parcs et pêcheries.

ART. 145. Tous les détenteurs de pêcheries, parcs à huitres ou à moules et dépôts quelconques de coquillages, qui ne produiront point de titres dans le délai de trois mois, à dater de la notification du présent décret, laquelle leur sera faite par les commissaires de l'inscription maritime de leurs quartiers respectifs, aussitôt après sa promulgation, seront tenus de démolir immédiatement, à leurs frais, ces établissements.

Recensement à opérer.

ART. 146. A l'expiration de ce délai, il sera procédé au recensement général des pêcheries, parcs à huîtres ou à moules et lieux de dépôt de coquillages existant dans chaque quartier.

Ce recensement sera opéré par le commissaire de l'inscription maritime, qui s'adjoindra un officier de vaisseau désigné par le préfet maritime ou par le chef du service de la marine à Saint-Servan, et un pilote de la station locale.

Le procès-verbal de cette opération signalera ceux de ces établissements qui seraient nuisibles à la navigation.

État de ces établissements à dresser par le commissaire de l'inscription maritime.

ART. 147. Dans chaque quartier, le commissaire de l'inscription maritime dressera un état descriptif de tous les établissements de pêcheries, indiquant les points de la côte sur lesquels ils sont situés, la date de l'autorisation et les noms des détenteurs.

Cet état sera transmis par l'administrateur supérieur du sous-arrondissement au préfet maritime à Brest, pour être examiné en conseil d'administration, et envoyé au ministre de la marine, qui statuera (2).

Registre à tenir dans les quartiers.

ART. 148. Les commissaires de l'inscription maritime tiennent un registre sur lequel sont consignés les renseignements suivants :

La configuration, la position, les limites des pêcheries, parcs ou dépôts du ressort, ainsi que les noms des détenteurs, les titres ou autorisations et leur date.

---

(1) Titre IX. — Voir Circulaire du 22 novembre 1853 (R.), *B. O.* p. 947 (et notes, édit. ref.).

(2) Voir Dépêche du 18 août 1855 (R.), *B. O.* p. 752.

Travaux d'appropriation.

Art. 149. Toute autorisation de former des pêcheries, parcs à huitres ou à moules, ou lieux de dépôt de coquillage, doit, sous peine d'annulation, être suivie des travaux d'appropriation dans l'année de sa date.

Privilège en faveur des marins.

Art. 150. Ces autorisations sont accordées de préférence aux inscrits maritimes ou à leurs familles.

Toutefois, les marchands d'huitres sont au même titre admis à jouir de ces autorisations, en ce qui touche les parcs servant de lieux de dépôt à ce coquillage.

PÊCHERIES EN PIERRE OU ÉCLUSES.

Construction des pêcheries en pierre ou écluses.

Art. 151. Les pêcheries en pierre ou écluses sont construites sans chaux, mortier ni ciment; elles n'ont pas d'autre forme que celle d'un demi-cercle ou d'un seul angle dont les extrémités se dirigent vers le rivage; la hauteur des murs ne peut dépasser 1^{m},30.

Ouverture de ces pêcheries. — Forme et dimensions. — Époque et manière de les fermer.

Art. 152. Ces pêcheries ont, dans leur partie la plus basse, du côté de la haute mer, une seule ouverture prise dans toute la hauteur des murs, ayant au moins 1^{m},30 de largeur et 2 mètres au plus de longueur de goulet.

Ladite ouverture est fermée d'une grille en bois placée à moitié de la longueur du goulet, et percée de trous en forme de mailles, de 0^{m},027 au moins en carré du 1er septembre au 1er mai, et de 0^{m},054 au moins en carré du 1er mai au 1er septembre.

PÊCHERIES EN BOIS OU BOUCHOTS.

Construction des pêcheries en bois ou bouchots.

Art. 153. Les pêcheries en bois ou bouchots sont construites en bois entrelacés comme claies autour de pieux enfoncés dans le sol et placés en forme d'équerre en ligne diagonale de la côte à la mer.

La hauteur de ces pieux ne peut excéder 1^{m},600 au-dessus du sol.

Ouverture des bouchots.

Art. 154. Les bouchots ont, dans leur partie la plus basse, du côté de la mer, une ouverture de 1 mètre de largeur au moins, prise dans toute la hauteur du clayonnage.

Du 1er mai au 1er septembre, cette ouverture ne peut être fermée par des filets, grilles, paniers ni autre chose.

Fermeture des bouchots.

Art. 155. Du 1er septembre au 1er mai, l'ouverture des bouchots peut être close au moyen d'un filet simple dont les mailles ont au moins 0^{m},027 en carré, ou d'une grille de bois ayant les trous en forme de mailles du même calibre.

Le filet et la grille mentionnés ci-dessus peuvent être remplacés par un seul benâtre circulaire de 3 mètres de diamètre placé à l'extrémité de l'ouverture du côté de la haute mer.

Ce benâtre, d'une hauteur égale à celle du clayonnage de la pêcherie, est fait de pieux enfoncés dans le sol, en forme de cercle, à 0m,065 au moins les uns des autres, et servant de support à une grille percée de trous dont la maille a au moins 0m,027 en carré.

Les deux extrémités du benâtre s'appuient sur chaque côté de l'ouverture.

Ouverture des bouchots pendant l'été.

Art. 156. Du 1er mai au 1er septembre de chaque année, les filets et les grilles ci-dessus énoncés sont retirés, et il est enlevé 2 mètres de la partie du benâtre tournée vers la mer.

Pieux à planter dans l'intérieur des bouchots.

Art. 157. De chaque côté de l'ouverture des bouchots, et à 0m,270 les uns des autres, il est planté cinq pieux au moins destinés à retenir les herbes marines, afin qu'elles n'obstruent ni les mailles des filets, ni les trous des grilles.

DISPOSITIONS COMMUNES AUX PÊCHERIES EN PIERRE OU ÉCLUSES, ET AUX PÊCHERIES EN BOIS OU BOUCHOTS.

La fermeture de ces pêcheries ne doit être opérée que par les moyens indiqués.

Art. 158. Il est interdit de clore les pêcheries en pierre et les bouchots autrement que le comportent les articles 152 et 155 ci-dessus.

Il est également défendu de placer à l'intérieur de ces établissements des clayonnages, filets, engins et autres instruments sédentaires propres à retenir ou à prendre le poisson.

Le plan de ces pêcheries est uniformément incliné vers la mer.

Elles renferment auprès de leur ouverture, du côté de la mer, une cavité assez grande pour conserver vivant, à marée basse, le petit poisson.

Enlèvement des herbes marines déposées par la mer dans les pêcheries.

Art. 159. Les détenteurs des pêcheries en pierre ou des bouchots sont tenus de faire enlever à chaque marée les herbes marines et autres objets que la mer dépose dans l'intérieur de ces établissements.

Bras ou pannes des pêcheries.

Art. 160. Les bras ou pannes, formant les côtés des pêcheries en pierre ou des pêcheries en bois ou bouchots, ne peuvent avoir plus de 200 mètres de longueur. Leur ouverture du côté de la terre ne doit pas excéder cette dimension.

Instruments de pêche à employer dans l'intérieur des pêcheries.

Art. 161. Dans l'intérieur des pêcheries, ainsi que dans les cavités ménagées pour la conservation du fretin, on ne peut employer que des filets, instruments ou engins autorisés par le présent décret.

Prohibition de tendre des filets à moins de 60 mètres au-dessous de l'ouverture des pêcheries.

Art. 162. Il est défendu aux détenteurs de ces établissements et à tous autres de tendre ou de faire tendre des filets ou autres engins de pêche, à moins de 60 mètres au-dessous de leur ouverture.

Droit exclusif des détenteurs de pêcheries.

Art. 163. Défense est faite aux pêcheurs autres que les détenteurs des pêcheries de tendre ou de jeter aucun filet, soit à l'intérieur de ces établissements, soit à moins de 10 mètres au-dessus de leur ouverture du côté de la terre.

Au delà de cette limite, tous les pêcheurs sont libres d'exercer leur industrie, et il est interdit aux détenteurs des pêcheries d'y porter obstacle.

Distance à laisser entre chaque pêcherie.

Art. 164. Les pêcheries en pierre ou en bois, qui seront établies à l'avenir, ne pourront être placées à moins de 100 mètres les unes des autres.

Il est interdit de modifier la position des pêcheries.

Art. 165 (1). Il est défendu aux détenteurs des pêcheries en pierre ou en bois de les changer de place, ou de modifier la direction de leurs pannes, sans l'autorisation du ministre de la marine.

Numéros d'ordre à donner aux parcs et aux pêcheries.

Art. 166. Toutes les pêcheries en pierre ou en bois portent un numéro d'ordre qui est placé à l'un des angles de l'ouverture du côté de la mer, de façon qu'il ne puisse jamais être submergé et reste toujours apparent.

PÊCHERIES TEMPORAIRES.

Hauts parcs.

Mode de construction des hauts parcs.

Art. 167. Les pêcheries connues sous le nom de hauts parcs sont tendues en ligne droite de la côte vers la mer, sur des perches dont la hauteur ne peut excéder 4^{m},800 hors du sol, et qui doivent être éloignées les unes des autres de 2^{m},600 au moins.

La maille du filet a 0^{m},027 au moins en carré : ces filets sont tendus de manière que leur extrémité inférieure soit toujours éloignée du sol de 0^{m},162 au moins.

Les hauts parcs ne peuvent être tendus à moins de 40 mètres de distance les uns des autres.

Bas parcs.

Construction des bas parcs.

Art. 168. Sont compris sous la dénomination de bas parcs tous filets tendus à la basse eau, à l'aide de piquets ou autrement, et dont l'extrémité inférieure repose sur le sol.

Les filets servant aux pêcheries nommées bas parcs ou bas étaliers et venets ont les mailles de 0^{m},054 au moins en carré; ils sont tendus de manière que leurs mailles restent toujours ouvertes.

---

(1) Art. 165. — Voir Dépêche du 18 août 1855 (R.), *B. O.* p. 755. — Nota 1, § final.

Ces filets peuvent reposer sur le sol, mais ne doivent jamais y être enfouis.

Hauteur des pieux.

Art. 169. Les pieux formant les bas parcs ont au plus $1^{m},30$ de hauteur hors des sables; ils peuvent être plantés en équerre, fer à cheval, demi-cercle ou crochet, et sont éloignés les uns des autres de $1^{m},60$ au moins.

Ouverture des bas parcs.

Art. 170. L'ouverture des bas parcs, formés en équerre, en fer à cheval, en demi-cercle ou crochet, ne peut excéder 80 mètres.

Bras ou pannes.

Art. 171. Les bas parcs qui sont formés en équerre ont les ailes ou pannes de 80 mètres de longueur au plus; ceux qui sont formés en fer à cheval, en demi-cercle ou en crochet ne peuvent avoir que 160 mètres de contour, de sorte que, pour la garniture de ces pêcheries, il ne soit pas employé plus de 160 mètres de filets.

Placement des pieux.

Art. 172. Les pieux des bas parcs, formés en équerre, sont placés en ligne droite pour ne faire qu'un seul angle dans le fond de la pêcherie.

Distance entre les bas parcs.

Art. 173. Les bas parcs ne peuvent être établis à moins de 32 mètres de distance les uns des autres.

Défense d'apposer aucun engin à l'angle des bas parcs.

Art. 174. Il est défendu de placer à l'angle ou au fond des bas parcs des benâtres, verveux ou autres instruments quelconques.

Époque de la pêche aux bas parcs.

Art. 175. La pêche aux bas parcs est généralement interdite depuis le 1er avril jusqu'au 1er septembre; pendant ce temps, les pieux et filets doivent être enlevés.

Les titres des quartiers où cette pêche est prohibée d'une manière absolue mentionnent cette prohibition.

Interdiction de barrer les rivières, canaux, ruisseaux, etc., avec des bas parcs ou tous autres filets.

Art. 176 (1). Il est défendu d'établir, avec des bas parcs ou tous autres filets, des barrages dans les fleuves, rivières, canaux, ruisseaux, chenaux, anses et petits havres, ainsi que sur les grèves.

RÉSERVOIRS À HOMARDS, LANGOUSTES ET AUTRES CRUSTACÉS.

Construction des réservoirs à homards.

Art. 177. Les réservoirs à homards, langoustes et autres crustacés sont for-

---

(1) Art. 176. — Voir Circulaire du 19 janvier 1855 (R.), *B. O.* p. 53.

més de pierres ou de bois et ne peuvent avoir plus de 8 mètres de côté, ni plus de 1m,50 de hauteur de murailles : il est facultatif de les couvrir.

Il est pratiqué, à leur partie inférieure, une ouverture de 1 mètre de large, qui ne peut être fermée que d'un filet dont les mailles ont au moins 0m,054 en carré, ou d'une grille de bois percée de trous ayant également 0m,054 en carré.

DISPOSITIONS COMMUNES AUX PARCS À HUÎTRES OU À MOULES ET AUX DÉPÔTS DE COQUILLAGES.

Maintien des parcs et dépôts à huîtres.

ART. 178. Les parcs à huîtres ou à moules et les dépôts de coquillages établis en vertu d'autorisations régulières sont provisoirement maintenus, conformément à l'article 144, à la condition que leurs détenteurs se soumettront aux dispositions du présent décret.

Ces autorisations sont accordées à titre gratuit. La durée n'en est pas limitée.

Les conditions relatives à la construction de ces établissements sont indiquées au titre de chaque quartier.

Nouvelle répartition de ces établissements.

ART. 179. Dans un délai de six mois, à partir de la promulgation du présent décret, il sera procédé à une répartition nouvelle des parcs à huitres ou à moules et des dépôts et étalages.

Par qui est faite cette répartition.

ART. 180. Ce travail sera préparé dans chaque quartier par une commission que formera le ministre de la marine, à l'approbation duquel sera soumis le projet de répartition.

Répartition annuelle par suite de vacance.

ART. 181. A la fin de chaque année, la même commission procède à la répartition des parcs à huitres ou à moules et des dépôts de coquillages devenus vacants par suite de décès, de cessation de commerce, d'éviction ou de toute autre cause.

Dans l'intervalle qui s'écoule entre l'époque où des parcs, dépôts ou étalages sont devenus vacants et la répartition susmentionnée, le commissaire de l'inscription maritime peut en autoriser la jouissance provisoire, suivant qu'il le juge convenable.

Interdiction de vendre ou louer ces établissements.

ART. 182 (1). Il est interdit aux détenteurs des parcs, des dépôts et étalages de vendre, louer ou transmettre, à quelque titre que ce soit, ces établissements.

Interdiction de pêcher du poisson dans les parcs à huîtres ou à moules.

ART. 183. Les parcs à huitres ou à moules et les dépôts de coquillages, construits de manière à pouvoir retenir l'eau, ne doivent, en aucun cas, servir de pêcheries à poisson.

---

(1) Art. 182. — Voir Circulaire du 7 avril 1855 (R.), *B. O.* p. 180.

Il est interdit de prendre le fretin qui peut y être retenu.

Huîtres au-dessous de la dimension réglementaire.

Art. 184. Les détenteurs de parcs, dépôts ou étalages à huitres qui introduisent dans leurs établissements des huitres au-dessous de la dimension réglementaire sont tenus de les reporter, à leurs frais, sur les bancs indiqués par l'administration, sans préjudice des peines édictées par l'article 7 de la loi du 9 janvier 1852 (**R.**).

Toutefois, il est fait une exception à cette mesure relativement aux étalages de Cancale, ainsi qu'il est dit à l'article 336.

Huîtres gisant en dehors des parcs, dépôts ou étalages.

Art. 185. Les huitres gisant hors de l'enceinte des parcs, dépôts et étalages ne peuvent être revendiquées par les détenteurs de ces établissements, s'il n'est constaté qu'elles en ont été enlevées par la mer ou par tout autre accident de force majeure.

Parcs établis sur des propriétés particulières.

Art. 186. Les parcs, dépôts ou étalages à huitres établis dans les propriétés particulières, au moyen de prise d'eau salée, sont soumis aux mêmes règles de police et de surveillance que ceux qui sont fondés sur les grèves.

TITRE X.

MESURES DE POLICE TOUCHANT L'EXERCICE DE LA PÊCHE À PIED.

Déclaration nécessaire pour se livrer à la pêche à pied avec filets.

Art. 187 (**1**). Nul ne peut se livrer habituellement à la pêche à pied avec filets sans en avoir fait la déclaration au commissaire de l'inscription maritime.

Dispositions applicables à la pêche à pied.

Art. 188. Les pêcheurs à pied sont soumis, en ce qu'elles ont d'applicables à ce genre de pêche, à toutes les dispositions du présent décret relatives aux époques d'ouverture, de clôture et aux heures d'exercice des diverses pêches; à la forme et à la dimension des rets, filets, engins et procédés de pêche; aux mesures tendant à la conservation du frai, du poisson et du coquillage au-dessous des dimensions réglementaires; aux prohibitions relatives à la pêche, à la mise en vente, à l'achat, au transport et au colportage du frai, du poisson assimilé au frai et de celui qui n'a pas atteint la dimension minimum déterminée; aux appâts défendus; aux diverses conditions imposées pour l'établissement et l'exploitation des pêcheries, parcs, étalages et dépôts pour les huitres; et enfin à toutes les mesures d'ordre, de police et de précaution ayant pour but de conserver la pêche et d'en régler l'exercice.

Défense de se livrer à pied à la pêche des huîtres avec engins ou instruments quelconques.

Art. 189. Il est interdit à tous pêcheurs à pied d'employer aucun filet, engin ou instrument quelconque pour faire la pêche des huitres.

Ils ne peuvent recueillir ce coquillage qu'à la main.

---

(1) Art. 187. — Voir Circulaires des 16 septembre 1853 (**M.**), *B. O.* p. 611, et 20 octobre 1877, *B. O.* p. 558.

TITRE XI.

MESURES D'ORDRE ET DE PRÉCAUTION PROPRES À ASSURER LA CONSERVATION DE LA PÊCHE ET À EN RÉGLER L'EXERCICE.

Pêche dans les ports et dans les bassins du commerce.

Art. 190. Le préfet maritime ou le chef du service de la marine à Saint-Servan peut autoriser la pêche dans l'intérieur des ports et des bassins du commerce, après s'être concerté avec l'autorité compétente, lorsque cette autorisation n'entraîne point d'inconvénient, soit pour la conservation des ouvrages hydrauliques, civils ou militaires, soit pour le mouvement des bâtiments de mer.

Cette pêche est réservée aux marins infirmes et privés de secours, aux veuves et aux orphelins de marins domiciliés dans le port.

Chaque année, au mois de décembre, le commissaire du quartier arrête la liste des personnes qui demandent à être admises à faire cette pêche, et choisit parmi elles les plus méritantes.

Lettres initiales et numéros des bateaux.

Art. 191. Indépendamment du nom et de l'indication du port d'attache qu'ils doivent porter à la poupe, en conformité de l'article 6 de la loi du 19 mars 1852 (**R.**), les bateaux de pêche portent la lettre initiale de leur port d'attache et leur numéro d'inscription.

Indication des lettres initiales par quartiers et par sous-quartiers.

Art. 192. Les lettres initiales arrêtées pour les divers ports du deuxième arrondissement maritime sont les suivantes :

Quartier de Granville	G.
——— de Saint-Malo	S^{t} M^{o}.
Sous-quartier de Cancale	S^{t} M^{o} C.
Quartier de Dinan	D.
——— de Saint-Brieuc	S^{t} B.
Sous-quartier de Binic	St B. B.
Quartier de Paimpol	P.
Sous-quartier de Tréguier	P. T.
Quartier de Morlaix	M.
Sous-quartier de Lannion	M. L.
——— de Roscoff	M. R.
Quartier de Brest	B.
Sous-quartier du Conquet	B. L. C.
——— de Camaret	B. C.
Quartier de Quimper	Q.
Sous-quartier de Douarnenez	Q. D$_{z}$.
——— d'Audierne	Q. A.

Placement et dimensions des lettres et des numéros.

Art. 193. Les lettres et les numéros d'inscription sont placés de chaque côté de l'avant du bateau, à $0^m,080$ ou $0^m,100$ au-dessus du plat-bord, et doivent être peints en blanc à l'huile sur un fond noir.

Les dimensions de ces lettres et de ces numéros sont, pour les bateaux de 15 tonneaux et au-dessus, de $0^m,450$ de hauteur sur $0^m,060$ de trait.

Pour les bateaux au-dessous de 15 tonneaux, ces dimensions sont de $0^m,250$ de hauteur sur $0^m,040$ de trait.

Les mêmes lettres et numéros sont également placés sur chaque côté de la grande voile du bateau, et peints à l'huile, en noir, sur les voiles blanches, et en blanc, aussi à l'huile, sur les voiles tannées ou noires.

Ces lettres et numéros ainsi portés sur les voiles ont un tiers de plus de dimension en tous sens que ceux qui sont portés sur l'avant du bateau.

Défense d'effacer ou de cacher les lettres et les numéros des bateaux.

Art. 194. Il est interdit d'effacer, de couvrir ou de cacher, par aucun moyen quelconque, les lettres et les numéros placés sur les bateaux et sur les voiles.

Ces lettres et ces numéros doivent être portés sur les instruments de pêche des bateaux.

Art. 195. Les lettres et les numéros affectés à chaque bateau sont portés sur les bouées, barils et flottes principales de chaque filet et sur tous les autres instruments de pêche appartenant à ce bateau.

Ces lettres et ces numéros sont de dimensions suffisantes pour être facilement reconnus.

Les propriétaires de filets ou autres instruments de pêche peuvent en outre les marquer de tels signes qu'ils jugent convenable, sauf à en donner avis au syndic des gens de mer, qui en tient note.

Bateaux de seine.

Art. 196. Lorsqu'une seine est jetée à la mer, nulle embarcation ne doit traverser l'espace circonscrit par ce filet, y stationner, ni s'en approcher à une distance nuisible à la pêche du propriétaire de la seine.

La seine ne peut être jetée à moins de 40 mètres de tout filet sédentaire.

Embarcations sans équipage.

Art. 197. Il est interdit aux pêcheurs de placer une embarcation sans équipage sur un lieu de pêche quelconque, pour garder ce lieu d'une marée à l'autre.

Il leur est également interdit d'amarrer ou de tenir leurs bateaux sur les filets, bouées ou toute autre partie de l'attirail de pêche d'un autre pêcheur.

Il leur est en outre défendu de crocher, soulever ou visiter, sous quelque prétexte que ce soit, les filets et engins qui ne leur appartiennent pas.

Bouées à placer sur les filets dormants.

Art. 198. Les pêcheurs aux folles, tramaux et autres filets dormants sont tenus de placer des bouées sur leurs filets, afin que les bâtiments puissent les éviter.

Bateaux pêchant aux cordes.

Art. 199. Tout bateau pêchant aux cordes doit se tenir sur ses lignes, soit en mouillant, soit en mettant en panne, suivant que la marée l'exige.

Sont dispensés de cette obligation les bateaux qui pèchent à moins de 6 milles en mer.

Lignes mêlées.

Art. 200. Lorsqu'un bateau pêchant aux cordes croise ses lignes avec celles l'une autre embarcation, le patron qui les lève ne les coupe pas, à moins de force majeure; et, dans ce cas, la corde coupée est immédiatement renouée.

Filets sans bouées.

Art. 201. Hors le cas prévu par l'article 70 du présent décret, les filets trouvés sans bouées, mais revêtus d'une marque régulière, ne donnent droit à aucune indemnité.

Ceux de ces filets qui n'ont ni bouées ni marques sont considérés comme épaves.

Visite annuelle des bateaux pêcheurs.

Art. 202. Il est fait annuellement, aux époques déterminées par les commissaires de l'inscription maritime, une visite de tous les bateaux pêcheurs.

Cette visite est opérée par le syndic des gens de mer, assisté d'un ou de deux gardes maritimes. A défaut de ces derniers, le syndic s'adjoint deux prud'hommes pêcheurs, deux gardes jurés ou deux anciens patrons de bateaux.

Le rôle d'équipage est retenu ou n'est pas délivré à ceux des patrons dont les bateaux n'ont pas été trouvés en état d'aller en mer.

Visite des bateaux par suite d'avaries.

Art. 203. Les bateaux qui ont subi de graves avaries sont assujettis à la même visite.

Défense d'attirer le poisson avec des feux, de le faire fuir en battant l'eau et de le retenir au moyen de fascines, amas de pierres, etc.

Art. 204. Il est défendu :

1° D'attirer le poisson en pêchant la nuit avec flambeaux, brandons et autres feux, ou en employant des clairons ou trompettes;

2° De faire fuir le poisson pour qu'il donne dans des filets, engins ou instruments de pêche, en troublant et battant l'eau avec des perches ou rabots, ou d'épouvanter le poisson avec des chaînes, cliquettes, ou de toute autre manière;

3° De retenir le poisson en plaçant des fascines ou amas de pierres aux passelis et digues des moulins, en établissant des batardeaux à l'embouchure des noues, canaux et fossés, ou en détournant le cours des eaux, afin de former des mares d'où le poisson ne puisse plus sortir.

Usines. — Mesures de précaution.

Art. 205. Il est interdit aux propriétaires d'usines établies sur le littoral de répandre dans la mer ou dans la partie salée des fleuves, rivières et canaux, les eaux ayant servi aux besoins de leur industrie, si elles sont de nature à faire périr le poisson.

Peines disciplinaires.

Art. 206. Les infractions au présent décret qui, à raison de leur peu d'importance, ne méritent pas d'être déférées aux poursuites du ministère public, sont punies disciplinairement, en vertu de l'article 58 de la loi du 24 mars 1852 (R).

TITRE XII.

DISPOSITIONS TRANSITOIRES.

Mesures concernant les filets non réglementaires.

Art. 207. Il est accordé aux pêcheurs un délai de six mois, à partir de la date de la publication du présent décret, pour se conformer aux dispositions qu'il prescrit relativement à la forme des filets et aux dimensions des mailles.

Toutefois, cette tolérance ne s'applique pas aux filets, engins ou instruments de pêche non autorisés par le présent décret, et dont l'usage est immédiatement interdit.

Pêcheries non réglementaires.

Art. 208. Les détenteurs de pêcheries en pierre ou en bois sont tenus, dans le délai ci-dessus énoncé, de se conformer aux prescriptions du présent décret, relativement à l'installation de leurs établissements, sauf en ce qui concerne la distance à laisser entre chaque pêcherie et la largeur d'ouverture du côté de terre.

Ce délai n'est pas applicable aux prescriptions concernant la largeur des mailles des filets ou des grilles placées à l'ouverture des pêcheries en pierre ou en bois, non plus qu'aux époques pendant lesquelles ces dernières ne doivent pas être closes. Les dispositions du présent décret sont immédiatement exécutoires à cet égard.

TITRE XIII.

DISPOSITIONS SPÉCIALES AU SOUS-ARRONDISSEMENT DE SAINT-SERVAN.

Littoral du sous-arrondissement de Saint-Servan.

Art. 209. Le littoral du sous-arrondissement de Saint-Servan est limité au nord par l'embouchure de la rivière d'Ay, dans la baie de Saint-Germain, et au sud par la rivière de l'Arguenon.

Il comprend les trois quartiers ci-après dénommés :

Granville,
Saint-Malo,
Dinan.

TITRE XIV.

DISPOSITIONS SPÉCIALES AU QUARTIER DE GRANVILLE.

SECTION Ire.

LIMITES DU QUARTIER DE GRANVILLE.

Art. 210. Le littoral du quartier de Granville est limité au nord par l'embouchure de la rivière d'Ay, et au midi par l'embouchure de la rivière du Couesnon.

SECTION II.

ÉPOQUE D'OUVERTURE ET DE CLÔTURE DES DIVERSES PÊCHES.

PÊCHE DES HUÎTRES.

Pêche des huîtres faite à pied.

ART. 211 (1). La pêche des huîtres faite à pied ou à la main est permise pendant toute l'année.

La pêche des homards et des langoustes est également permise pendant toute l'année.

SECTION III.

RETS, FILETS, ENGINS, INSTRUMENTS, PROCÉDÉS ET MODES DE PÊCHE PERMIS.

ART. 212. Les rets, filets, engins, instruments, procédés et modes de pêche dont l'usage est permis dans le quartier de Granville, sous les conditions exprimées en l'article 56 des dispositions générales et moyennant celles qui suivent, sont :

1° Les folles;

2° Les demi-folles, grandes canières, grandes pentières et grands rieux;

3° Les petites canières, petites pentières, petits rieux et autres filets à nappes simples, lestés et flottés, connus sous tels noms et dénominations que ce puisse être;

4° Les tramaux sédentaires et autres filets tramaillés;

5° Le chalut, dont l'emploi est permis pendant toute l'année, en dehors des limites ci-après déterminées :

Depuis la baie de Saint-Germain jusque par le travers du clocher de Bréville, à 1 mille au large de la laisse de basse mer aux marées d'équinoxe;

Entre Bréville et Granville, pas plus à terre que le bouquet d'arbres de Monthuchon par l'église de Montmartin, jusqu'à ce qu'on arrive à voir le bouquet de bois de Beauvoir par la pointe ouest de Tombelaine;

Entre Granville et Bouillon, pas plus à terre que le bouquet de bois de Beauvoir par la pointe ouest de Tombelaine, jusqu'à ce qu'on arrive à voir le bouquet de bois de Grainville par la Maison-Blanche, située sur la pointe où finit l'anse de Saint-Pair, au côté nord;

Par le travers des monts Saint-Michel et Tombelaine et jusqu'en face de l'embouchure du Couesnon, pas plus à terre que le bois de Granville, par la maison située sur la pointe où finit l'anse de Saint-Pair, du côté nord, jusqu'à ce qu'on arrive à voir l'église de Saint-Aubin par la pointe dite du Pignon qui se trouve entre Bouillon et Carolles;

Îles Chausey : à l'extérieur de ces îles et pas plus près qu'à 1 mille de la laisse de basse mer.

6° La grande seine à jet;

Ce filet est permis pendant toute l'année. Depuis le 1er octobre jusqu'au 15 mars, il peut être débordé, soit au large, au moulinet, soit à terre; du 15 mars au 1er octobre, il ne peut être débordé qu'au large, au moulinet.

---

(1) Art. 211. — *Abrogé par décret du 27 mai 1857 (R.), notifié le 2 juin 1857 (R.), B. O.* p. 465 à 470.

7° Les rets à hareng ;

L'usage de ces filets n'est permis que du 15 octobre au 15 février.

8° Les rets à grados ;

Ce filet ne peut être employé que sur les fonds des îles Chausey, où il est interdit de le traîner.

9° Les rets à maquereau ;

10° Le filet à saumon ;

11° Les ravoirs, uves, casiers et autres engins en filet ou en bois, en forme d'entonnoir, à poche ou à double fond, destinés à la pêche du poisson ;

12° Le havenet à chevrettes ;

L'usage de ce filet est permis pendant toute l'année.

13° Les bouteux, haveneaux et autres instruments servant à la pêche des chevrettes ;

Il est permis de se servir de ces instruments pendant toute l'année.

14° La drague à huîtres ;

L'usage de cette drague n'est permis que pour la pêche des huîtres en bateau et pendant la période d'ouverture de cette pêche.

15° Les claies, paniers, bouraques et autres engins employés à la pêche des crabes, homards, rocailles et poissons à croûte ;

16° Le croc en fer ;

17° L'hameçon ;

18° Les couteaux, crochets, pelles en bois ou en fer.

SECTION IV.

DISPOSITIONS SPÉCIALES PROPRES À PRÉVENIR LA DESTRUCTION DU FRAI ET À ASSURER LA CONSERVATION DU POISSON ET DU COQUILLAGE, NOTAMMENT CELLES RELATIVES À LA RÉCOLTE DES HERBES MARINES; CLASSIFICATION DU POISSON RÉPUTÉ FRAI; DIMENSIONS AU-DESSOUS DESQUELLES LES DIVERSES ESPÈCES DE POISSONS ET DE COQUILLAGES NE POURRONT ÊTRE PÊCHÉES ET DEVRONT ÊTRE REJETÉES À LA MER, OU, POUR LES COQUILLAGES, DÉPOSÉES EN DES LIEUX DÉTERMINÉS.

PÊCHE DES HUÎTRES.

Maintien des communautés existant à Granville et à Régneville.

Art. 213. Sont maintenues les communautés des pêcheurs d'huîtres existant à Granville et à Régneville.

Les patrons des bateaux armés pour cette pêche sont seuls admis à faire partie des communautés.

Élection annuelle des gardes jurés par ces communautés.

Art. 214. Chaque année, dans les premiers jours de septembre, les communautés de Granville et de Régneville élisent leurs gardes jurés dans la forme indiquée à l'article 15 du présent décret.

Nombre et devoirs des gardes jurés.

Art. 215. La communauté de Granville élit quatre gardes jurés ; celle de Régneville en élit deux.

Quoique spécialement affectés à la police de la pêche des huîtres, ces agents étendent leur surveillance sur tout ce qui concerne la pêche maritime côtière.

Élection de deux autres gardes jurés pour la surveillance à terre.

ART. 216. La communauté de Granville élit deux autres gardes jurés chargés à terre d'une surveillance permanente sur les parcs à huîtres.

Ces agents assurent l'exécution des dispositions relatives à la police de ces établissements.

Le chef du service de la marine à Saint-Servan détermine leurs devoirs dans une instruction spéciale.

Modification dans le nombre des gardes jurés.

ART. 217. Le ministre de la marine peut augmenter ou diminuer le nombre des gardes jurés, suivant les besoins et l'importance de la pêche.

Salaires de ces agents.

ART. 218. Les gardes jurés reçoivent, sur les fonds de chaque communauté, des indemnités proportionnelles aux ressources de la caisse, mais qui, conformément aux dispositions de l'article 22, ne peuvent excéder la somme de 20 francs par mois.

La quotité de ces indemnités est fixée annuellement par le chef du service de la marine à Saint-Servan.

Toutefois, et par exception, les gardes jurés chargés de la surveillance du parc de la communauté des pêcheurs reçoivent chacun, sur les fonds de la caisse de cette communauté, un traitement annuel de 300 francs au moins et de 400 francs au plus.

Recette des caisses des communautés.

ART. 219. Les caisses des communautés de Granville et de Régneville continueront de percevoir la somme de 5 francs par 100 millions d'huîtres stipulés dans les marchés en dehors du prix de livraison.

Il est permis à ces communautés de s'imposer en outre telle cotisation qu'elles jugeront nécessaire.

Comptabilité des caisses des communautés.

ART. 220 (1). Jusqu'à nouvel ordre, et par dérogation aux dispositions des articles 35 et suivants du présent décret, les syndics des gens de mer, à Granville et à Régneville, tiendront la comptabilité des communautés dont ils seront caissiers.

Les recettes et les dépenses s'opèrent sur mandats du commissaire de l'inscription maritime à Granville, appuyés de pièces justificatives qui doivent être revêtues de l'approbation du chef du service de la marine à Saint-Servan.

Compte annuel à rendre par les caissiers.

ART. 221. Tous les ans, dans le courant du mois de mai, les syndics des gens de mer de Granville et de Régneville arrêtent le compte des recettes et des dépenses de leurs communautés respectives.

Le compte de la communauté de Granville est vérifié et approuvé par l'inspecteur des pêches, les gardes jurés et deux patrons de bateaux.

---

(1) Art. 220. — Modifié par décret du 3 avril 1866 (R.), *B. O.* p. 215, qui abroge le premier paragraphe dudit article.

Le compte de la communauté de Régneville est vérifié et approuvé par les gardes jurés et par deux patrons de bateaux.

Ces comptes sont ensuite soumis à l'examen du commissaire de l'inscription maritime à Granville, et à l'approbation du chef du service de la marine à Saint-Servan.

Tenue des registres des délibérations.

Art. 222. Les syndics des gens de mer de Granville et de Régneville tiennent les registres des délibérations de chacune des communautés de pêcheurs de ces ports.

Ils tiennent également les registres des inscriptions pour les demandes d'huîtres.

Le syndic de Granville tient en outre le registre des marchés.

Ces agents continueront de recevoir une indemnité de 200 francs par an, à raison de leurs attributions de caissier et de secrétaire des communautés.

Visite des bancs d'huîtres. — Composition des commissions.

Art. 223. La commission chargée de la recette et de la visite des huîtrières, conformément à l'article 90, est composée comme suit :

L'officier commandant la station de Granville;

L'inspecteur des pêches;

Les gardes jurés en exercice:

Quatre patrons de bateaux de pêche (1).

Les rapports de cette commission ne sont transmis au chef du service de la marine à Saint-Servan qu'après avoir été communiqués à la communauté des pêcheurs, qui est appelée à exprimer son avis sur les conclusions à la pluralité des suffrages.

Suspension de l'exploitation des huîtrières.

Art. 224. La transmission du rapport à faire, aux termes de l'article 96, relativement aux bancs d'huîtres dont il y a lieu de suspendre l'exploitation, est subordonnée aux mêmes formalités.

Division des huîtrières situées dans le quartier de Granville
et dans le sous-quartier de Cancale.

Art. 225 (2). Les huîtrières situées dans la circonscription du quartier de Granville et du sous-quartier de Cancale (quartier de Saint-Malo) sont divisées au moyen d'une ligne allant du mont Tombelaine au CENTRE de Chausey, et de là se prolongeant indéfiniment.

Tous les bancs ou portions de bancs situés au nord-est de cette ligne sont attribués aux pêcheurs de Granville; tous les bancs ou portions de bancs situés au sud-ouest de cette ligne sont attribués aux pêcheurs de Cancale.

Injonction aux pêcheurs de Granville et de Cancale de se renfermer
dans les limites ci-dessus indiquées.

Art. 226. Il est défendu aux pêcheurs de Granville et à ceux de Cancale de

---

(1) *Patrons de bateaux.—Indemnité de déplacement.*—Voir Circulaire du 14 novembre 1854 (R.), *B. O.* p. 584, et le Décret du 12 janvier 1870 (R.), *B. O.* p. 201, sur les *frais de route et de séjour.*

(2) Art. 225. — Voir Rapport et Décret *modificatif* du 8 novembre 1872 (R.), *B. O.* p. 534.

draguer ou de pêcher des huîtres, de quelque manière que ce soit, les premiers au sud-ouest, les seconds au nord-est de cette ligne.

Il leur est également interdit de se réunir pour faire la pêche des huîtres en commun sur les huîtrières de l'une ou l'autre de ces localités.

Exploitation des bancs limitrophes.

ART. 227. Lorsque les pêcheurs de Granville ou de Cancale exploitent une huîtrière située sur la limite des deux quartiers, cette huîtrière est préalablement indiquée au moyen de bouées placées aux frais de la communauté qui doit y faire la pêche.

Cette pêche a lieu, autant que possible, sous la surveillance de l'un des bâtiments de la station navale.

Compte à rendre par les gardes jurés au retour de la pêche.

ART. 228. Au retour de chaque sortie pour la pêche des huîtres, les gardes jurés rendent compte à l'inspecteur des pêches de la conduite tenue par les patrons de bateaux pendant la sortie.

Lorsqu'ils ont eu à signaler quelque infraction aux dispositions réglementaires, l'inspecteur des pêches adresse leur rapport, avec son avis motivé, au commissaire du quartier, lequel y donne suite, ainsi qu'il y a lieu.

Conditions imposées aux bateaux dragueurs d'huîtres.

ART. 229. Le dragage des huîtres dans le quartier de Granville n'est permis qu'avec des bateaux de 6 tonneaux au moins et de 15 tonneaux au plus.

Ces embarcations sont en partie pontées; elles ont des passavants, des tillacs à l'avant ainsi qu'à l'arrière, et une écoutille égale au moins au tiers de la superficie totale du pont, l'écoutille comprise.

Toutefois, les bateaux non pontés de moins de 6 tonneaux, mais de plus de 3, existants aujourd'hui, continueront à être employés; mais ils ne pourront être remplacés que par des embarcations réunissant les conditions ci-dessus énoncées.

Admission des patrons de tous les ports de France à faire la pêche
sur les huîtrières du quartier de Granville.

ART. 230. Les patrons pêcheurs de tous les ports de France peuvent être admis à l'exploitation des huîtrières dépendantes du quartier de Granville, sous les réserves ci-après indiquées.

Mode à suivre à cet effet.

ART. 231. Ceux qui désirent participer à cette exploitation doivent se munir de bateaux conformes aux prescriptions de l'article 229, et se présenter, du 1er au 25 août de chaque année, au bureau du syndic de Granville ou de Régneville, suivant le cas, pour déclarer leur intention de concourir aux marchés communs.

Ils y sont admis après les pêcheurs de Granville et de Régneville, et jusqu'à concurrence du nombre annuellement déterminé par le chef du service de la marine à Saint-Servan, qui statue, à cet égard, d'après les rapports constatant l'état des huîtrières et d'après l'avis du commissaire de l'inscription maritime.

Cette décision est prise dans les derniers jours du mois d'août.

Tirage au sort si le nombre des bateaux inscrits excède le nombre de ceux qui peuvent participer à cette pêche.

Art. 232. Si le nombre des bateaux étrangers au quartier de Granville qui demandent à participer à la pêche des huîtres excède le chiffre des admissions déterminé par le chef du service de la marine à Saint-Servan, le commissaire du quartier procède, en présence de l'inspecteur des pêches, de deux gardes jurés et des réclamants, au tirage au sort des bateaux inscrits qui doivent être admis à concourir à la pêche.

Le résultat de cette opération est constaté par un procès-verbal, et les noms des bateaux admis sont affichés à Granville, à la vieille jetée, et à Régneville, au bureau du syndic.

Bulletin de pêche à délivrer à chaque bateau admis au dragage.

Art. 233. Le syndic délivre aux patrons admis à faire la pêche des huîtres un bulletin contenant le nom du patron, le nom et le numéro de chaque bateau, le nom du port auquel il appartient et son tonnage.

Ce bulletin porte, en outre, le nom et les amers des huîtrières destinées à être pêchées, ainsi que le nom et la situation de celles sur lesquelles les huîtres au-dessous des dimensions réglementaires doivent être reportées.

Il est défendu aux patrons étrangers au quartier de Granville de pêcher des huîtres sans avoir préalablement fait la déclaration prescrite par l'article 231, et sans être munis de bulletin de pêche.

Obligation pour les patrons admis à faire la pêche des huîtres de la continuer jusqu'à l'époque de la clôture.

Art. 234. Les patrons de bateaux admis à faire la pêche des huîtres sont tenus de concourir à l'exécution des marchés communs, et de continuer la pêche jusqu'au jour de sa clôture, à moins que les autres patrons de bateaux associés, réunis en assemblée générale, ne consentent à ce qu'ils se retirent avant cette époque.

Dans aucun cas, ils ne peuvent faire la pêche pour leur propre compte.

Interdiction de sortie des bateaux en cas d'encombrement d'huîtres dans le parc commun.

Art. 235. Lorsqu'il y a encombrement d'huîtres dans le parc commun, l'inspecteur des pêches peut interdire la sortie des bateaux; il rend immédiatement compte de cette mesure au commissaire du quartier.

Défense d'exporter par bateau des huîtres pêchées à pied.

Art. 236. Il est interdit d'exporter par bateau des huîtres provenant de la pêche à pied ou du rebinage.

Interdiction de tous marchés particuliers.

Art. 237. Nul propriétaire ou patron de bateau de pêche ne peut contracter aucun marché particulier pour la fourniture d'huîtres aux navires ou aux acheteurs faisant le commerce de ce coquillage.

Les marchés sont faits à profit commun.

Art. 238. Les marchés sont stipulés à profit commun et au millier par le ministère des gardes jurés, en présence de l'inspecteur des pêches, suivant le mode indiqué à l'article 42.

Chaque bateau pêcheur est payé au prorata de la quantité d'huîtres qu'il livre.

Convocation des pêcheurs pour la passation des marchés.

ART. 239. Lorsqu'il y a lieu de convoquer les pêcheurs pour leur communiquer les offres des marchands, un pavillon blanc et rouge est arboré deux heures à l'avance à la vieille jetée.

Les marchés doivent être exécutés ponctuellement.

ART. 240. Dès que les marchés ont été passés, les bateaux vont en pêche toutes les fois que les circonstances le permettent.

Les marchés sont ponctuellement exécutés d'après l'ordre d'inscription des demandes enregistrées sur le livre de la communauté et sans préférence.

Si plusieurs personnes se présentent simultanément pour faire des demandes, le sort décide du rang de leur inscription.

Réduction des demandes d'huîtres.

ART. 241. Lorsqu'il a été reconnu que les quantités d'huîtres pêchées et celles que peuvent produire encore les bancs en exploitation ne suffisent pas pour remplir les quantités stipulées dans les marchés, chacun des acheteurs subit une réduction proportionnelle à la quotité de son inscription.

Cette réduction est déterminée par l'inspecteur des pêches, qui prend à cet égard l'avis des gardes jurés.

Deux marchés par campagne de pêche seront passés à Granville.

ART. 242. Il sera passé à Granville deux marchés par campagne de pêche : l'un dans les premiers jours de septembre, l'autre dans les premiers jours de février.

Fourniture d'huîtres aux marchands de la localité.

ART. 243. Les marchands d'huîtres de Granville qui veulent acheter du coquillage provenant de la sortie la plus prochaine le déclarent à l'inspecteur des pêches.

Il est pourvu à ces commandes en y affectant les produits de pêche d'un nombre de bateaux proportionnel à leur importance.

Toutefois, le nombre de ces bateaux ne peut excéder le chiffre de trente à chaque sortie.

Défense de passer les marchés en dehors des conditions énoncées.

ART. 244. Il est interdit de passer des marchés en dehors des conditions ci-dessus énoncées.

Les personnes inscrites ne peuvent refuser de prendre livraison des huîtres.

ART. 245. Les acheteurs d'huîtres qui se sont fait inscrire ne peuvent, sous aucun prétexte, refuser de prendre livraison des huîtres par eux demandées, lorsque leur tour d'inscription est venu.

Les commandes sont signées par les acheteurs.

ART. 246. Chaque acheteur signe ses commandes, et déclare se soumettre aux conditions des marchés et aux dispositions du présent décret.

L'inspecteur des pêches juge les contestations.

Art. 247. L'inspecteur des pêches prononce sur toutes les contestations relatives à l'exécution des marchés.

Bancs à exploiter par les pêcheurs de Régneville.

Art. 248. Les pêcheurs de Régneville peuvent exploiter, sous la surveillance de leurs gardes jurés, les huîtrières de Saint-Germain, Geffoses, Senequet et la Costaise, lorsque l'exploitation en a été permise.

Sur tous les autres bancs, ils sont tenus de s'adjoindre aux pêcheurs de la communauté de Granville.

Dans tous les cas, il leur est facultatif de porter à Régneville le produit de leur pêche.

Nécessité d'avoir au moins douze bateaux armés.

Art. 249. Les pêcheurs de Régneville ne jouissent du bénéfice de l'article précédent que s'ils arment au moins douze bateaux; autrement ils s'adjoignent à la communauté de Granville.

Les marchés passés à Granville sont communs aux pêcheurs de Régneville.

Art. 250. Les marchés passés par la communauté des pêcheurs de Granville sont communs à ceux de Régneville; ils peuvent, en conséquence, se faire représenter par leurs gardes jurés lors de la passation de ces marchés.

Lorsque les pêcheurs de Granville ne concluent pas de marchés dès l'ouverture de la pêche ou au 1er février, le dernier marché continue d'être exécutoire à Régneville jusqu'à ce qu'il y ait été donné avis de la mise en vigueur des marchés passés à Granville.

Application à Régneville des autres dispositions concernant Granville.

Art. 251. Toutes les autres dispositions concernant la pêche des huitres à Granville sont applicables à Régneville.

SECTION V.

CONDITIONS D'ÉTABLISSEMENT DES PÊCHERIES, DES PARCS À HUÎTRES, À MOULES, ET DES DÉPÔTS DE COQUILLAGES; CONDITIONS DE LEUR EXPLOITATION; RETS, FILETS, ENGINS, BATEAUX, INSTRUMENTS ET MATÉRIAUX QUI PEUVENT Y ÊTRE EMPLOYÉS.

PARCS À HUÎTRES.

Construction des parcs.

Art. 252. Les parcs sont faits au moyen d'un clayonnage double ou simple, fixé sur des pieux ayant au plus 0^{m},050 de diamètre, et dont la hauteur n'excède pas 0^{m},660 au-dessus du sol.

L'intervalle compris entre le double clayonnage peut être rempli de paille ou de vase, de manière à retenir l'eau à volonté.

Numéros d'ordre.

Art. 253. Les détenteurs de parcs sont tenus de placer à l'angle nord de chacun de leurs établissements une planche portant son numéro d'ordre.

Les parcs ne doivent pas rester inoccupés.

Art. 254. Il est interdit à tous détenteurs de parcs de laisser leurs établissements inoccupés pendant une année entière.

Il leur est également défendu :

1° D'empiéter sur les chemins de servitude ou sur l'établissement d'un autre concessionnaire;

2° De recevoir dans leurs parcs des huîtres provenant de la pêche à pied ou du rebinage.

Aucune indemnité n'est due aux détenteurs dépossédés.

Art. 255. Les détenteurs de parcs dépossédés en exécution de la loi du 9 janvier 1852 n'ont droit à aucune indemnité et ne peuvent enlever les matériaux entrant dans la construction de ces établissements.

Chemins de servitude des parcs.

Art. 256. Les parcs doivent être maintenus en bon état.

Les chemins de servitude sont toujours laissés libres; l'accès en est interdit à toutes voitures autres que celles qui sont employées au commerce des huitres.

Il est défendu d'y déposer aucune immondice; tout dépôt dont l'origine reste inconnue est enlevé aux frais du détenteur bordier.

Vente des huîtres illicitement déposées sur les parcs.

Art. 257. Lorsqu'il est reconnu que des huitres provenant de la pêche à pied ou du rebinage ont été déposées dans les parcs, elles sont saisies et vendues au profit de la Caisse des invalides.

Parcs communs à tous les pêcheurs.

Art. 258. La commission chargée de procéder à la nouvelle répartition des parcs, conformément à l'article 179 du présent décret, réservera une portion de grève ou parc commun, dont elle déterminera l'étendue, et qui servira au dépôt momentané du coquillage au retour de la pêche, ainsi qu'au triage et à la livraison des huitres.

Ce parc sera affecté au service exclusif de la communauté des pêcheurs; en conséquence, tant que dureront les opérations de comptage, de triage et de livraison des huîtres, et tant que le coquillage restera déposé dans le parc commun, l'accès en sera interdit à toute personne étrangère à ces opérations.

Défense d'enlever les huîtres du parc commun.

Art. 259. Il est défendu à toute personne, non comprise dans les demandes d'huitres pour la sortie, dont les produits sont déposés sur le parc commun, d'enlever ou de faire enlever le coquillage qui s'y trouve.

Toute maitresse appareilleuse, qui a contrevenu à ces dispositions, en donnant, vendant ou laissant enlever des huitres des monceaux qui lui sont confiés, est exclue du parc commun, sans préjudice des peines qu'elle a encourues comme complice du vol commis au détriment des pêcheurs.

Séjour des huîtres dans le parc commun.

Art. 260. Les huitres déposées dans le parc commun ne peuvent y séjourner plus de trois jours.

Police des parcs.

Art. 261. La police des parcs est spécialement confiée à l'inspecteur des pêches et aux gardes jurés nommés en vertu de l'article 215.

Inspection des parcs.

Art. 262. A la fin de chaque année, le commissaire de l'inscription maritime passe l'inspection des parcs et la commission de répartition se réunit à la même époque, afin de procéder, s'il y a lieu, au choix de nouveaux détenteurs.

TITRE XV.

DISPOSITIONS SPÉCIALES AU QUARTIER DE SAINT-MALO.

SECTION Ire.

LIMITES DU QUARTIER DE SAINT-MALO.

Art. 263. Le littoral du quartier de Saint-Malo est limité au nord par la rivière du Couesnon ; au sud, par le bras de mer de Frémur; dans la Rance, en amont, par le port Saint-Jean, sur la rive gauche, et sur la rive droite, par le point séparatif des départements des Côtes-du-Nord et d'Ille-et-Vilaine.

SECTION II.

ÉPOQUE D'OUVERTURE ET DE CLÔTURE DES DIVERSES PÊCHES.

Pêche des huîtres faite à pied.

Art. 264. La pêche des huitres, faite à pied et à la main, est permise pendant toute l'année.

Pêche des homards.

Art. 265 (1). La pêche des homards et des langoustes est également permise pendant toute l'année.

SECTION III.

RETS, FILETS, ENGINS, INSTRUMENTS, PROCÉDÉS ET MODES DE PÊCHE PERMIS.

Rets filets, engins et instruments de pêche permis.

Art. 266. Les rets, filets, engins, instruments, procédés et modes de pêche dont l'usage est permis dans le quartier de Saint-Malo, sous les conditions exprimées en l'article 56 des dispositions générales et moyennant celles qui suivent, sont :

1° Les folles;

2° Les demi-folles, grandes canières, grandes pentières et grands rieux ;

3° Les petites canières, petites pentières, petits rieux, connus sous tels noms et dénominations que ce puisse être;

---

(1) Art. 265, abrogé par décret du 27 mai 1857 (R.), art. 2; — notifié le 2 juin 1857 (R.), *B. O.* p. 465 à 470.

4° Les tramaux sédentaires et autres filets tramaillés;

5° Le chalut, dont l'emploi est permis pendant toute l'année en dehors des limites ci-après déterminées :

A partir de l'embouchure du Couesnon,

Par le travers du banc des Hermelles :

Depuis le point d'où l'on relève l'église de Saint-Aubin, par la pointe dite des Pignons, jusqu'à ce qu'on découvre la maison du Volereaux, par l'anse du Volereaux sur la côte de Cancale.

Par le travers du Vivier, en se portant vers les côtes de Cancale :

Depuis le point d'où l'on relève la maison du Volereaux, par l'anse du même nom, jusqu'à ce qu'on découvre la partie de la côte est du Mont-Dol, par l'église du Vivier.

Par le travers des côtes de Cancale:

Depuis le point d'où l'on relève la partie de la côte est du Mont-Dol, par l'église du Vivier, jusqu'à ce qu'on aperçoive la pointe du Volereaux, par le moulin nord du même nom.

En remontant vers le nord :

Depuis le point d'où l'on découvre le moulin nord du Volereaux, par la pointe du Volereaux, jusqu'à ce qu'on arrive à voir la roche de Herpin, par la partie est du fort des Rimains.

A partir de la roche de Herpin, en allant vers le sud jusqu'au bras de mer du Frémur, limite du quartier, à 1 kilomètre au moins de la laisse de basse mer aux marées d'équinoxe.

6° La grande seine à jet;

Ce filet est permis pendant toute l'année.

Depuis le 1er août jusqu'au 1er mai, il peut être débordé, soit au large, au moulinet, soit à terre; du 1er mai au 1er août, il ne sera débordé qu'au large, au moulinet.

7° La petite seine;

Ce filet ne peut être employé que pour la pêche du lançon et seulement sur les bancs de sable connus sous les noms de bancs des Pourceaux, de l'île à Rebours, de Cézembre, ainsi que sur les autres bancs de la rade de Saint-Malo.

Il est interdit de se servir de la petite seine ou seine à lançon pendant la nuit.

8° Les rets à maquereau;

9° Les dards ou foènes;

10° Le havenet à chevrettes;

Ce filet est permis pendant toute l'année.

11° Les bouteux, haveneaux et autres instruments servant à la pêche des chevrettes;

L'usage de ces engins est autorisé pendant toute l'année.

12° La drague à huîtres;

Cet engin n'est permis qu'en bateau et pendant la période d'ouverture de la pêche des huîtres, du 1er septembre au 1er mai.

13° Le couteau à moules;

14° Le râteau à moules;

15° Les claies, paniers, bouraques et autres engins employés à la pêche des crabes, homards, rocailles et poissons à croûte;

16° Les verveux, varveux ou louves;

17° Le croc en fer;
18° L'hameçon;
19° Les couteaux, crochets, pelles en bois ou en fer.

SECTION IV.

DISPOSITIONS SPÉCIALES PROPRES À PRÉVENIR LA DESTRUCTION DU FRAI ET À ASSURER LA CONSERVATION DU POISSON ET DU COQUILLAGE, NOTAMMENT CELLES RELATIVES À LA RÉCOLTE DES HERBES MARINES; CLASSIFICATION DU POISSON RÉPUTÉ FRAI; DIMENSIONS AU-DESSOUS DESQUELLES LES DIVERSES ESPÈCES DE POISSONS ET DE COQUILLAGES NE POURRONT PAS ÊTRE PÊCHÉES ET DEVRONT ÊTRE REJETÉES À LA MER, OU, POUR LES COQUILLAGES, DÉPOSÉES EN DES LIEUX DÉTERMINÉS.

PÊCHE DES HUÎTRES DANS LA BAIE DE CANCALE.

Maintien de la communauté des pêcheurs de Cancale.

ART. 267. La communauté des pêcheurs d'huitres existant à Cancale est maintenue.

Les patrons des bateaux armés pour cette pêche sont seuls admis à faire partie de ladite communauté.

Élection annuelle des gardes jurés.

ART. 268. Chaque année, dans les premiers jours de septembre, la communauté des pêcheurs de Cancale élit des gardes jurés dans la forme indiquée à l'article 15 du présent décret.

Nombre et devoirs des gardes jurés.

ART. 269. Le nombre de ces agents est fixé à quatre.

Quoique spécialement affectés à la police de la pêche des huitres, ces gardes jurés étendent leur surveillance sur tout ce qui concerne la pêche maritime côtière.

Gardes jurés des parcs et étalages.

ART. 270. La communauté des pêcheurs de Cancale élit, en outre, huit gardes jurés, chargés à terre de la police des lieux de dépôt pour les huitres.

Un de ces agents est spécialement affecté à la surveillance des parcs; les sept autres sont chargés de la surveillance des étalages.

Le chef du service de la marine à Saint-Servan détermine, dans une instruction spéciale, les devoirs de ces agents.

Modification dans le nombre des gardes jurés.

ART. 271. Le ministre de la marine peut augmenter ou diminuer le nombre des gardes jurés, selon les besoins et l'importance de la pêche.

Salaire de ces agents.

ART. 272. Les gardes jurés reçoivent, sur les fonds de la communauté, des indemnités proportionnelles aux ressources de sa caisse, mais qui, conformément aux dispositions de l'article 22, ne peuvent excéder la somme de 20 francs par mois.

La quotité de ces indemnités est fixée annuellement par le chef du service de la marine à Saint-Servan.

Recettes de la caisse de la communauté.

ART. 273. La caisse de la communauté des pêcheurs établie à Cancale continuera de percevoir le produit des deniers à Dieu de tous les marchés qui seront passés pour la vente des huitres.

Il est permis à la communauté de s'imposer, en outre, telles cotisations qu'elle jugera nécessaires.

Comptabilité de la caisse de la communauté.

ART. 274 (1). Jusqu'à nouvel ordre, et par dérogation aux dispositions des articles 35 et suivants du présent décret, le syndic des gens de mer à Cancale tient la comptabilité de la communauté dont il est le caissier dépositaire des fonds.

Les recettes et les dépenses s'opèrent sur les mandats de l'administrateur du sous-quartier, appuyés de pièces justificatives, qui doivent être revêtues de l'approbation du chef du service de la marine à Saint-Servan.

Compte annuel à rendre par le caissier.

ART. 275. Tous les ans, dans le courant du mois de mai, le syndic des gens de mer présente le compte des recettes et des dépenses de la communauté des pêcheurs à une commission composée de l'administrateur du sous-quartier, de l'inspecteur des pêches, des gardes jurés et de deux patrons de bateaux.

Ce compte est ensuite soumis à l'examen du commissaire de l'inscription maritime et à l'approbation du chef du service de la marine à Saint-Servan.

Tenue du registre des délibérations de la communauté des pêcheurs.

ART. 276. Le syndic des gens de mer à Cancale tient le registre des délibérations de la communauté des pêcheurs.

Il tient également le registre des marchés et celui des inscriptions pour les demandes d'huitres.

Cet agent continuera de recevoir une indemnité de 200 francs par an, à raison de ses attributions de caissier et de secrétaire de la communauté des pêcheurs.

Convocations pour les réunions de la communauté.

ART. 277. Les convocations pour les réunions de la communauté des pêcheurs sont faites au moyen d'un pavillon arboré en tête de mât, au centre du port de la Houle, deux heures au moins avant l'heure fixée pour l'ouverture de la séance.

Visite annuelle des bancs. — Composition de la commission.

ART. 278. La commission chargée de la recherche et de la visite des huîtrières, conformément à l'article 90, est composée comme suit :

L'officier commandant la station de Granville,

L'inspecteur des pêches,

Les gardes jurés,

---

(1) Art. 274, § 1er, *rapporté* par décret du 3 avril 1866 (R.), *B. O.* p. 215.

Quatre patrons de bateaux de pêche (1).

Les rapports de cette commission ne sont transmis au chef du service de la marine à Saint-Servan qu'après avoir été communiqués à la communauté, qui est appelée à exprimer son avis sur les conclusions, à la pluralité des suffrages.

Suspension de l'exploitation des huîtrières.

ART. 279. La transmission du rapport à faire, aux termes de l'article 96, relativement aux bancs d'huîtres dont il y a lieu de suspendre l'exploitation, est subordonnée aux mêmes formalités.

Division des huîtrières situées dans le sous-quartier de Cancale et le quartier de Granville.

ART. 280 (2). Les huîtrières situées dans la circonscription du sous-quartier de Cancale (quartier de Saint-Malo) et du quartier de Granville sont divisées au moyen d'une ligne allant du mont Tombelaine au CENTRE de Chausey, et de là se prolongeant indéfiniment.

Tous les bancs ou portions de bancs situés au nord-est de cette ligne sont attribués aux pêcheurs de Granville; tous les bancs ou portions de bancs situés au sud-ouest de cette ligne sont attribués aux pêcheurs de Cancale.

Injonction aux pêcheurs de Granville et de Cancale de se renfermer dans la limite ci-dessus.

ART. 281. Il est défendu aux pêcheurs de Cancale et à ceux de Granville de draguer ou de pêcher des huîtres, de quelque manière que ce soit, les premiers au nord-est, les seconds au sud-ouest de cette ligne.

Il leur est également interdit de se réunir pour faire la pêche en commun sur les huîtrières de l'une ou de l'autre de ces localités.

Exploitation de bancs limitrophes.

ART. 282. Lorsque les pêcheurs de Granville ou de Cancale veulent exploiter une huîtrière située sur la limite des deux quartiers, cette huîtrière est indiquée au moyen de bouées placées aux frais de la communauté qui doit y faire pêche.

Cette pêche a lieu, autant que possible, sous la surveillance de l'un des bâtiments de la station.

Compte à rendre par les gardes jurés au retour de la pêche.

ART. 283. Au retour de chaque sortie pour la pêche des huîtres, les gardes jurés rendent compte à l'inspecteur des pêches de la conduite tenue par les patrons de bateaux pendant la sortie.

Lorsqu'ils ont eu à signaler quelque infraction aux dispositions réglementaires, l'inspecteur des pêches adresse leur rapport, avec son avis motivé, à l'administrateur du sous-quartier de Cancale, lequel y donne suite ainsi qu'il y a lieu.

---

(1) *Patrons de bateaux.— Indemnité de déplacement.*— Voir Circulaire du 14 novembre 1854 (R.) *B. O.* p. 684, et Décret du 12 janvier 1870 (R.), *B. O.* p. 201, sur les *frais de route et de séjour.*

(2) Art. 280. — Voir Rapport et Décret *modificatif* du 8 novembre 1872 (R.), *B. O.* p. 534.

Bateaux avec lesquels le dragage des huîtres est permis dans la baie de Cancale.

Art. 284. Le dragage des huîtres dans la baie de Cancale n'est permis qu'avec des bateaux de 3 tonneaux au moins et de 20 tonneaux au plus.

Ces bateaux peuvent être pontés ou non pontés.

Admission des patrons pêcheurs de tous les ports de France à faire la pêche sur les huîtrières de la baie de Cancale.

Art. 285. Les patrons pêcheurs de tous les ports de France peuvent être admis à l'exploitation des huîtrières de la baie de Cancale, sous les réserves ci-après indiquées.

Mode à suivre à cet effet.

Art. 286. Ceux qui désirent participer à cette exploitation doivent se munir de bateaux conformes aux prescriptions de l'article 284, et se présenter, du 1er au 25 août de chaque année, au bureau de l'administrateur du sous-quartier de Cancale, pour y déclarer leur intention de concourir aux marchés communs.

Ils y sont admis après les pêcheurs de Cancale et jusqu'à concurrence du nombre annuellement déterminé par le chef du service de la marine à Saint-Servan, qui statue à cet égard d'après les rapports constatant l'état des huîtrières et d'après l'avis du commissaire de l'inscription maritime à Saint-Malo.

Cette décision est prise dans les derniers jours du mois d'août.

Tirage au sort si le nombre des bateaux inscrits excède le nombre de ceux qui peuvent participer à la pêche.

Art. 287. Si le nombre des bateaux étrangers au sous-quartier de Cancale qui demandent à participer à la pêche des huîtres excède le chiffre des admissions déterminé par le chef du service de la marine à Saint-Servan, l'administrateur du sous-quartier procède, en présence de l'inspecteur des pêches, de deux gardes jurés et des réclamants, au tirage au sort des bateaux inscrits qui seront admis à concourir à la pêche.

Le résultat de cette opération est constaté par un procès-verbal.

Bulletin de pêche à délivrer à chaque bateau admis au dragage.

Art. 288. L'administrateur de la marine à Cancale délivre aux patrons étrangers à ce sous-quartier admis à y faire la pêche des huîtres un bulletin contenant le nom du patron, le nom et le numéro de chaque bateau, le nom du port auquel il appartient et son tonnage.

Ce bulletin porte, en outre, le nom et les amers des huîtrières destinées à être pêchées, ainsi que le nom et la situation de celles sur lesquelles les huîtres au-dessous des dimensions réglementaires doivent être reportées.

Il est défendu aux bateaux étrangers à la baie de Cancale de pêcher des huîtres dans cette baie sans avoir préalablement fait la déclaration prescrite par l'article 286 et sans être munis de bulletin de pêche.

Obligation pour les pêcheurs admis à faire la pêche des huîtres dans la baie de Cancale de la continuer jusqu'à l'époque de sa clôture.

Art. 289. Les patrons de bateaux admis à faire la pêche des huîtres dans la baie de Cancale sont tenus de concourir à l'exécution des marchés communs et de continuer la pêche jusqu'au jour de sa clôture, à moins que les autres patrons de bateaux associés, réunis en assemblée générale, ne consentent à ce qu'ils se retirent avant cette époque.

Dans aucun cas, ils ne peuvent faire la pêche pour leur propre compte.

Interdiction de sortie des bateaux en cas d'encombrement d'huîtres sur le talard.

ART. 290. Lorsqu'il y a encombrement d'huitres sur le talard, l'inspecteur des pêches peut interdire la sortie des bateaux; il rend immédiatement compte de cette mesure à l'administrateur de la marine à Cancale.

Défense d'exporter par bateau des huîtres provenant de la pêche à pied.

ART. 291 (1). Il est interdit d'exporter par mer des huitres provenant de la pêche à pied.

Il est également interdit de transporter ces huitres dans l'intérieur avec des charrettes, voitures ou bêtes de somme.

Huîtres admissibles sur les étalages.

ART. 292. Les huitres provenant de la pêche à pied pratiquée sur les grèves de Cancale peuvent être déposées dans les parcs ou dans les étalages, pourvu qu'elles aient été recueillies dans les limites nord et sud de ces établissements.

Dans tout autre cas, elles ne peuvent pas recevoir cette destination.

Pendant la durée de la pêche des huitres à pied, il est interdit aux bateaux d'échouer, au bas de l'eau, autre part que sur les étalages.

Interdiction de tout marché particulier.

ART. 293. Nul propriétaire ou patron de bateau de pêche ne peut contracter aucun marché particulier pour la fourniture d'huitres aux navires ou aux acheteurs faisant le commerce de ce coquillage.

Passation des marchés.

ART. 294. Les marchés pour la vente des huitres sont passés publiquement à Cancale, par le ministère du syndic des gens de mer, en présence de l'inspecteur des pêches et des gardes jurés.

Ils sont transcrits sur un registre spécial.

Les patrons de bateaux sont convoqués pour assister à la passation de ces marchés, sur lesquels ils donnent leur avis.

Cette convocation est faite au moyen d'un pavillon tricolore, qui est hissé en berne deux heures avant l'ouverture de l'assemblée.

Indication des espèces d'huîtres comprises dans les marchés.

ART. 295. Les marchés sont stipulés à profit commun et au millier; ils comprennent les trois espèces d'huitres suivantes :

1° Les huitres marchandes, de 0m,070 à 0m,090;

2° Les moyennes ou petites marchandes, de 0m,060 à 0m,070;

3° Les grosses huitres dites *à potage*.

Ces huitres peuvent être immédiatement livrées à la consommation et transportées, soit par mer, soit par terre.

---

(1) Art. 291. — Voir Décret du 14 février 1855 (R.), *B. O.* p. 105, *qui étend les dispositions dudit article à tous les quartiers du sous-arrondissement de Brest.*

Prix débattu fixé pour toute la durée du marché.

Art. 296. Un prix est stipulé pour chaque espèce d'huitres, et débattu entre les acheteurs et les vendeurs. Ces derniers sont représentés par les gardes jurés. Une fois établi, ce prix ne peut varier pendant toute la durée du marché.

L'ordre d'inscription des acheteurs présents est déterminé par la voie du sort.

Les huitres des trois espèces ci-dessus mentionnées sont livrées sur le pied de 1,050 pour 1,000.

Arbitrage en cas de contestation entre l'acheteur et le vendeur.

Art. 297. Toutes les huitres sont livrables, pourvu qu'elles aient les dimensions voulues dans leur espèce et qu'elles ne soient pas percées.

S'il est reconnu, au moment de la livraison, que des huitres aient souffert au point de ne pouvoir être admises dans le commerce, les parties nomment deux arbitres, qui décident si les huitres doivent ou non être reçues. En cas de désaccord, les deux arbitres en nomment un troisième dont l'opinion fait loi.

Répartition de la pêche quotidienne.

Art. 298. Les produits de la pêche quotidienne des bateaux sont partagés par moitié entre les marchands forains et les marchands du pays, y compris les étalagistes.

Les gardes jurés de service procèdent à ce partage.

Réduction dans les demandes d'huîtres.

Art. 299. Lorsqu'il a été reconnu que les quantités d'huitres pêchées et celles que peuvent produire encore les bancs en exploitation ne suffisent pas pour remplir les quantités stipulées dans les marchés, chacun des acheteurs subit une réduction proportionnelle à la quotité de son inscription.

Cette réduction est déterminée par l'inspecteur des pêches, qui prend à cet égard l'avis des gardes jurés.

Quotité des marchés.

Art. 300. Les acheteurs du pays, de même que les acheteurs forains, ne peuvent s'inscrire pour plus de 400 milliers d'huitres chacun dans le même marché.

Les inscriptions pour les huitres moyennes ou petites marchandes ne doivent pas excéder chacune 100 milliers d'huitres.

Il peut être accordé une inscription de 400 milliers d'huitres, à titre de prime, à l'acheteur qui le premier offre le prix le plus avantageux agréé par les pêcheurs.

Toute inscription concernant un navire n'est valable que jusqu'à la concurrence de son complet chargement.

Demandes d'huîtres.

Art. 301. Les demandes d'huitres sont admises de la part :

1° Des marchands d'huitres patentés et agréés des pêcheurs;

2° Des étalagistes établis à Cancale.

Les marins étalagistes et les veuves de marins inscrits sur les matricules du sous-quartier de Cancale sont dispensés de l'obligation de produire des patentes de marchands d'huîtres pour être admis à prendre des inscriptions dans les marchés.

Ces inscriptions n'excéderont pas la quantité d'huîtres que peuvent contenir les étalages dont ils sont détenteurs.

Les marchands étalagistes et les veuves de marins sont tenus de déposer sur leurs étalages les huîtres provenant des marchés.

Exclusion des marchés.

ART. 302. Peuvent être exclus des marchés ceux qui manquent à leurs engagements, ou qui commettent quelque acte nuisible à la communauté des pêcheurs ou au commerce des huîtres.

Dans ce cas, l'inspecteur des pêches, sur le rapport des gardes jurés, suspend provisoirement la livraison et en rend compte immédiatement à l'administrateur du sous-quartier, qui prend les ordres du commissaire de l'inscription maritime à Saint-Malo.

Les mandataires des acheteurs forains doivent être munis de procuration.

ART. 303. Les demandes d'huîtres présentées au nom d'acheteurs forains absents ne sont admises que de la part de mandataires porteurs d'une procuration dûment enregistrée, et visée, en outre, par l'administrateur de la marine du lieu où résident les mandants.

Denier à Dieu à payer en prenant une inscription.

ART. 304. Tout acheteur d'huîtres, à quelque catégorie qu'il appartienne, qui prend une inscription dans les marchés, verse, à titre de denier à Dieu, au caissier de la communauté des pêcheurs, une somme de 5 centimes par millier d'huîtres.

Cette somme est acquise à la communauté des pêcheurs dès que l'acheteur ou son mandataire a signé sur le registre des marchés, sauf le cas de résiliation pour cause de force majeure.

Inscription des navires.

ART. 305. Tout navire qui a pris un chargement d'huîtres, soit dans les parcs, soit dans le port, peut se faire inscrire avant son départ pour un autre chargement.

Les demandes d'huîtres pour les navires ne sont remplies qu'autant que ces navires sont présents dans le port, lorsque leur tour arrive d'après l'ordre d'inscription.

L'absence du navire en ce moment entraîne la perte du denier à Dieu et la privation du droit de recevoir des huîtres suivant son rang d'inscription, à moins que le capitaine ne soit représenté par un mandataire qui s'engage à prendre immédiatement livraison des huîtres et à les faire enlever dans les quarante-huit heures.

Le denier à Dieu est acquis dès que le navire est entré en livraison.

ART. 306. Tout navire entré en livraison qui, par une circonstance quelconque, ne prend pas la totalité de son chargement, n'en doit pas moins le denier à Dieu que comporte son marché.

La substitution de navire est interdite.

ART. 307. Il est interdit de substituer un navire à un autre pour prendre livraison des huitres, sauf le cas de naufrage ou de départ du navire inscrit pour la pêche du maquereau.

Dans ce cas, le navire substitué n'a droit qu'à la quantité d'huitres incombant à celui qui le remplace, ou, s'il est plus petit, à son plein chargement.

Livraison de la pêche aux acheteurs du pays.

ART. 308. En l'absence d'acheteurs forains ou de leurs mandataires, la totalité de la pêche est livrée aux acheteurs du pays, suivant leur ordre d'inscription.

La livraison des huitres ne peut être refusée par les acheteurs inscrits.

ART. 309. Tout acheteur d'huitres inscrit dans les marchés est tenu de prendre livraison du coquillage dès qu'il a été trié et compté.

A cet effet, l'inspecteur des pêches assigne à chaque acheteur un espace suffisant pour y déposer momentanément ses huitres jusqu'à ce que la demande ait été complétée.

Lorsqu'un acheteur inscrit refuse de prendre livraison, il perd son tour d'inscription et son denier à Dieu; il peut, en outre, être exclu des marchés pour toute la saison de pêche.

Transport des huîtres par les vendeurs sur le lieu de dépôt provisoire.

ART. 310. Les huitres sont transportées sur le lieu de dépôt provisoire par les vendeurs, sans qu'il leur soit dû aucune indemnité par les acheteurs.

Les huîtres ne peuvent rester plus de quarante-huit heures en dépôt provisoire.

ART. 311. Les acheteurs auxquels un dépôt provisoire a été accordé dans le port ne peuvent y laisser leurs huitres plus de quarante-huit heures, sauf le cas de force majeure.

Toutefois, les mandataires des acheteurs forains peuvent déposer sur leurs propres parcs les huitres dont ils ont pris livraison pour le compte de leurs commettants.

Dans ce cas, les vendeurs sont exonérés des frais du transport.

Retour des bateaux.

ART. 312. Au retour de la pêche, les bateaux sont rangés dans le port, de manière à ne pas se gêner réciproquement en jetant leurs huitres sur le talard.

A moins que la marée ne le permette pas, cette opération a lieu immédiatement après la rentrée des bateaux.

Livraison des huîtres.

ART. 313. Dès que le triage est terminé, les huitres sont comptées et il est immédiatement procédé à leur livraison.

Si les demandes d'huitres moyennes sont inférieures aux quantités pêchées, l'excédent peut en être partagé entre les équipages et les propriétaires ou armateurs des bateaux de pêche, sous la condition que ces huitres seront déposées sur les étalages.

Les bateaux ne peuvent aller en pêche une fois les marchés accomplis.

ART. 314. Lorsque les marchés d'huitres sont remplis, les bateaux ne peuvent plus se livrer à la pêche de ce coquillage.

PÊCHE DES HUÎTRES SUR LA PARTIE DU LITTORAL DU QUARTIER DE SAINT-MALO NON COMPRISE DANS LA BAIE DE CANCALE.

Visite annuelle des bancs.

ART. 315. La commission chargée de la recherche et de la visite des huîtrières, conformément à l'article 90, délimite les bancs situés sur le littoral du quartier de Saint-Malo, non compris la baie de Cancale.

Cette commission est composée d'un syndic, de deux gardes jurés et de deux patrons de bateaux au moins, désignés les uns et les autres par le commissaire de l'inscription maritime à Saint-Malo.

Avis à donner par la commission.

ART. 316. La même commission donne son avis lorsqu'il y a lieu de suspendre la pêche sur un ou plusieurs bancs, conformément aux dispositions de l'article 96.

Bateaux admis à exploiter les bancs.

ART. 317. L'exploitation des huitrières situées dans le quartier de Saint-Malo, en dehors de la baie de Cancale, n'est permise qu'aux bateaux au-dessous de 3 tonneaux.

Admission des patrons pêcheurs de tous les ports de France à faire la pêche sur les huitrières du quartier de Saint-Malo, en dehors de la baie de Cancale.

ART. 318. Les patrons pêcheurs de tous les ports de France peuvent être admis à l'exploitation des huitrières du quartier de Saint-Malo situées en dehors de la baie de Cancale, sous les conditions ci-après indiquées :

Ceux qui désirent participer à cette exploitation doivent se munir de bateaux conformes aux prescriptions de l'article précédent et se présenter du 1er au 25 août de chaque année au bureau de l'inscription maritime à Saint-Malo pour y déclarer leur intention de faire la pêche avec les marins de ce quartier.

Ils y sont admis jusqu'à concurrence du nombre annuellement déterminé par le chef du service de la marine à Saint-Servan, qui statue à cet égard d'après les rapports constatant l'état des huitrières et d'après l'avis du commissaire de l'inscription maritime à Saint-Malo.

Cette décision est prise dans les derniers jours du mois d'août.

Tirage au sort si le nombre des bateaux inscrits excède le nombre de ceux qui peuvent participer à la pêche.

ART. 319. Si le nombre des bateaux étrangers au quartier de Saint-Malo qui demandent à participer à la pêche des huîtres excède le chiffre des inscriptions déterminé par le chef du service de la marine à Saint-Servan, le commissaire du quartier procède, en présence de deux gardes jurés et des réclamants, au tirage au sort des bateaux qui seront admis à concourir à la pêche.

Le résultat de cette opération est constaté par un procès-verbal.

Bulletin de pêche à délivrer à chaque bateau admis au dragage.

ART. 320. Le commissaire de l'inscription maritime à Saint-Malo délivre aux patrons étrangers à ce quartier admis à faire la pêche des huîtres un bulletin contenant le nom du patron, le nom et le numéro de chaque bateau, le nom du port auquel il appartient et son tonnage.

Ce bulletin porte, en outre, le nom et les amers des huitrières destinées à être pêchées, ainsi que le nom et la situation de celles où les huitres au-dessous des dimensions réglementaires doivent être reportées.

Il est défendu aux patrons de bateaux étrangers au quartier de Saint-Malo de pêcher des huitres sur le littoral de ce quartier non compris dans la baie de Cancale, sans avoir préalablement fait la déclaration prescrite par l'article 318 et sans être munis de bulletin de pêche.

SECTION V.

CONDITIONS D'ÉTABLISSEMENT DES PÊCHERIES, DES PARCS À HUITRES, À MOULES, ET DES DÉPÔTS DE COQUILLAGES; CONDITIONS DE LEUR EXPLOITATION; RETS, FILETS, ENGINS, BATEAUX, INSTRUMENTS ET MATÉRIAUX QUI PEUVENT Y ÊTRE EMPLOYÉS.

PARCS À HUITRES DE LA BAIE DE CANCALE.

Position des parcs.

ART. 321. Les parcs à huitres de la baie de Cancale continueront d'avoir pour limites une ligne droite bornant chaque côté du terrain affecté jusqu'à ce jour à ces établissements.

Cet espace sera coupé de l'est à l'ouest par un chemin de 8 mètres de largeur, pratiqué dans le lit du ruisseau conduisant à la première pêcherie; un deuxième chemin transversal, de 3 mètres de largeur, sera établi au centre, du nord au sud, entre les parcs de première série; deux autres chemins de même largeur desserviront les parcs situés sur les côtés du carré.

Construction des parcs.

ART. 322. Les parcs sont faits au moyen d'un clayonnage double ou simple, fixé sur des pieux, ayant au plus 0^{m},050 de diamètre, dont la hauteur n'excédera pas 0^{m},660 au-dessus du sol.

L'intervalle compris entre le double clayonnage peut être rempli de paille ou de vase, de manière à retenir l'eau à volonté.

Numéros des parcs.

ART. 323. Les détenteurs des parcs sont tenus de placer à l'angle nord de chacun de ces établissements une planche portant son numéro d'ordre.

Réserves faites par l'administration.

ART. 324. L'administration de la marine continuera de se réserver la disposition de deux parcs nord et sud de troisième série, pour venir en aide, soit aux marchands du pays qui se trouvent surchargés de coquillage, soit aux marchands forains qui, par des circonstances de force majeure, demandent à y déposer des huîtres.

Conditions imposées aux marchands d'huitres pour obtenir la jouissance d'un parc.

ART. 325. Les marchands d'huitres auxquels la jouissance des parcs peut être accordée conformément aux dispositions de l'article 150, doivent être établis à Cancale et y payer patente depuis deux ans au moins.

Les parcs ne doivent pas rester inoccupés.

Art. 326. Il est interdit à tous détenteurs de parcs de laisser leurs établissements inoccupés pendant une année entière.

Il leur est également défendu d'empiéter sur les chemins de servitude ou sur l'établissement d'un autre concessionnaire.

Les parcs doivent être maintenus en bon état. — Chemins de servitude.

Art. 327. Les parcs doivent être maintenus en bon état.

Les chemins de servitude sont toujours laissés libres : l'accès en est interdit aux voitures autres que celles qui sont employées au commerce des huîtres.

Il est défendu d'y déposer aucune immondice ; tout dépôt dont l'origine restera inconnue sera enlevé aux frais du détenteur bordier.

Suppression des parcs.

Art. 328. Les détenteurs de parcs dépossédés en vertu de la loi du 9 janvier 1852 n'ont droit à aucune indemnité et ne peuvent enlever les matériaux entrant dans la construction de ces établissements.

Cotisation annuelle à exiger des détenteurs de parcs.

Art. 329. Les détenteurs de parcs pourvoient, à leurs frais, à la construction et à l'entretien de leurs établissements respectifs.

Les dépenses résultant de la police spéciale des parcs et de l'entretien de ceux que réserve l'administration de la marine sont supportées par la caisse de la communauté des pêcheurs.

A cet effet, chaque détenteur de parc verse dans cette caisse une cotisation annuelle, dont le chiffre est déterminé par la commission mentionnée à l'article 180.

Le dépôt d'huitres dans les deux parcs réservés par l'administration est assujetti à la même taxe, calculée proportionnellement à la durée de la jouissance.

Police et surveillance des parcs.

Art. 330. La police des parcs est exercée spécialement par l'inspecteur des pêches auquel il est adjoint, pour assurer ce service, un garde juré, dont la communauté des pêcheurs fixe les salaires.

Inspection des parcs.

Art. 331. A la fin de chaque année, le commissaire de l'inscription maritime à Saint-Malo passe l'inspection des parcs, et la commission de répartition mentionnée à l'article 180 se réunit à la même époque, afin de procéder, s'il y a lieu, au choix de nouveaux détenteurs.

ÉTALAGES À HUÎTRES DE LA BAIE DE CANCALE.

Limites et divisions des étalages.

Art. 332. Les étalages sont limités au large par une ligne droite allant de la roche Roulais au moulin de Villedé.

L'espace occupé par les étalages est divisé dans sa longueur (du nord au sud) par des lignes perpendiculaires (est et ouest) en trois sections, entre chacune desquelles est pratiqué un chemin de $2^m,50$ de largeur. Chaque section est divisée dans sa longueur (du nord au sud) en douze parties, subdivisées en étalages de trois catégories. Ces catégories, de dimensions différentes, sont séparées par des chemins parallèles de 1 mètre de largeur, destinés au service intérieur de chaque étalage et facilitant l'écoulement de la vase.

Le rang extérieur d'étalages, commencé à l'est de la première section, peut être continué dans la seconde et dans la troisième section.

Modifications ultérieures dans les divisions actuelles des étalages.

ART. 333. Les modifications à ces divisions et subdivisions des étalages que les circonstances rendront ultérieurement nécessaires seront autorisées, sauf compte rendu au ministre, par le chef du service de la marine à Saint-Servan, sur le rapport de l'administrateur du sous-quartier de Cancale et l'avis du commissaire de l'inscription maritime à Saint-Malo.

Construction des étalages.

ART. 334. Les étalages sont faits de clayonnages fixés sur des pieux en bois ayant au plus 0m,050 de diamètre et 0m,660 de hauteur au-dessus du sol.

Chaque étalage est numéroté à son angle nord-est.

Nombre d'étalages que chacun peut obtenir.

ART. 335. Nul ne peut obtenir plus d'un étalage.

Dépôt exceptionnel, dans les étalages, des huîtres au-dessous des dimensions réglementaires.

ART. 336. Par dérogation aux articles 133 et 184 du présent décret, les détenteurs d'étalages peuvent déposer dans leurs établissements les huîtres au-dessous des dimensions réglementaires recueillies à pied et à la main dans les limites nord et sud de ces établissements.

Il leur est interdit d'extraire ces huîtres de leurs étalages avant qu'elles y aient acquis les dimensions réglementaires.

Suppression d'étalages.

ART. 337. Les détenteurs d'étalages supprimés en vertu de la loi du 9 janvier 1852 n'ont droit à aucune indemnité, et ne peuvent enlever les matériaux entrant dans la construction de ces établissements.

Ordre de concession des étalages devenus vacants.

ART. 338. Les étalages qui deviennent vacants par un motif quelconque sont attribués dans l'ordre ci-après indiqué :

1° Aux marins inscrits sur les matricules du sous-quartier de Cancale;

2° Aux veuves de marins;

3° Aux pères de famille ayant un ou plusieurs enfants au service de l'État;

4° Aux marchands d'huîtres établis à Cancale et y faisant ce commerce depuis deux ans au moins;

5° Aux ouvriers des professions maritimes inscrits sur les matricules du sous-quartier de Cancale.

Inspection annuelle des étalages.

ART. 339. A la fin de chaque année, le commissaire de l'inscription maritime du quartier de Saint-Malo passe l'inspection des étalages, et la commission de répartition mentionnée à l'article 180 se réunit à la même époque, afin de procéder, s'il y a lieu, au choix de nouveaux détenteurs.

Défense faite aux détenteurs d'étalages.

Art. 340. Il est interdit à tout détenteur d'étalages :

1° D'empiéter sur les chemins de service ou d'envahir tout ou partie de l'établissement d'un autre détenteur;

2° De donner une destination quelconque autre que le dépôt sur son étalage aux huîtres livrées en vertu d'inscriptions prises dans les marchés communs;

3° De descendre la nuit dans le port ou au bas de l'eau sans l'autorisation de l'administrateur de la marine ou de l'inspecteur des pêches;

4° De laisser son étalage inoccupé ou de le faire occuper par une autre personne, à quelque titre que ce soit.

Surveillance des gardes jurés dans l'intérêt particulier des étalagistes.

Art. 341. Tout détenteur d'étalages qui désire effectuer ses livraisons d'huîtres en présence d'un garde juré en fait la demande à l'inspecteur des pêches, qui veille à ce que cet agent reçoive, pour ce service particulier, l'indemnité de 3 francs par jour mentionnée à l'article 22.

Cotisation à payer par les étalagistes.

Art. 342. Chaque détenteur d'étalages est assujetti au payement d'une cotisation proportionnée à l'importance et au produit de son établissement, et dont la quotité est déterminée par la commission de répartition dans sa séance annuelle.

Caisse des étalagistes.

Art. 343. Le produit de ces cotisations est versé dans une caisse dite des étalagistes et employé à payer :

1° Les salaires des gardes jurés des étalages;

2° Les dépenses faites dans l'intérêt de l'amélioration générale des étalages;

3° Les réparations et l'entretien des chemins de service;

4° Les dépenses nécessitées par les divisions et subdivisions d'étalages;

5° Les effets de chaussure à délivrer, à raison de leur service spécial, aux gardes jurés des étalages.

Comptes de cette caisse.

Art. 344. Par dérogation aux dispositions des articles 35 et suivants du titre Ier du présent décret, le syndic des gens de mer à Cancale tient la comptabilité de la caisse des étalagistes et remplit les fonctions de caissier.

Les recettes et les dépenses s'opèrent sur mandats de l'administrateur du sous-quartier de Cancale, appuyés de pièces justificatives qui doivent toujours être revêtues du visa approbatif du chef du service de la marine à Saint-Servan.

Examen de ces comptes.

Art. 345. Le compte des recettes et des dépenses de la caisse des étalagistes est soumis, avec les pièces à l'appui, à la commission mentionnée à l'article 180, lors de sa réunion annuelle.

Supplément accordé au syndic.

Art. 346. Il est accordé au syndic des gens de mer à Cancale, pour la tenue de la comptabilité de la caisse des étalagistes, une taxation de 5 p. o/o sur le produit des recettes de cette caisse.

PARCS ET ÉTALAGES À HUÎTRES SITUÉS DANS LE QUARTIER DE SAINT-MALO, EN DEHORS DE LA BAIE DE CANCALE.

Construction des parcs et étalages.

Art. 347. Les dispositions des articles 322 et 334 du présent décret sont applicables aux parcs et étalages à huîtres situés sur le littoral du quartier de Saint-Malo, en dehors de la baie de Cancale.

TITRE XVI.

DISPOSITIONS SPÉCIALES AU QUARTIER DE DINAN.

SECTION 1re.

LIMITES DU QUARTIER DE DINAN.

Art. 348. Le littoral du quartier de Dinan est limité au nord par le bras de mer de Frémur; au sud, par la rivière de l'Arguenon; dans la Rance, en aval, par le port Saint-Jean, sur la rive gauche; et, sur la rive droite, par le point de séparation des départements des Côtes-du-Nord et d'Ille-et-Vilaine; en amont, par l'écluse de Léon.

SECTION II.

ÉPOQUE D'OUVERTURE ET DE CLÔTURE DES DIFFÉRENTES PÊCHES.

Pêche des huîtres faite à pied. — Pêche des homards, etc.

Art. 349 (1). La pêche des huîtres faite à pied et à la main est permise pendant toute l'année.

La pêche des homards et des langoustes est également permise pendant toute l'année.

SECTION III.

RETS, FILETS, ENGINS ET INSTRUMENTS DE PÊCHE, PROCÉDÉS ET MODES DE PÊCHE PERMIS.

Rets, filets, engins et instruments de pêche permis.

Art. 350. Les rets, filets, engins, instruments, procédés et modes de pêche dont l'usage est permis dans le quartier de Dinan, sous les conditions expri-

(1) Art. 349, § 2. — Abrogé par l'article 2 du décret du 27 mai 1857 (R.), notifié le 2 juin 1857 (R.), *B. O.* p. 465 à 470.

mées en l'article 56 des dispositions générales et moyennant celles qui suivent, sont :

1° Les folles;

2° Les demi-folles, grandes canières, grandes pentières ou grands rieux;

3° Les tramaux sédentaires ou autres filets tramaillés;

4° Le chalut, dont l'emploi est permis pendant toute l'année dans les limites indiquées ci-après :

Du bras de mer de Frémur jusqu'à l'île de la Colombière :

A 1 kilomètre au large de la laisse de basse mer aux marées d'équinoxe.

De la Colombière aux rochers des Bourdinots :

En dehors d'une ligne allant de l'un à l'autre de ces deux points.

Des Bourdinots à la pointe de Saint-Cast :

En dehors d'une ligne partant de ces rochers et aboutissant à ladite pointe.

De la pointe de Saint-Cast à l'embouchure de l'Arguenon :

A 1 kilomètre au large de la laisse de basse-mer.

5° La grande seine à jet;

Ce filet est permis pendant toute l'année. Depuis le 1er août jusqu'au 1er mai, il peut être débordé soit au large, au moulinet, soit à terre; du 1er mai au 1er août, il ne doit être débordé qu'au large, au moulinet.

6° La petite seine;

Ce filet est permis pendant toute l'année, mais seulement sur les bancs et grèves de sable compris dans le syndicat de Saint-Jacut.

7° Les rets à sardines;

8° Le carreau ou hunier;

9° Les dards ou foènes;

10° Le havenet à chevrettes;

L'usage de cet engin est permis pendant toute l'année.

11° Les bouteux, haveneaux et autres instruments servant à la pêche des chevrettes;

Il est permis de se servir de ces engins pendant toute l'année.

12° La seine à chevrettes (1);

Cet engin est autorisé, exclusivement et pendant toute l'année, dans la rivière de l'Arguenon, en amont de la roche connue sous le nom de *Héronnière*.

13° La drague à huitres;

L'usage de cette drague n'est permis que pour la pêche des huitres en bateau et pendant la période d'ouverture de cette pêche.

14° Le couteau à moules;

15° Le râteau à moules;

16° Les claies, paniers, bouraques et autres engins employés à la pêche des crabes, homards, rocailles et poissons à croûte;

17° Les verveux, varveux ou louves;

18° Le croc en fer;

19° L'hameçon.

20° Les couteaux, crochets, pelles en bois ou en fer.

---

(1) Art. 350, n° 12. — *La seine à chevrettes.* — Voir Décret *modificatif* du 27 mai 1857 (R.), *B. O.* p. 462.

SECTION IV.

DISPOSITIONS SPÉCIALES PROPRES À PRÉVENIR LA DESTRUCTION DU FRAI ET À ASSURER LA CONSERVATION DU POISSON ET DU COQUILLAGE, NOTAMMENT CELLES RELATIVES À LA RÉCOLTE DES HERBES MARINES; CLASSIFICATION DU POISSON RÉPUTÉ FRAI; DIMENSIONS AU-DESSOUS DESQUELLES LES DIVERSES ESPÈCES DE POISSONS ET DE COQUILLAGES NE POURRONT PAS ÊTRE PÊCHÉES ET DEVRONT ÊTRE REJETÉES À LA MER, OU, POUR LES COQUILLAGES, DÉPOSÉES EN DES LIEUX DÉTERMINÉS.

PÊCHE DES HUÎTRES.

Visite annuelle des bancs.

Art. 351. La commission chargée de la recherche et de la visite des huîtrières, conformément à l'article 90, est composée comme suit :
Le syndic des gens de mer à Saint-Jacut;
Le garde maritime;
Un garde juré;
Un patron de bateau (1).

Avis à donner par cette commission.

Art. 352. La même commission donne son avis, lorsqu'il y a lieu de suspendre la pêche sur un ou plusieurs bancs, conformément aux dispositions de l'article 96.

Fixation des marées de pêche.

Art. 353. Le garde juré de service détermine les marées pendant lesquelles les pêcheurs peuvent draguer.

Surveillance pendant la pêche.

Art. 354. Chaque fois que quatre bateaux au moins draguent simultanément, le garde juré de service est tenu d'assister à la pêche, et c'est à lui qu'en appartient la police.

SECTION V.

CONDITIONS D'ÉTABLISSEMENT DES PÊCHERIES, DES PARCS À HUÎTRES, À MOULES, ET DES DÉPÔTS DE COQUILLAGES; CONDITIONS DE LEUR EXPLOITATION; RETS, FILETS, ENGINS, BATEAUX, INSTRUMENTS ET MATÉRIAUX QUI PEUVENT Y ÊTRE EMPLOYÉS.

PARCS À HUÎTRES.

Construction des parcs à huîtres.

Art. 355. Les parcs à huîtres sont faits au moyen d'un clayonnage double ou simple, fixé sur des pieux ayant au plus 0m,050 de diamètre, dont la hauteur ne doit pas excéder 0m,500 au-dessus du sol.

---

(1) *Patrons de bateaux. — Indemnité de déplacement.* — Voir Circulaire du 14 novembre 1854 (R.), *B. O.* p. 684, et Décret du 12 janvier 1870 (R.), *B. O.* p. 201, sur les *frais de route et de séjour.*

L'intervalle compris entre le double clayonnage peut être rempli de paille ou de vase, de manière à retenir l'eau à volonté.

Les parcs peuvent également être faits de vase, maintenue par des pierres simplement posées sur cette vase et qui ne doivent jamais être empilées en forme de mur.

La hauteur de cette enceinte ne doit pas dépasser $0^m,500$.

Numéros des parcs.

Art. 356. Les détenteurs de parcs sont tenus de placer à l'angle nord de chacun de leurs établissements une planche portant son numéro d'ordre.

Les parcs ne doivent pas rester inoccupés.

Art. 357. Il est interdit aux détenteurs de parcs de laisser leurs établissements inoccupés pendant une année entière.

Il leur est également défendu d'empiéter sur les chemins de servitude ou sur les établissements d'un autre concessionnaire.

Les parcs doivent être maintenus en bon état.

Art. 358. Les parcs doivent être maintenus en bon état.

Les chemins de servitude seront toujours laissés libres; l'accès en est interdit aux voitures autres que celles qui sont employées au commerce des huîtres.

Il est défendu d'y déposer aucune immondice; tout dépôt dont l'origine reste inconnue est enlevé aux frais du détenteur bordier.

Les détenteurs des parcs pourvoient aux frais de construction et à l'entretien de ces établissements.

Art. 359. Les détenteurs des parcs pourvoient, à leurs frais, à la construction et à l'entretien de leurs établissements respectifs.

Ceux qui sont dépossédés en vertu de la loi du 9 janvier 1852 (R.) n'ont droit à aucune indemnité et ne peuvent enlever les matériaux entrant dans la construction des parcs.

ÉTALAGES À HUÎTRES.

Position des étalages.

Art. 360. Les étalages à huîtres ne sont établis que sur les portions de grèves comprises entre le point de haute mer et le point de basse mer dans les marées de morte-eau.

Construction des étalages.

Art. 361. Les étalages sont entourés de pierres simplement posées sur la grève et qui ne doivent jamais être empilées en forme de mur.

TITRE XVII.

DISPOSITIONS SPÉCIALES AU SOUS-ARRONDISSEMENT DE BREST.

Littoral du sous-arrondissement de Brest.

Art. 362 (1). Le littoral du sous-arrondissement de Brest est limité au nord par la rivière de l'Arguenon, et au sud par l'Odet.

---

(1) Art. 362. — Voir Décret modificatif du 24 octobre 1855 (R.), *B. O.* p. 779.

Il comprend les cinq quartiers ci-après dénommés :

Saint-Brieuc,
Paimpol,
Morlaix,
Brest,
Quimper.

TITRE XVIII.

DISPOSITIONS SPÉCIALES AU QUARTIER DE SAINT-BRIEUC.

SECTION Ire.

LIMITES DU QUARTIER DE SAINT-BRIEUC.

Art. 363. Le littoral du quartier de Saint-Brieuc est limité au nord par la rivière de l'Arguenon, et au sud par la pointe du bec de Vire.

SECTION II.

ÉPOQUE D'OUVERTURE ET DE CLÔTURE DES DIFFÉRENTES PÊCHES.

Clôture de la pêche des homards et des langoustes.

Art. 364 (1). La pêche des homards et des langoustes est interdite du 30 avril au 1er août.

SECTION III.

RETS, FILETS, ENGINS, INSTRUMENTS, PROCÉDÉS ET MODES DE PÊCHE PERMIS.

Art. 365. Les rets, filets, engins, instruments, procédés et modes de pêche dont l'usage est permis dans le quartier de Saint-Brieuc, sous les conditions exprimées en l'article 56 des dispositions générales et moyennant celles qui suivent, sont :

1° Les folles;

2° Les demi-folles;

3° Les tramaux sédentaires ou autres filets tramaillés;

4° Le chalut, dont l'emploi est permis pendant toute l'année dans les limites indiquées ci-après (2) :

De l'embouchure de l'Arguenon à la pointe du cap Fréhel :
A 1 mille au large de la laisse de basse mer.
Du cap Fréhel à la pointe de Vauburel :
A 3 milles au large de la laisse de basse mer.
De la pointe de Vauburel au bec de Vire :
A 2 milles au large de la laisse de basse mer.

---

(1) Art. 364. — Abrogé par l'article 2 du décret du 27 mai 1857 (R.), notifié le 2 juin 1857 (R.), *B. O.* p. 465 à 470.

(2) Art. 365, n° 4. — Voir Décrets *modificatifs* des 17 mars 1855 (R.), *B. O.* p. 162, et 19 novembre 1859 (R.), *B. O.* p. 378.

5° La grande seine à jet;

Ce filet est permis pendant toute l'année, mais de jour seulement.

6° Les rets à sardines;

7° Les rets à hareng;

8° Les rets à maquereau;

9° Le filet à saumon;

10° Les dards ou foènes;

11° Le havenet à chevrettes;

Cet engin est permis pendant toute l'année.

12° Les bouteux, haveneaux et autres instruments servant à la pêche des chevrettes;

Ces engins sont permis pendant toute l'année.

13° La drague à huitres;

L'usage de cette drague n'est permis que pour la pêche des huitres en bateau, et pendant la période d'ouverture de cette pêche.

14° Le couteau à moules;

15° Le râteau à moules;

16° Les claies, paniers, bouraques et autres engins employés pour la pêche des crabes, homards, rocailles et autres poissons à croûte;

17° Les verveux, varveux ou louves;

18° Le croc en fer;

19° L'hameçon;

20° Les couteaux, crochets, pelles en bois ou en fer.

21° } (1).
22° }

SECTION IV.

DISPOSITIONS SPÉCIALES PROPRES À PRÉVENIR LA DESTRUCTION DU FRAI ET À ASSURER LA CONSERVATION DU POISSON ET DU COQUILLAGE, NOTAMMENT CELLES RELATIVES À LA RÉCOLTE DES HERBES MARINES; CLASSIFICATION DU POISSON RÉPUTÉ FRAI; DIMENSIONS AU-DESSOUS DESQUELLES LES DIVERSES ESPÈCES DE POISSONS ET DE COQUILLAGES NE POURRONT PAS ÊTRE PÊCHÉES ET DEVRONT ÊTRE REJETÉES À LA MER, OU, POUR LES COQUILLAGES, DÉPOSÉES EN DES LIEUX DÉTERMINÉS.

PÊCHE DES HUÎTRES.

Visite annuelle des bancs.

Art. 366. La commission chargée de la recherche et de la visite des huitrières, conformément à l'article 90, est composée comme suit :

---

(1) Art. 365. — A ajouter :

21° *La seine à prêtres* (arrêté du 15 novembre 1853 (R.), *B. O.* p. 829), dont l'emploi est permis du 1er janvier au 31 mars de chaque année dans le syndicat d'Erquy (quartier de Saint-Brieuc);

22° Les petites canières, petites pentières, petits rieux, cibaudières, six-doigts, mailles-royales, lesques, bretellières, haussières, flues, flottées, muletières, rets à croc, rets entre rochers, traversières, maquereaulières, séchées, tressous, tresures, et tous *les autres rets à nappes simples*, lestés et flottés, connus sous tels noms et dénominations que ce puisse être. — (*Ajoutés* par arrêté du 31 janvier 1854 (R.), *B. O.* p. 71.)

Le syndic des gens de mer;
Le garde maritime;
Deux patrons de bateaux (1).

Avis à donner par cette commission.

Art. 367. La même commission donne son avis lorsqu'il y a lieu de suspendre la pêche sur un ou plusieurs bancs, conformément aux dispositions de l'article 96.

Admission des patrons de bateaux de tous les ports de France à faire la pêche sur les huîtrières du quartier de Saint-Brieuc.

Art. 368. Les patrons pêcheurs de tous les ports de France peuvent être admis à l'exploitation des huîtrières dépendant du quartier de Saint-Brieuc, sous les réserves ci-après indiquées.

Mode à suivre à cet effet.

Art. 369. Ceux qui désirent participer à cette exploitation en font la déclaration, du 1er au 25 août de chaque année, au bureau du commissaire de l'inscription maritime à Saint-Brieuc.

Ils y sont admis après les pêcheurs du quartier de Saint-Brieuc et jusqu'à concurrence du nombre annuellement déterminé par le préfet maritime, qui statue à cet égard d'après les rapports constatant l'état des huîtrières et d'après l'avis du commissaire de l'inscription maritime.

Cette décision est prise dans les derniers jours du mois d'août.

Tirage au sort si le nombre des bateaux inscrits excède le nombre de ceux qui peuvent participer à la pêche.

Art. 370. Si le nombre des bateaux étrangers au quartier de Saint-Brieuc, qui demandent à participer à la pêche des huîtres, excède le chiffre déterminé par le préfet maritime, le commissaire du quartier procède, en présence du syndic des gens de mer, de deux patrons de bateaux et des réclamants, au tirage au sort des bateaux inscrits qui doivent être admis à concourir à la pêche.

Le résultat de cette opération est constaté par un procès-verbal.

Bulletin de pêche à délivrer à chaque bateau admis au dragage.

Art. 371. Le commissaire de l'inscription maritime délivre aux patrons admis à faire la pêche des huîtres un bulletin contenant le nom du patron, le nom et le numéro de chaque bateau, le nom du port auquel il appartient et son tonnage.

Ce bulletin porte en outre le nom et les amers des huîtrières destinées à être pêchées, ainsi que le nom et la situation de celles sur lesquelles les huîtres au-dessous des dimensions réglementaires doivent être reportées.

Il est défendu aux patrons étrangers au quartier de Saint-Brieuc de pêcher des huîtres sans avoir préalablement fait la déclaration prescrite par l'article 369 et sans être munis de bulletin de pêche.

(1) Voir la note de la page 172.

SECTION V.

CONDITIONS D'ÉTABLISSEMENT DES PÊCHERIES, DES PARCS À HUÎTRES, À MOULES, ET DES DÉPÔTS DE COQUILLAGES; CONDITIONS DE LEUR EXPLOITATION; RETS, FILETS, ENGINS, BATEAUX, INSTRUMENTS ET MATÉRIAUX QUI PEUVENT Y ÊTRE EMPLOYÉS.

HAUTS PARCS.

Interdiction des hauts parcs dans la baie de Saint-Brieuc.

Art. 372. Il est interdit de tendre des hauts parcs sur le littoral du quartier de Saint-Brieuc depuis la pointe du cap Fréhel jusqu'à la pointe de Vire.

BAS PARCS.

Même interdiction pour les bas parcs.

Art. 373. La même interdiction est applicable aux bas parcs et à tous autres filets tendus sur les grèves au moyen de pieux.

PARCS À HUÎTRES.

Construction des parcs à huîtres.

Art. 374. Les parcs à huîtres sont faits au moyen d'un clayonnage double ou simple, fixé sur des pieux ayant au plus 0^{m},050 de diamètre et dont la hauteur ne doit pas excéder 0^{m},500 au-dessus du sol.

L'intervalle compris entre le double clayonnage peut être rempli de paille ou de vase, de manière à retenir l'eau à volonté.

Les parcs ne doivent pas rester inoccupés.

Art. 375. Il est interdit aux détenteurs de parcs de laisser leurs établissements inoccupés pendant une année entière.

Il leur est également défendu d'empiéter sur les chemins de servitude ou sur les établissements d'un autre concessionnaire.

Les parcs doivent être maintenus en bon état.

Art. 376. Les parcs doivent être maintenus en bon état.

Les chemins de servitude seront toujours laissés libres; l'accès en est interdit aux voitures autres que celles qui sont employées au commerce des huîtres.

Il est défendu d'y déposer aucune immondice; tout dépôt dont l'origine reste inconnue est enlevé aux frais du détenteur bordier.

Les détenteurs des parcs pourvoient aux frais de construction et à l'entretien de ces établissements.

Art. 377. Les détenteurs des parcs pourvoient, à leurs frais, à la construction et à l'entretien de leurs établissements respectifs.

Ceux qui sont dépossédés en vertu de la loi du 9 janvier 1852 (R.) n'ont droit à aucune indemnité, et ne peuvent enlever les matériaux entrant dans la construction des parcs.

TITRE XIX.

DISPOSITIONS SPÉCIALES AU QUARTIER DE PAIMPOL.

SECTION Ire.

LIMITES DU QUARTIER DE PAIMPOL.

Art. 378. Le littoral du quartier de Paimpol est limité au nord par la pointe du bec de Vire, et au sud par le ruisseau de Pors-ar-Go.

SECTION II.

ÉPOQUE D'OUVERTURE ET DE CLÔTURE DES DIFFÉRENTES PÊCHES.

Pêche des homards et des langoustes.

Art. 379 (1). La pêche des homards et des langoustes est interdite du 30 avril au 1er août.

SECTION III.

RETS, FILETS, ENGINS ET INSTRUMENTS DE PÊCHE, PROCÉDÉS ET MODES DE PÊCHE PERMIS.

Art. 380. Les rets, filets, engins, instruments, procédés et modes de pêche dont l'usage est permis dans le quartier de Paimpol, sous les conditions exprimées en l'article 56 des dispositions générales et moyennant celles qui suivent, sont :

1° Les folles;

2° Les demi-folles;

3° Les tramaux sédentaires ou autres filets tramaillés;

4° Le chalut, dont l'emploi est permis pendant toute l'année à 3 milles de la laisse de basse mer;

5° La grande seine à jet;

L'usage de ce filet est permis pendant toute l'année.

6° La seine à prêtres;

7° Les rets à sardines;

8° Les rets à hareng;

9° Les rets à maquereau;

10° Le filet à saumon;

11° Le casier à vieilles;

12° Les dards ou foènes;

13° Le ciseau;

L'usage de ce filet est interdit dans la rivière du Trieux, en amont du pont de Lézardrieux, et sur la rivière de Tréguier, en amont de l'embouchure du Guendy.

14° Le havenet à chevrettes;

---

(1) Art. 379. — Abrogé par l'article 2 du décret du 17 mai 1857 (R.), notifié le 2 juin 1857 (R.), B. O. p. 465 à 470.

Cet engin est interdit du 1er mai au 1er juillet.

15° Les bouteux, haveneaux, etc.;

L'usage de ces engins est interdit du 1er mai au 1er juillet.

16° Les chaudières et autres instruments sédentaires;

17° La drague à huitres, à maërl et à sables coquilliers;

Conformément aux dispositions de l'article 56, les mailles du sac de la drague peuvent être réduites à 0^{m},035 pour l'exploitation des huitrières situées dans les rivières de Tréguier et du Trieux.

18° Les couteaux à moules;

19° Les râteaux à moules;

20° Les claies, paniers, bouraques et autres engins employés à la pêche des crabes, homards, rocailles et poissons à croûte;

21° Les verveux, varveux ou louves;

22° Le croc en fer;

23° L'hameçon;

24° Les couteaux, crochets, pelles en bois ou en fer.

SECTION IV.

DISPOSITIONS SPÉCIALES PROPRES À PRÉVENIR LA DESTRUCTION DU FRAI ET À ASSURER LA CONSERVATION DU POISSON ET DU COQUILLAGE, NOTAMMENT CELLES RELATIVES À LA RÉCOLTE DES HERBES MARINES; CLASSIFICATION DU POISSON RÉPUTÉ FRAI; DIMENSIONS AU-DESSOUS DESQUELLES LES DIVERSES ESPÈCES DE POISSONS ET DE COQUILLAGES NE POURRONT PAS ÊTRE PÊCHÉES ET DEVRONT ÊTRE REJETÉES À LA MER, OU, POUR LES COQUILLAGES, DÉPOSÉES EN DES LIEUX DÉTERMINÉS.

PÊCHE DES HUÎTRES EN MER.

Visite annuelle des bancs.

Art. 381. La commission chargée de la recherche et de la visite des huitrières, conformément à l'article 90, est composée comme suit :

Le syndic des gens de mer;

Deux gardes maritimes ou un garde maritime et un prud'homme;

Quatre patrons de bateaux (1).

Avis à donner par cette commission.

Art. 382. La même commission donne son avis lorsqu'il y a lieu de suspendre la pêche sur un ou plusieurs bancs, conformément aux dispositions de l'article 96.

La livraison des huîtres est faite sur la plage.

Art. 383. Les huitres sont livrées sur la plage à découvert, avant d'être embarquées pour l'exportation ou placées dans les parcs.

Nouveau triage s'il se trouve des huîtres prohibées parmi celles qui ont été livrées.

Art. 384. Tout acheteur qui a pris livraison d'huitres au-dessous des dimensions réglementaires est tenu de faire procéder à un nouveau triage, et de faire

---

(1) Voir la note de la page 172.

reporter, à ses frais, sur le banc désigné à cet effet, les huîtres dont la pêche est prohibée.

Transport d'huîtres.

Art. 385. Les transports d'huîtres, des lieux de dépôts particuliers de chaque bateau, soit à un parc ou étalage, soit à un navire, ne peuvent se faire que consécutivement et non simultanément, à moins d'autorisation du garde maritime.

PÊCHE DES HUÎTRES EN RIVIÈRE DE TRÉGUIER.

Visite des bancs.

Art. 386. A l'époque indiquée par l'article 90, une commission composée du syndic des gens de mer de Tréguier, du maître de port, de deux patrons de bateaux et de deux notables, procède à la visite des huîtrières, afin d'en constater l'état.

L'un des notables ci-dessus mentionnés représente la commune de Tréguier; l'autre, les communes sur le littoral desquelles est située une partie de l'huîtrière.

Dépôt des dragues.

Art. 387. Après chaque jour de pêche, les bateaux doivent être amarrés au quai de Tréguier, sauf le cas de force majeure dûment constaté; à moins que les patrons ne préfèrent déposer leurs dragues avant le coucher du soleil dans un local désigné à cet effet.

Le produit de la pêche doit être visité avant que l'on en dispose.

Art. 388. Nul ne peut disposer du produit de sa pêche avant qu'il ait été visité par les agents de la marine.

Application à Tréguier de l'article 384.

Art. 389. Les dispositions de l'article 384 ci-dessus sont applicables en rivière de Tréguier.

Exploitation de l'huîtrière de Tréguier par des patrons de bateaux étrangers à ce sous-quartier.

Art. 390. Les patrons pêcheurs étrangers au sous-quartier de Tréguier, qui désirent participer à l'exploitation des bancs d'huîtres de la rivière de ce nom, en font la déclaration, du 1er au 25 août de chaque année, au bureau de l'administrateur de la marine.

Ils y sont admis après les pêcheurs du sous-quartier de Tréguier et jusqu'à concurrence du nombre annuellement déterminé par le préfet maritime, qui statue à cet égard d'après les rapports constatant l'état des huîtrières et d'après l'avis du commissaire du quartier de Paimpol.

Cette décision est prise dans les derniers jours du mois d'août.

Tirage au sort si le nombre des bateaux inscrits excède le nombre de ceux qui peuvent participer à la pêche.

Art. 391. Si le nombre des bateaux étrangers au sous-quartier de Tréguier, qui demandent à participer à la pêche des huîtres, excède le chiffre déterminé par le préfet maritime, l'administrateur du sous-quartier procède, en présence du syndic des gens de mer, de deux patrons de bateaux et des réclamants, au tirage au sort des bateaux inscrits qui doivent être admis à concourir à la pêche.

Bulletin de pêche à délivrer à chaque bateau admis au dragage.

Art. 392. L'administrateur de la marine à Tréguier délivre aux patrons étrangers à ce sous-quartier, admis à faire la pêche des huitres, un bulletin contenant le nom du patron, le nom et le numéro de chaque bateau, le nom du port auquel il appartient et son tonnage.

Ce bulletin porte en outre les amers de la partie des huîtrières destinée à être pêchée et du lieu où les huîtres au-dessous des dimensions réglementaires doivent être reportées.

Il est défendu aux patrons étrangers au sous-quartier de Tréguier de pêcher des huîtres sur les bancs de ce sous-quartier sans avoir préalablement fait la déclaration prescrite par l'article 390, et sans être munis de bulletin de pêche.

PÊCHE DES HUÎTRES EN RIVIÈRE DU TRIEUX.

Visite des bancs.

Art. 393. La visite des bancs d'huîtres en rivière du Trieux est faite, conformément aux prescriptions de l'article 90, par une commission composée du syndic des gens de mer et du maître de port de Tréguier, ainsi que de deux patrons pêcheurs des bords du Trieux.

Application des dispositions adoptées pour la pêche en rivière de Tréguier.

Art. 394. Les mesures d'ordre et de police adoptées pour la pêche des huîtres dans la rivière de Tréguier sont applicables en rivière du Trieux.

SECTION V.

CONDITIONS D'ÉTABLISSEMENT DES PÊCHERIES, DES PARCS À HUÎTRES, À MOULES, ET DES DÉPÔTS DE COQUILLAGES; CONDITIONS DE LEUR EXPLOITATION; RETS, FILETS, ENGINS, BATEAUX, INSTRUMENTS ET MATÉRIAUX QUI PEUVENT Y ÊTRE EMPLOYÉS.

HAUTS PARCS.

Interdiction des hauts parcs dans le quartier de Paimpol.

Art. 395. Il est interdit de tendre des hauts parcs dans toute la circonscription du quartier de Paimpol.

BAS PARCS.

Même interdiction pour les bas parcs.

Art. 396. La même interdiction est applicable aux bas parcs et à tous autres filets tendus sur les grèves au moyen de pieux.

PARCS À HUÎTRES DANS LE QUARTIER DE PAIMPOL.

Construction de parcs à huîtres dans le quartier de Paimpol.

Art. 397 (1). Dans le quartier de Paimpol, les parcs à huîtres sont faits au

(1) Art. 397, 400, 401 et 404. — *Modifiés* par décret du 11 juillet 1856 (R.), B. O. p. 601.

moyen d'un clayonnage double ou simple, ayant au plus 0m,050 de diamètre, et dont la hauteur n'excède pas 0m,300 au-dessus du sol.

L'intervalle compris entre le double clayonnage peut être rempli de paille ou de vase, de manière à retenir l'eau à volonté.

La superficie de ces parcs ne peut excéder 4,060 mètres carrés.

Dépôts provisoires.

ART. 398. Il est affecté à chaque bateau se livrant à la pêche des huîtres une portion de grève propre à servir de dépôt provisoire à sa pêche journalière.

Modifications des dispositions de l'article 397 en ce qui concerne les parcs à huîtres de Tréguier et du Trieux.

ART. 399. Les dispositions de l'article 397 sont modifiées ainsi qu'il suit, en ce qui concerne les parcs à huîtres établis dans les rivières de Tréguier et du Trieux.

PARCS DE LA RIVIÈRE DE TRÉGUIER.

Construction des parcs à huîtres dans la rivière de Tréguier.

ART. 400 (1). Les parcs à huîtres de la rivière de Tréguier sont faits au moyen d'un clayonnage double ou simple, fixé sur des pieux ayant au plus 0m,050 de diamètre, et dont la hauteur n'excède pas 0m,400 au-dessus du sol.

L'intervalle compris entre le double clayonnage peut être rempli de paille ou de vase, de manière à retenir l'eau à volonté.

Balisage des parcs.

ART. 401 (1). Les parcs sont balisés, afin que leur emplacement soit parfaitement marqué.

Leur superficie ne peut excéder 2,500 mètres carrés.

Les parcs ne doivent pas rester inoccupés.

ART. 402. Les parcs doivent en tout temps être pourvus d'une quantité d'huîtres au moins égale au cinquième de leur contenance totale.

Interdiction d'empiéter sur les chemins de servitude.

ART. 403. Il est interdit aux détenteurs de parcs d'empiéter sur les chemins de servitude ou sur l'établissement d'un autre concessionnaire.

PARCS SUR LA RIVIÈRE DU TRIEUX.

Les parcs de la rivière du Trieux sont régis par les mêmes dispositions que ceux de la rivière de Tréguier.

ART. 404 (1). Les dispositions des quatre articles précédents sont applicables aux parcs à huîtres situés dans la rivière du Trieux.

---

(1) Voir la note 1 de la page précédente.

TITRE XX.

DISPOSITIONS SPÉCIALES AU QUARTIER DE MORLAIX.

SECTION Ire.

LIMITES DU QUARTIER DE MORLAIX.

Art. 405. Le littoral du quartier de Morlaix est limité au nord par le ruisseau de Pors-ar-Go, et au sud par la rivière de l'Aber-Wrac'h.

SECTION II.

ÉPOQUE D'OUVERTURE ET DE CLÔTURE DES DIFFÉRENTES PÊCHES.

Pêche des homards et des langoustes.

Art. 406 (1). La pêche des homards et des langoustes est interdite du 30 avril au 1er août.

SECTION III.

RETS, FILETS, ENGINS, INSTRUMENTS, PROCÉDÉS ET MODES DE PÊCHE PERMIS.

Art. 407. Les rets, filets, engins, instruments, procédés et modes de pêche dont l'usage est permis dans le quartier de Morlaix, sous les conditions exprimées en l'article 56 des dispositions générales et moyennant celles qui suivent, sont :

1° Les folles;

2° Les demi-folles;

3° Les petites canières, petites pentières, petits rieux, etc.

4° Les tramaux sédentaires;

5° Le chalut, dont l'emploi est permis pendant toute l'année à 1 mille au large de la laisse de basse mer;

L'usage de cet engin est interdit dans la rade de Morlaix.

6° La grande seine à jet;

L'usage de ce filet est interdit du 1er mai au 1er juillet.

7° Les rets à sardines;

8° Les rets à hareng;

9° Les rets à maquereau;

10° Le havenet, havet ou havaux;

11° Le filet à saumon;

12° Les dards ou foènes;

13° Le havenet à chevrettes;

L'usage de cet engin est interdit du 1er mai au 1er juillet.

14° Les bouteux et autres instruments servant à la pêche des chevrettes;

L'usage de ces engins est interdit du 1er mai au 1er juillet.

15° Les chaudières et autres instruments sédentaires;

16° La drague à huîtres, à maërl, à sables coquilliers, etc.;

---

(1) Art. 406. — Rapporté par l'article 2 du décret du 27 mai 1857 (R.), notifié le 2 juin 1857 (R.), *B. O.* p. 465 à 470.

17° Les couteaux à moules;

18° Les claies, paniers, bouraques et autres engins employés à la pêche des crabes, homards, rocailles et poissons à croûte;

19° Les varveux, verveux ou louves;

20° Le croc en fer;

21° L'hameçon;

22° Les couteaux, crochets, pelles en bois ou en fer.

SECTION IV.

DISPOSITIONS SPÉCIALES PROPRES À PRÉVENIR LA DESTRUCTION DU FRAI ET À ASSURER LA CONSERVATION DU POISSON ET DU COQUILLAGE, NOTAMMENT CELLES RELATIVES À LA RÉCOLTE DES HERBES MARINES; CLASSIFICATION DU POISSON RÉPUTÉ FRAI; DIMENSIONS AU-DESSOUS DESQUELLES LES DIVERSES ESPÈCES DE POISSONS OU DE COQUILLAGES NE POURRONT PAS ÊTRE PÊCHÉES ET DEVRONT ÊTRE REJETÉES À LA MER, OU, POUR LES COQUILLAGES, DÉPOSÉES EN DES LIEUX DÉTERMINÉS.

PÊCHE DES HUÎTRES.

Visite annuelle des bancs.

Art. 408. La commission chargée de la recherche et de la visite des huîtrières, conformément à l'article 90, est composée comme suit :

Pour les bancs du sous-quartier de Roscoff :

Le syndic des gens de mer à Roscoff;

Le maître de port;

Deux membres du conseil municipal de Saint-Pol-de-Léon, ou deux prud'hommes pêcheurs;

Deux patrons de bateaux.

Pour les bancs de la rade de Morlaix :

Le syndic des gens de mer;

Le maître de port;

Deux membres du conseil municipal ou deux prud'hommes pêcheurs;

Deux patrons de bateaux (1).

Avis à donner par cette commission.

Art. 409. La même commission donne son avis lorsqu'il y a lieu de suspendre la pêche sur un ou plusieurs bancs, conformément aux dispositions de l'article 96.

Les huîtres ne peuvent être débarquées avant d'avoir été visitées par un agent de la marine

Art. 410. Les huîtres provenant de la pêche ne peuvent être débarquées avant d'avoir subi la visite d'un agent de la marine.

A cet effet, tous les bateaux dragueurs se rendent, au retour de la pêche, à l'endroit désigné par l'administrateur de la marine.

---

(1) Voir la note de la page 172

Visite des produits de la pêche à pied.

Art. 411. Les pêcheurs à pied doivent, avant de quitter la grève, faire visiter leurs paniers par les agents commis à cette visite.

SECTION V.

CONDITIONS D'ÉTABLISSEMENT DES PÊCHERIES, DES PARCS À HUÎTRES, À MOULES, ET DES DÉPÔTS DE COQUILLAGES; CONDITIONS DE LEUR EXPLOITATION; RETS, FILETS, ENGINS, BATEAUX, INSTRUMENTS ET MATÉRIAUX QUI PEUVENT Y ÊTRE EMPLOYÉS.

HAUTS PARCS.

Interdiction des hauts parcs dans le quartier de Morlaix.

Art. 412. Il est interdit de tendre des hauts parcs sur le littoral du quartier de Morlaix.

BAS PARCS.

Même interdiction pour les bas parcs.

Art. 413. La même interdiction s'applique aux bas parcs.

PARCS À HUÎTRES.

Construction des parcs à huîtres.

Art. 414. Les parcs à huitres sont faits au moyen d'un clayonnage double ou simple, fixé sur des pieux ayant au plus $0^m,050$ de diamètre et dont la hauteur n'excède pas $0^m,500$ au-dessus du sol.

L'intervalle compris entre le double clayonnage peut être rempli de paille ou de vase, de manière à retenir l'eau à volonté.

TITRE XXI.

DISPOSITIONS SPÉCIALES AU QUARTIER DE BREST.

SECTION Ire.

LIMITES DU QUARTIER DE BREST.

Art. 415. Le littoral du quartier de Brest est limité au nord par la rivière de l'Aber-Wrac'h, et au sud par le ruisseau du Moulin (commune de Saint-Nic).

SECTION II.

ÉPOQUE D'OUVERTURE ET DE CLÔTURE DES DIFFÉRENTES PÊCHES.

PÊCHE DES HOMARDS ET DES LANGOUSTES.

Art. 416 (1). La pêche des homards et des langoustes est interdite du 30 avril au 1er août.

(1) Art. 416. — Abrogé par l'article 2 du décret du 27 mai 1857 (R.), notifié le 2 juin 1857 (R.), B. O. p. 465 à 470.

SECTION III.

RETS, FILETS, ENGINS, INSTRUMENTS, PROCÉDÉS ET MODES DE PÊCHE PERMIS.

ART. 417. Les rets, filets, engins, instruments, procédés et modes de pêche dont l'usage est permis dans le quartier de Brest, sous les conditions énoncées en l'article 56 des dispositions générales et moyennant celles qui suivent, sont :

1° Les folles;

2° Les demi-folles;

3° Les tramaux sédentaires;

4° Le chalut, dont l'usage n'est permis que du 1er septembre au 30 avril, à 3 milles au large de la laisse de basse mer;

L'usage de cet engin est interdit pendant toute l'année dans la rade de Brest et dans ses affluents.

Il n'est permis dans la baie de Camaret que du 15 octobre au 30 avril.

5° La grande seine à jet;

L'usage de ce filet est interdit du 1er mai au 1er juillet.

Il est prohibé dans la baie de Camaret du 1er mai au 15 octobre.

6° Les rets à sardines;

7° Les rets à hareng;

8° Les rets à maquereau;

9° Le carreau ou hunier;

10° Le filet à saumon;

11° Les dards ou foènes;

12° Le havenet à chevrettes;

L'usage de cet engin est interdit du 1er mai au 1er juillet.

13° Les bouteux et autres instruments servant à la pêche des chevrettes;

L'usage de ces engins est défendu du 1er mai au 1er juillet.

14° Les chaudières et autres instruments sédentaires;

15° La drague à huitres, à maërl, à sables coquilliers et à goémon rouge;

L'usage de cet engin n'est autorisé en rade de Brest qu'aux époques et sur les points indiqués aux articles 8, 9, 10 et 11 du règlement du 10 juillet 1849, spécial à cette rade, et au moyen de bateaux non pontés conduits par des inscrits maritimes et pourvus de rôles d'équipage.

Il est interdit dans la baie de Camaret du 1er juin au 15 octobre.

16° La cuiller en fer pour la pêche des amendements marins;

17° Le couteau à moules;

18° Le râteau à moules;

19° Les claies, paniers, bouraques et autres engins employés à la pêche des crabes, homards, rocailles et autres poissons à croûte;

20° Les varveux, verveux ou louves;

21° Le croc en fer;

22° L'hameçon;

23° Les couteaux, crochets, pelles en bois ou en fer;

24° Les petites canières, petites pentières, etc. etc.
25° La seine à prêtres;
26° Le casier à vieilles.
} *Ajoutés par Arrêté du 26 décembre 1854 (R.), B. O. p. 1059.*

SECTION IV.

DISPOSITIONS SPÉCIALES PROPRES À PRÉVENIR LA DESTRUCTION DU FRAI ET À ASSURER LA CONSERVATION DU POISSON ET DU COQUILLAGE, NOTAMMENT CELLES RELATIVES À LA RÉCOLTE DES HERBES MARINES; CLASSIFICATION DU POISSON RÉPUTÉ FRAI; DIMENSIONS AU DESSOUS DESQUELLES LES DIVERSES ESPÈCES DE POISSONS ET DE COQUILLAGES NE POURRONT PAS ÊTRE PÊCHÉES ET DEVRONT ÊTRE REJETÉES À LA MER, OU, POUR LES COQUILLAGES, DÉPOSÉES EN DES LIEUX DÉTERMINÉS.

PÊCHE DES HUÎTRES, DU MAËRL ET DU GOËMON ROUGE.

Visite annuelle des huîtrières et des gisements de maërl et de goëmon rouge en rade de Brest.

Art. 418. La commission chargée de la recherche et de la visite des huîtrières, conformément à l'article 90, est composée comme suit, pour la rade de Brest :

Un capitaine de vaisseau, président;
Un membre du conseil général du département du Finistère;
Un membre de la société d'agriculture de Brest;
Le commissaire de l'inscription maritime de ce port;
Un médecin de la marine, professeur d'histoire naturelle;
L'officier commandant les bâtiments garde-pêche de la rade de Brest.

Les opérations de cette commission s'étendent aux gisements de maërl et de goëmon rouge existant dans la rade de Brest.

Cette visite a lieu également un mois après la clôture des opérations de pêche.

Attributions spéciales de cette commission.

Art. 419. La commission mentionnée à l'article précédent n'a point à traiter de l'aménagement principal ni des autres règles établies par le présent décret et par l'arrêté préfectoral du 10 juillet 1849.

Elle doit, en se tenant rigoureusement dans les limites de temps et de lieu rappelées à l'article 417 ci-dessus, exprimer son avis sur la manière de régler l'exploitation pendant la saison prochaine de pêche, c'est-à-dire sur les points ou parties à exploiter, sur les époques d'ouverture et de clôture, enfin et principalement sur l'ordre à suivre dans l'exploitation.

Mode à suivre dans l'exploitation.

Art. 420. L'exploitation est réglée de manière :

1° A ouvrir le dragage du maërl le 1er septembre;

2° A autoriser, vers la mi-octobre, la pêche sur quelques-unes des huîtrières exploitables où se trouve abondamment le goëmon rouge;

3° A suspendre ensuite le dragage des huîtres jusqu'au commencement du carême;

4° A employer les bateaux, dans cet intervalle, à l'exploitation du maërl et à celle du goëmon rouge sur les points où ce fucus pousse seul et peut être récolté à partir du 1er décembre.

DE L'OFFICIER COMMANDANT LES BÂTIMENTS GARDE-PÊCHE.

Devoir de l'officier commandant les garde-pêche.

Art. 421. La police et la surveillance de la pêche des huîtres et du dragage des engrais marins en rade de Brest sont spécialement confiées, sous l'autorité du préfet maritime, à l'officier commandant les bâtiments garde-pêche, sans préjudice de l'action dévolue aux commissaires de l'inscription maritime et aux agents désignés au titre Ier du présent décret à l'égard de toutes les pêches.

Règlement du service.

Art. 422. Cet officier réglera son service de manière :

1° A faire constamment surveiller les parties de la rade où le dragage est suspendu ou interdit;

2° A entretenir au moins une péniche sur les lieux et pendant les heures d'exploitation;

3° A placer des matelots en vigie sur les caps avancés de la rade d'où l'on peut apercevoir les mouvements des bateaux pêcheurs;

4° Enfin, à placer également des surveillants sur les principaux lieux de chargement et de déchargement des produits de la pêche.

Consignes et ordres du jour.

Art. 423. Cet officier soumet au préfet maritime, par l'intermédiaire du commissaire de l'inscription maritime et du commissaire général de la marine, les projets de consigne ou d'ordre du jour qu'il y a lieu d'adopter pour le service du dragage en rade de Brest. Il se concerte avec le commandant du bâtiment stationnaire, ainsi qu'avec le syndic et les gardes maritimes, pour en obtenir le concours qui lui est nécessaire.

Suspension provisoire de l'exploitation.

Art. 424. Le capitaine des bâtiments garde-pêche est autorisé à suspendre immédiatement le dragage, sauf à en rendre compte sans délai à l'autorité supérieure, lorsque des traces d'huîtrières sont reconnues sur les gisements de maërl et de goémon, et quand il juge que, dans un intérêt de conservation, l'exploitation de l'un des produits sous-marins de la rade de Brest doit s'arrêter sur un ou plusieurs points qui sont toujours rigoureusement déterminés.

Le dragage du maërl doit cesser lorsqu'il n'y a plus qu'une efflorescence ou légère couche de ce produit.

Dans ces divers cas, l'autorité supérieure apprécie s'il y a lieu de convoquer la commission permanente de visite.

Registre à tenir pour les opérations journalières de pêche.

Art. 425. Cet officier tient et fait tenir par les patrons des péniches des registres sur lesquels sont indiqués jour par jour les opérations de pêche qui ont été exécutées, le nombre et le numéro des bateaux qui y ont pris part, la nature et l'importance des produits obtenus, les contraventions qui ont été reconnues, les peines de police prononcées, enfin les diverses remarques faites sur la nature et la situation des fonds exploités.

DE L'EXERCICE DU DRAGAGE.

Admission des pêcheurs étrangers au littoral de la rade de Brest et de ses affluents à l'exploitation des huîtrières et amendements marins de cette rade.

Art. 426. Les patrons pêcheurs étrangers au littoral de la rade de Brest et de ses affluents ne peuvent être admis à l'exploitation des huîtrières, du maërl, des sables coquilliers et du goémon rouge gisant en cette rade, que sous les réserves indiquées ci-après.

Ils doivent se munir de bateaux conformes aux prescriptions de l'article 417, et se présenter, du 1er au 25 août de chaque année, au bureau de l'inscription maritime à Brest, pour y déclarer leur intention de participer à cette exploitation.

Ils y sont admis après les pêcheurs du littoral de la rade de Brest et de ses affluents, et jusqu'à concurrence du nombre annuellement déterminé par le préfet maritime, qui statue à cet égard, d'après les rapports constatant l'état des huitrières et d'après l'avis du commissaire de l'inscription maritime.

Cette décision est prise dans les derniers jours du mois d'août.

Tirage au sort si le nombre des bateaux inscrits excède le nombre de ceux qui peuvent participer à la pêche.

Art. 427. Si le nombre des bateaux étrangers au littoral de la rade de Brest et de ses affluents, qui demandent à concourir à l'exploitation des huitrières et amendements marins de cette rade, excède le chiffre des admissions déterminé par le préfet maritime, le commissaire de l'inscription maritime procède, en présence des réclamants, au tirage au sort des bateaux inscrits qui seront admis à participer au dragage.

Le résultat de cette opération est constaté par un procès-verbal.

Déclaration obligatoire.

Art. 428. Il est défendu aux bateaux étrangers au littoral de la rade de Brest et de ses affluents de s'y livrer au dragage des huîtres et des amendements marins sans avoir préalablement fait la déclaration prescrite par l'article 426.

Tous les patrons de bateaux draguant dans la rade de Brest sont soumis aux mêmes obligations.

Art. 429. Les patrons de bateaux admis au dragage dans la rade de Brest et ses affluents, concurremment avec ceux de ce littoral, sont assujettis à la même police et aux mêmes obligations.

Inscription et bulletin nécessaires pour pouvoir draguer.

Art. 430. Nul bateau ne peut draguer en rade de Brest qu'après s'être fait inscrire au bureau de l'inscription maritime, avoir déclaré le genre de produits qu'il veut exploiter et avoir reçu un bulletin portant un numéro d'ordre.

Lames de la drague à employer.

Art. 431. Les lames des dragues employées par ces bateaux n'excéderont pas $1^{m},66$ de longueur sur $0^{m},068$ de largeur.

Division en séries des bateaux dragueurs.

Art. 432. Les bateaux autorisés à draguer dans la rade de Brest sont divisés en quatre séries, comprenant chacune le nombre de bateaux déterminé par l'administration de la marine, à raison du nombre total de ces bateaux.

Chaque semaine, le dragage des huîtres ne s'effectue que par deux séries qui alternent entre elles de deux jours l'un.

Les deux autres séries draguent de même la semaine suivante, de manière qu'il n'y ait jamais qu'une série draguant par jour et que deux séries draguant par semaine.

Présence d'un garde-pêche pendant les opérations.

ART. 433. Le dragage ne peut se faire qu'en présence du bâtiment garde-pêche ou de l'une de ses péniches.

Réunion auprès du garde-pêche des bateaux qui doivent draguer.

ART. 434. Au lever du soleil, chacun des bateaux pêcheurs se rend près du bâtiment garde-pêche mouillé sur le lieu du dragage, afin de justifier qu'il a obtenu l'autorisation de pêcher, et qu'il appartient à la série dont le tour est arrivé.

Signaux pour commencer et pour finir la pêche.

ART. 435. Le bâtiment garde-pêche fait connaître par signaux convenus, quand le dragage peut commencer et doit finir.

Le dragage cesse une heure au moins avant le coucher du soleil.

Examen par le garde-pêche du produit obtenu.

ART. 436. Au signal convenu, chacun des bateaux pêcheurs se rend à bord du bâtiment garde-pêche, qui examine le produit obtenu.

Lorsque les pêcheurs ont conservé à leur bord des huîtres au-dessous des dimensions réglementaires, le triage en est opéré sur l'un des points de la côte indiqué par l'officier garde-pêche.

Passation des marchés.

ART. 437. Les marchés d'huîtres sont passés en présence d'une commission composée du commissaire de l'inscription maritime, de l'officier commandant les bâtiments garde-pêche, du syndic des gens de mer, de deux patrons de bateaux dragueurs, et, s'il y a lieu, de deux gardes jurés.

Chacun de ces marchés détermine des quantité fixes, qui ne peuvent excéder le dixième du produit présumé de l'exploitation annuelle.

Le même marchand ne sera pas, autant que possible, titulaire de plusieurs marchés simultanément.

Surveillance de l'officier commandant les bâtiments garde-pêche en ce qui concerne l'exécution des marchés.

ART. 438. L'officier commandant les bâtiments garde-pêche veille à ce que la plus grande bonne foi soit apportée, par les pêcheurs et par les marchands d'huîtres, dans l'exécution de leurs marchés.

SECTION V.

CONDITIONS D'ÉTABLISSEMENT DES PÊCHERIES, DES PARCS À HUÎTRES, À MOULES, ET DES DÉPÔTS DE COQUILLAGES; CONDITIONS DE LEUR EXPLOITATION; RETS, FILETS, BATEAUX, INSTRUMENTS ET MATÉRIAUX QUI PEUVENT Y ÊTRE EMPLOYÉS.

HAUTS PARCS.

Interdiction des hauts parcs dans le quartier de Brest.

ART. 439. Il est interdit de tendre des hauts parcs dans toute la circonscription du quartier de Brest.

BAS PARCS.

Même interdiction pour les bas parcs.

Art. 440. La même interdiction est applicable aux bas parcs et à tous autres filets tendus sur les grèves au moyen de pieux.

PARCS À HUÎTRES.

Construction des parcs à huîtres.

Art. 441 (1). Les parcs à huîtres sont construits en pierres sèches superposées, formant une enceinte dont l'ouverture, du côté de la mer, a au moins 1m,50 de largeur.

Les murs de ces parcs n'excèdent pas 1 mètre de hauteur sur 0m,650 de largeur.

Il est interdit d'employer dans leur construction du bois, du mortier ou du ciment.

Il est également défendu de clore, par un moyen quelconque, l'ouverture tournée du côté de la mer.

TITRE XXII.

DISPOSITIONS SPÉCIALES AU QUARTIER DE QUIMPER.

SECTION Ire.

LIMITES DU QUARTIER DE QUIMPER.

Art. 442 (2). Le littoral du quartier de Quimper est limité au nord par le ruisseau du Moulin (commune de Saint-Nic), et au sud par la rivière de l'Odet.

SECTION II.

ÉPOQUE D'OUVERTURE ET DE CLÔTURE DES DIFFÉRENTES PÊCHES.

Pêche des homards et des langoustes.

Art. 443 (3). La pêche des homards et des langoustes est interdite du 30 avril au 1er août.

SECTION III.

RETS, FILETS, ENGINS ET INSTRUMENTS DE PÊCHE, PROCÉDÉS ET MODES DE PÊCHE PERMIS.

Art. 444. Les rets, filets, engins, instruments, procédés et modes de pêche

---

(1) Art. 441. — Voir Décret *modificatif* du 29 septembre 1855 (R.), *B. O.* p. 737, paragraphe additionnel, *balisage des parcs*.

(2) Art. 442. — Voir Décret modificatif du 24 octobre 1855 (R.), *B. O.* p. 779.

(3) Art. 443. — Abrogé par l'article 2 du décret du 27 mai 1857 (R.), notifié le 2 juin 1857 (R.), *B. O.* p. 465 à 470.

dont l'usage est permis dans le quartier de Quimper, sous les conditions énoncées en l'article 56 des dispositions générales et moyennant celles qui suivent, sont :

1° Les folles;

2° Les demi-folles;

3° Les tramaux sédentaires;

4° Les picots;

5° Le chalut, dont l'emploi est autorisé à 9 milles au large de la laisse de basse mer, du 1er mai au 31 octobre, et à 1 mille et demi au large de la laisse de basse mer, du 1er novembre au 30 avril;

L'usage de cet engin est interdit, pendant toute l'année, dans la baie de Douarnenez.

6° La grande seine à jet;

L'usage de ce filet est prohibé du 1er mai au 1er juillet.

7° La seine à prêtres;

8° Les rets à sardines (1);

9° Les rets à hareng (2);

10° Le filet à saumon;

11° Les dards ou foënes;

12° Le havenet à chevrettes;

L'usage de cet engin est interdit du 1er mai au 1er juillet.

13° Les bouteux et autres instruments servant à la pêche des chevrettes;

L'usage de ces engins est prohibé du 1er mai au 1er juillet.

14° Les chaudières et autres instruments sédentaires;

15° La drague à huîtres, à maërl et à sables coquilliers;

Cet engin ne peut être employé qu'à la pêche des huîtres et des amendements marins, avec des bateaux pontés ou non pontés de 3 tonneaux au moins; toutefois, dans les baies closes et dans les baies de Quimper et de Pont-l'Abbé, ce dragage peut se faire avec des bateaux de toute dimension.

Le dragage du maërl et des sables coquilliers ne se fera qu'avec des bateaux conduits par des inscrits maritimes et pourvus de rôles d'équipage.

16° La drague à moules;

17° Les claies, paniers, bouraques et autres engins employés à la pêche des crabes, homards, rocailles et autres poissons à croûte;

18° Les verveux, varveux ou louves;

19° Le croc en fer;

20° L'hameçon;

21° Les couteaux, crochets, pelles en bois ou en fer;

22° à 26°.....(1-2-3).

---

(1) Art. 444. — Nos 8 et 22. — Voir Décret du 28 juin 1856 (R.), *B. O.* p. 576, *pêche à l'anchois à Quimper;* — arrêtés des 4 octobre 1853 (R.), et 6 décembre 1853 (R.), *B. O.* p. 728 et 870.

Voir aussi le Décret du 10 octobre 1878, *B. O.* p. 657 (*filets à sardines. — Douarnenez*).

(2) Art. 444. — Nos 9 et 23. — Voir Décret du 17 mars 1856 (R.), *B. O.* p. 293.

(3) Art. 444. — A ajouter : *in fine :*

22° La *petite seine;* 23° Le *rets à maquereau;* 24° Le *casier à vieilles;* 25° Les *couteaux à moules;* 26° Les *râteaux à moules.*	Voir *Arrêtés des 4 octobre 1853* (R.) *et 6 décembre 1853* (R.), *B. O. p. 728 et 870; — Décrets des 17 mars et 28 juin 1856* (R.), *B. O. p. 293 et 576.*

SECTION IV.

DISPOSITIONS SPÉCIALES PROPRES À PRÉVENIR LA DESTRUCTION DU FRAI ET À ASSURER LA CONSERVATION DU POISSON ET DU COQUILLAGE, NOTAMMENT CELLES RELATIVES À LA RÉCOLTE DES HERBES MARINES; CLASSIFICATION DU POISSON RÉPUTÉ FRAI; DIMENSIONS AU-DESSOUS DESQUELLES LES DIVERSES ESPÈCES DE POISSONS OU DE COQUILLAGES NE POURRONT PAS ÊTRE PÊCHÉES ET DEVRONT ÊTRE REJETÉES À LA MER, OU, POUR LES COQUILLAGES, DÉPOSÉES EN DES LIEUX DÉTERMINÉS.

PÊCHE DES HUÎTRES.

Visite annuelle des huîtrières.

Art. 445. La commission chargée de la recherche et de la visite des huîtrières est composée, dans chaque syndicat où se fait la pêche des huîtres, du syndic des gens de mer, de deux gardes maritimes, ou d'un garde maritime et d'un garde juré, et de trois patrons de bateaux pêcheurs (1).

Visite des produits de pêche.

Art. 446. Dans les localités où les pêcheurs transportent eux-mêmes leurs huîtres sur les marchés, elles sont visitées à bord des bateaux, avant ou pendant le débarquement, par les agents de la marine, qui s'assurent si le triage a été bien fait.

SECTION V.

CONDITIONS D'ÉTABLISSEMENT DES PÊCHERIES, DES PARCS À HUÎTRES, À MOULES, ET DES DÉPÔTS DE COQUILLAGES; CONDITIONS DE LEUR EXPLOITATION; RETS, FILETS, BATEAUX, INSTRUMENTS ET MATÉRIAUX QUI PEUVENT Y ÊTRE EMPLOYÉS.

HAUTS PARCS.

Interdiction des hauts parcs dans le quartier de Quimper.

Art. 447. Il est interdit de tendre des hauts parcs dans toute la circonscription du quartier de Quimper.

BAS PARCS.

Même interdiction pour les bas parcs.

Art. 448. La même interdiction est applicable aux bas parcs et à tous autres filets tendus sur les grèves au moyen de pieux.

PARCS À HUÎTRES.

Construction des parcs à huîtres.

Art. 449. Les parcs à huîtres sont faits au moyen d'un clayonnage double ou simple, fixé sur des pieux ayant au plus 0m,050 de diamètre, et dont la hauteur n'excède pas 0m,500 au-dessus du sol.

---

(1) Voir la note de la page 172.

L'intervalle compris entre le double clayonnage peut être rempli de paille ou de vase, de manière à retenir l'eau à volonté.

Art. 2. Notre ministre secrétaire d'État au département de la marine et des colonies est chargé de l'exécution du présent décret, qui sera inséré au *Bulletin des lois* et au *Bulletin officiel de la marine.*

Fait au palais de Saint-Cloud, le 4 juillet 1853.

Signé NAPOLÉON.

Par l'Empereur :

Le Ministre Secrétaire d'État au département de la marine et des colonies,

Signé Th. DUCOS.

TABLE ALPHABÉTIQUE ET ANALYTIQUE DES MATIÈRES

contenues dans le décret du 4 juillet 1853, portant règlement sur la pêche maritime côtière dans l'arrondissement de Brest.

Nota. — Les chiffres placés *entre parenthèses* dans le corps de la présente table indiquent les numéros des articles du décret auxquels on doit se reporter.

A

Aber-Wrac'h (Rivière de l'). — Limite sud du quartier de Morlaix (405); limite nord du quartier de Brest (415).

Acheteurs d'huîtres. — Ne peuvent refuser de prendre livraison des huîtres par eux demandées, lorsque leur tour d'inscription est venu : — *Granville* (245). — Signent leurs commandes : — *Granville* (246). — Réduction proportionnelle à la quotité des inscriptions; par qui déterminée : — *Cancale* (299). — Demandes d'huîtres présentées au nom d'acheteurs forains : — *Cancale* (303). — Livraison exclusive de la pêche aux acheteurs du pays : — *Cancale* (308). — Obligations imposées aux acheteurs inscrits; perte du tour d'inscription; exclusion des marchés : — *Cancale* (309). — Cas dans lequel les acheteurs ne doivent aucune indemnité : — *Cancale* (310). — Ne peuvent laisser leurs huîtres plus de quarante-huit heures sur les dépôts provisoires; disposition spéciale aux acheteurs forains : — *Cancale* (311). — Acheteurs qui prennent livraison d'huîtres au-dessous des dimensions réglementaires : — *Paimpol* (384). — *Voir Décret (présent), Demandes d'huîtres, Deniers à Dieu, Déclarations, Arbitres, Huîtres, Inspecteurs des pêches, Marchands d'huîtres, Marchés, Primes, Procurations.*

Administrateurs de la marine. — Président, par délégation, les assemblées de pêcheurs (33). — Reçoivent les déclarations des patrons étrangers à leurs sous-quartiers, qui demandent à en exploiter les huîtrières : — *Cancale* (286), *Tréguier* (390). — Dans

quel cas ils procèdent au tirage au sort des bateaux inscrits pour la pêche des huîtres. — *Cancale* (287), *Tréguier* (391). — Bulletins de pêche à délivrer aux patrons de bateaux : *Cancale* (288), *Tréguier* (392). — *Dispositions spéciales à l'administrateur du sous-quartier de Cancale.* — Les recettes et les dépenses de la communauté des pêcheurs et de la caisse des étalagistes s'opèrent sur ses mandats (274, 344). — Fait partie de la commission chargée de l'examen du compte annuel de la communauté (275). — Rapport qui lui est adressé, en cas d'infraction, au retour de la pêche des huîtres (283). — Compte à lui rendre lorsque, par suite d'encombrement d'huîtres sur le talard, la sortie des bateaux est interdite (290); — lorsque la livraison des huîtres est suspendue par suite de manquements aux engagements : — ordres à prendre (302). — Modifications aux divisions des étalages; rapport à transmettre (333). — Les détenteurs d'étalages ne peuvent descendre la nuit dans le port ou au bas de l'eau sans son autorisation ou celle de l'inspecteur des pêches (340). — **Voir** *Commissaires de l'inscription maritime.*

Affiches. — Bancs d'huîtres à exploiter indiqués par affiches (95). — Décisions qui doivent être portées par affiches à la connaissance des pêcheurs (96). — Affiches indiquant, à Granville et à Régneville, les noms des bateaux étrangers admis à prendre part à la pêche (232).

Agents chargés de la police des pêches. — **Voir** *Officiers chargés de la police des pêches.*

Agents municipaux assermentés. — Leurs attributions (1, § 5).

Aiguille. — Ce poisson peut être pêché quelle que soit sa dimension (135).

Alose. — Poisson rond. — Dimension minimum : 0m,270 (133).

Amas de pierres. — **Voir** *Digues.*

Amendements marins. — Instruments autorisés pour l'enlèvement des amendements marins (127). — Époques et lieux d'enlèvement (128). — Ne peuvent être enlevés que de jour; moyens à employer (129). — Dispositions concernant le dragage et l'exploitation des amendements marins, en rade de Brest (418 à 438). — **Voir** *Dragage, Cultivateurs, Huîtrières, Garde-pêche, Goémon rouge, Maërl, Préfet maritime, Voitures, Bateaux.*

Amendes. — Les gardes jurés spéciaux ont droit, comme les autres gardes jurés, au cinquième du produit des amendes et des confiscations (25).

Amers. — Amers et points de reconnaissance des huîtrières (93). — Amers des bancs récemment découverts (97).

Anchois. — Pêche de l'anchois à Quimper (56, nos 8 et 11, *note*; 444, nos 8 et 22, *note*).

Anguille. — Poisson long. — Dimension minimum : 0m,270 (133).

Appareilleurs. — Les patrons de bateaux sont personnellement responsables des infractions à l'article 100 commises par leurs appareilleurs (101).

Appâts. — Appâts autorisés (136, 138, 142). — Appâts défendus (141, 143).

Appel. — Décisions sans appel; décisions susceptibles d'appel (87).

Appropriation (Travaux d'). — **Voir** *Travaux d'appropriation.*

Arbitres. — Arbitres appelés à prononcer, en cas de contestation entre l'acheteur et le vendeur, sur la livraison des huîtres : — *Cancale* (297).

Arguenon (Rivière de l'). — Limite sud du sous-arrondissement de Saint-Servan (209) et du quartier de Dinan (348). — Point de délimitation de l'emploi du chalut dans les quartiers de Dinan (350, n° 4) et de Saint-Brieuc (365, n° 4). — L'emploi de la seine à chevrettes est autorisé dans l'Arguenon, en amont de la roche dite Héronnière (350, n° 12). — Limite nord du quartier de Saint-Brieuc (363).

Arrêtés. — **Voir** *Préfet maritime.*

Associations ou communautés de pêcheurs. — **Voir** *Communautés de pêcheurs.*

Ay (Rivière d'). — Limite nord de l'arrondissement de Brest (45), du sous-arrondissement de Saint-Servan (209) et du quartier de Granville (210).

B

BALISAGE DES PARCS. — Balisage des parcs de la rivière de Tréguier (401).

BANCS D'HUÎTRES. — Voir *Huîtrières*.

BAR. — Poisson rond. — Dimension minimum : 0m,160 (133).

BARBUE. — Poisson plat. — Dimension minimum : 0m,160 (133).

BARILS. — Voir *Bouées*.

BARRAGES. — Défense d'établir des barrages dans les fleuves, rivières, canaux, etc. (176).

BAS PARCS, BAS ÉTALIERS ET VENETS. — Définition; construction; mailles des filets (168). — Pieux (169, 172). — Ouverture (170). — Bras ou pannes (171). — Distance entre les bas parcs (173). — Engins prohibés (174). — Barrages interdits (176). — Prohibés dans les quartiers de Saint-Brieuc (373), de Paimpol (390), de Morlaix (413), de Brest (440), de Quimper (448). — Voir *Benâtres*, *Filets*, *Pêche aux bas parcs*, *Fer à cheval*.

BASSINS. — Voir *Pêche dans les bassins et dans les ports de commerce*.

BATARDEAUX. — Défense d'établir des batardeaux à l'embouchure des noues, canaux et fossés (204).

BATEAUX. — Bateaux pêchant la nuit sous voile aux filets dérivants (62). — Division en séries des bateaux faisant la pêche des huîtres (89). — Ne doivent pas rester mouillés de nuit sur les huîtrières (98). — Désignation des bateaux qui doivent reporter sur les bancs les huîtres au-dessous des dimensions réglementaires (100). — Bateaux à employer à la récolte et au transport des diverses espèces de goémons (117, 118, 123). — Embarcations sans équipage (197). — Défense d'amarrer ou de tenir des bateaux sur les filets d'un autre pêcheur (197). — Bateaux avec lesquels le dragage des huîtres est permis : — *Granville* (229), *Cancale* (284), *Saint-Malo* (317). — Obligation de se munir de bateaux réglementaires pour la pêche des huîtres ou des amendements marins : — *Granville* (231), *Cancale* (286), *Saint-Malo* (318), *Brest* (426). — Bateaux inscrits excédant le nombre de ceux qui peuvent prendre part à la pêche des huîtres ou des amendements marins : — *Granville* (232), *Cancale* (287), *Saint-Malo* (319), *Saint-Brieuc* (370), *Tréguier* (391), *Brest* (427). — Sortie des bateaux interdite : — *Granville* (235), *Cancale* (290). — Les bateaux vont en pêche dès que les marchés d'huîtres sont passés : — *Granville* (240). — Chiffre que, dans certains cas, le nombre des bateaux dragueurs d'huîtres ne peut excéder à chaque sortie : — *Granville* (243). — Nombre de bateaux que doivent armer les pêcheurs de Régneville pour jouir du bénéfice de l'article 248 : — *Granville* (249). — Échouage des bateaux sur les étalages : — *Cancale* (292). — Comment les bateaux sont rangés dans le port au retour de la pêche : — *Cancale* (312). — Quand les bateaux ne peuvent plus aller en pêche : — *Cancale* (314). — Bateaux draguant simultanément au nombre de quatre au moins : — *Dinan* (354). — Amarrage au quai de Tréguier des bateaux dragueurs d'huîtres : — *Tréguier* (387). — Bateaux avec lesquels la drague à huîtres, à maërl, etc., peut être employée : — *Brest* (417, n° 15), *Quimper* (444, n° 15). — Division en séries des bateaux dragueurs : — *Brest* (432). — Voir *Pêche en flotte*, *Rôles d'équipage*, *Filets*, *Gens de mer*, *Guidons de reconnaissance*, *Inspecteurs des pêches*, *Lettres initiales*, *Commissaires de l'inscription maritime*, *Dragage*, *Garde-pêche*, *Huîtrières*, *Marchands d'huîtres*, *Marchés*, *Affiches*, *Visites*, *Ponts*.

BEAUVOIR (BOUQUET DE BOIS DE). — Point de délimitation de l'emploi du chalut dans le quartier de Granville (212, n° 5).

BENÂTRES. — Benâtres à employer dans les bouchots (155). — Défense de placer des benâtres, verveux, etc., à l'angle ou au fond des bas parcs (174).

BÊTES DE SOMME. — Défense de transporter, dans l'intérieur, des huîtres provenant de la pêche à pied, avec des charrettes, voitures ou bêtes de somme : — *Cancale* (291).

BLANCHE. — Défense de pêcher avec des filets non autorisés et d'employer autrement que

comme appât les poissons connus sous les noms de *blanche*, *blaquet*, *blanche-mélie*, *meusse* et *saumonelle* (136, 138).

Blanche-mélie. — Voir *Blanche*.

Blaquet. — Voir *Blanche*.

Bois. — Défense d'employer, dans la construction des parcs à huîtres du quartier de Brest, du bois, du mortier ou du ciment (441).

Bouchots. — Construction; pieux (153). — Ouverture (154). — Fermeture (155). — Ouverture pendant l'été (156). — Pieux à planter à l'intérieur (157). — Voir *Bcnâtres*, *Écluses*.

Bouées. — Bouées à placer pour la délimitation des huîtrières; perte ou absence des bouées (93). — Lettres et numéros à placer sur les bouées, barils et flottes principales des filets et autres instruments de pêche (195). — Défenses faites aux pêcheurs (197). — Bouées à placer sur les folles, tramaux et autres filets dormants (198). — Filets trouvés sans bouées (201). — Indication, au moyen de bouées, des huîtrières limitrophes exploitées par les pêcheurs de Granville et de Cancale (227, 282). — Voir *Communautés de pêcheurs*.

Bouillon. — Point de délimitation de l'emploi du chalut dans le quartier de Granville (212, n° 5).

Bouraques. — Voir *Claies*.

Bourdinots (Rochers des). — Point de délimitation de l'emploi du chalut dans le quartier de Dinan (350, n° 4).

Bouteux, Haveneaux et autres instruments servant à la pêche des chevrettes. — Construction; mailles; période d'emploi (56, n° 22). — Permis toute l'année dans les quartiers de Granville (212, n° 13), Saint-Malo (266, n° 11), Dinan (350, n° 11), Saint-Brieuc (365, n° 12). — Prohibés du 1er mai au 1er juillet dans les quartiers de Paimpol (380, n° 15), Morlaix (407, n° 14), Brest (417, n° 13), Quimper (444, n° 13).

Brandons. — Voir *Flambeaux*.

Bras. — Voir *Pannes*.

Bréhat (Île de). — Voir *Goémon de rive*.

Brème. — Poisson rond. — Dimension minimum : 0m,120 (133).

Brest. — *Arrondissement de Brest*. — Limites; nombre et désignation des sous-arrondissements et des quartiers qu'il renferme (45). — *Sous-arrondissement de Brest*. — Limites; nombre et désignation des quartiers qu'il renferme (362). — *Quartier de Brest*. — Limites (415). — Époque d'ouverture et de clôture des différentes pêches (416). Rets, filets, engins, procédés et modes de pêche permis (417). — Pêche des huîtres, du maërl et du goémon rouge (418 à 420). — De l'officier commandant les bâtiments garde-pêche (421 à 425). — De l'exercice du dragage (426 à 438). — Hauts parcs (439). — Bas parcs (440). — Parcs à huîtres (441). — Usage de la drague en rade de Brest (126).

Bretellières. — Voir *Canières (Petites)*.

Bréville. — Point de délimitation de l'emploi du chalut dans le quartier de Granville (212, n° 5).

Bulletins de pêche. — Bulletins de pêche à délivrer aux patrons étrangers admis à faire la pêche des huîtres; par qui délivrés; énonciations qu'ils renferment : — *Granville* (233), *Cancale* (288), *Saint-Malo* (320), *Saint-Brieuc* (371), *Tréguier* (392), *Brest* (430).

C

Caisse des communautés de pêcheurs. — La solde des gardes jurés élus par les communautés est payable sur ladite caisse (22) : — *Granville* (218), *Cancale* (272). — Recettes des caisses des communautés de Cancale (273), de Granville et de Régneville

(219). — Taxe à verser dans la caisse de la communauté de Cancale (329). — Voir *Deniers à Dieu, Marchés, Communautés de pêcheurs, Secours.*

Caisse des étalagistes. — Reçoit le produit des cotisations que chaque détenteur d'étalages est tenu de payer : — *Cancale* (343). — Voir *Chaussure, Chemins de servitude, Comptabilité de la caisse des étalagistes de Cancale.*

Caisse des invalides. — Droits de la Caisse des invalides sur les huîtres illicitement déposées sur les parcs de Granville (257).

Caissier des communautés de pêcheurs. — Élection; responsabilité : remplit les fonctions de secrétaire (35). — Registres à tenir par le caissier (36, 41); formalités auxquelles ils sont soumis : sont tenus sur papier libre (38, 41). — Ampliation de procès-verbal remise au caissier pour sa décharge (36). — Voir *Solde, Syndics des gens de mer, Comptabilité des communautés, Patrons de bateaux.*

Caissier des étalagistes. — Le syndic des gens de mer à Cancale remplit les fonctions de caissier des étalagistes (344).

Camaret (Baie de). — Période d'emploi, dans la baie de Camaret, du chalut (417, n° 4), de la grande seine à jet (417, n° 5), de la drague à huîtres, à maërl, à sables coquilliers et à goémon rouge (417, n° 15).

Canaux. — Voir *Batardeaux.*

Cancale. — Point de délimitation de l'emploi du chalut dans le quartier de Saint-Malo (266, n° 5). — Voir *Saint-Malo (Quartier de), Administrateurs de la marine, Huîtrières.*

Canières (Grandes). — Voir *Demi-folles.*

Canières (Petites), Petites pentières, Petits rieux, Chaudières, Six-doigts, Mailles-royales, Lesques, Bretellières, Haussières, Flues, Flottées, Muletières, Rets à croc, Rets entre rochers, Traversières, Maquereaulières, Séchées, Tressous et Tressures. — Mailles (56, n° 3). — Autorisés dans les quartiers de Granville (212, n° 3), Saint-Malo (266, n° 3), Saint-Brieuc (365, n° 22, *note*), Morlaix (407, n° 3), Brest (417, n° 24).

Capitaines de vaisseau. — Un capitaine de vaisseau préside la commission de visite établie à Brest (418).

Carolles. — Point de délimitation de l'emploi du chalut dans le quartier de Granville (212, n° 5).

Carreau ou Hunier. — Mailles; période d'emploi (56, n° 14). — Autorisé dans les quartiers de Dinan (350, n° 8), Brest (417, n° 9).

Carrelet. — Poisson plat. — Dimension minimum : 0m,160 (133).

Casier. — Voir *Bavoirs.*

Casier à vieilles. — Écartement entre barreaux : permis toute l'année (56, n° 17). — Autorisé dans le quartier de Paimpol (380, n° 11), Brest (417, n° 26), Quimper (444, n° 24, *note*).

Cavités. — Cavité à ménager auprès de l'ouverture des écluses et des bouchots (158). — Instruments autorisés (161).

Cézembre (Île de). — La petite seine, dans le quartier de Saint-Malo, peut être employée sur les bancs de sable de l'île de Cézembre, de l'île à Rebours, des Pourceaux, etc. (266, n° 7).

Chaînes. — Défense d'épouvanter le poisson avec des chaînes, cliquettes, etc. (204).

Chalut ou Rets traversier. — Deux types : forme; mailles; construction (56, n° 6). — Autorisé, sous les conditions énoncées au titre de chacun d'eux, dans les quartiers de Granville (212, n° 5), Saint-Malo (266, n° 5), Dinan (350, n° 4), Saint-Brieuc (365, n° 4), Paimpol (380, n° 4), Morlaix (407, n° 5), Brest (417, n° 4), Quimper (444, n° 5). — Voir *Pêche au chalut.*

Chandeliers. — Chandeliers du chalut (56, n° 6).

Chargements d'huîtres. — Voir *Navires.*

Charrettes. — Voir *Bêtes de somme*.

Chaudières et autres instruments sédentaires. — Mailles : permis toute l'année ; destinés à la pêche de la chevrette (56, n° 23). — Autorisés dans les quartiers de Paimpol (380, n° 16), Morlaix (407, n° 15), Brest (417, n° 14), Quimper (444, n° 14).

Chausey (Îles). — Point de délimitation de l'emploi du chalut dans le quartier de Granville (212, n° 5). — Point indicatif des huîtrières attribuées aux pêcheurs de Granville et à ceux de Cancale (225, 280). — Les rets à grados ne peuvent être employés que sur les fonds des îles Chausey (212, n° 8).

Chaussure. — Les effets de chaussure à délivrer aux gardes jurés des étalages sont payés sur la caisse des étalagistes : — *Cancale* (343).

Chaux. — Appât défendu (143).

Chef du service de la marine à Saint-Servan. — Exerce la police supérieure de la pêche dans le sous-arrondissement de Saint-Servan (I, § 2). — Transmet au préfet maritime l'état des établissements de pêcheries exigé par l'article 147 (147). — Détermine les devoirs des gardes jurés chargés, à Granville et à Cancale, de la surveillance des parcs et des étalages à huîtres (216, 270). — Fixe la quotité des indemnités à allouer à leurs gardes jurés par les communautés de Granville et de Cancale (218, 272). — Revêt de son approbation les pièces justificatives des recettes et des dépenses des communautés de Granville, de Régneville et de Cancale (220, 274), de la caisse des étalagistes de Cancale (344), et le compte annuel des recettes et des dépenses desdites communautés (221, 275). — Reçoit les rapports des commissions de visite : — *Granville* (223), *Cancale* (278). — Détermine annuellement le nombre des bateaux étrangers qui pourront être admis à l'exploitation des huîtrières du sous-arrondissement (231, 286, 318). — Rend compte au ministre des modifications aux divisions actuelles des étalages, qu'il a autorisées (333). — Voir *Préfet maritime*.

Chemins de servitude. — Défense d'empiéter sur les chemins de servitude : — *Granville* (254), *Cancale* (326, 340), *Dinan* (357), *Saint-Brieuc* (375), *Tréguier* (403). — Doivent toujours être laissés libres ; l'accès en est interdit aux voitures ; exception ; défense d'y déposer des immondices : — *Granville* (256), *Cancale* (327), *Dinan* (358), *Saint-Brieuc* (376). — La dépense occasionnée par l'entretien des chemins de service des étalages de Cancale est supportée par la caisse des étalagistes (343).

Chevrette. — Crustacés — Dimension minimum : 0m,030 (133).

Cibaudières. — Voir *Canières (Petites)*.

Ciment. — Voir *Bois*.

Ciseau. — Mailles ; construction ; manière de s'en servir : permis toute l'année (56, n° 19). — Autorisé dans le quartier de Paimpol : points où il est interdit d'en faire usage (380, n° 13).

Claies, Paniers, Bouraques et autres engins employés à la pêche des crabes, homards, rocailles et poissons à croûte. — Construction ; écartement des verges : permis toute l'année (56, n° 30). — Autorisés dans les quartiers de Granville (212, n° 15), Saint-Malo (266, n° 15), Dinan (350, n° 16), Saint-Brieuc (365, n° 16), Paimpol (380, n° 20), Morlaix (407, n° 18), Brest (417, n° 19), Quimper (444, n° 17).

Clairons. — Voir *Trompettes*.

Clayonnages. — Défense de placer des clayonnages à l'intérieur des écluses et des bouchots (158). — Clayonnage des parcs à huîtres de Granville (252), de Cancale (322), de Dinan (355), de Saint-Brieuc (374), de Paimpol (397), de la rivière de Tréguier (400), de Morlaix (414), de Quimper (449). — Clayonnage des étalages de Cancale (334).

Cliquettes. — Voir *Chaînes*.

Colin. — Poisson rond. — Dimension minimum : 0m,270 (133).

Colombière (Île de la). — Point de délimitation de l'emploi du chalut dans le quartier de Dinan (350, n° 4).

COMMANDES. — Mode de pourvoir aux commandes des marchands d'huîtres de Granville (243). — Voir *Acheteurs d'huîtres*.

COMMISSAIRE GÉNÉRAL. — Exerce la police supérieure de la pêche dans le sous-arrondissement de Brest (1, § 2). — Les rapports annuels sur la conduite des gardes jurés sont transmis au préfet maritime par son intermédiaire (24), de même que les rapports des commissions chargées de la visite des huîtrières (94) et les projets de consigne ou d'ordre du jour qu'il y a lieu d'adopter pour le service du dragage en rade de Brest (423).

COMMISSAIRES DE L'INSCRIPTION MARITIME. — Assurent l'exécution des lois et règlements concernant la pêche côtière (1, § 3). — Donnent des ordres aux inspecteurs des pêches (4). — Les prud'hommes pêcheurs sont nommés sur leur proposition (6). — Renseignements qui doivent leur être communiqués par les prud'hommes (9). — Convoquent et président les patrons pêcheurs pour l'élection des gardes jurés; signent le procès-verbal de cette opération (14). — Annotent de leurs observations le procès-verbal et les listes d'élection (16). — Dans quel cas ils proposent d'office des candidats pour l'emploi de garde juré (17). — Rapport annuel qui leur est adressé sur la conduite des gardes jurés (24). — Proposent la révocation ou la suspension des prud'hommes pêcheurs et des gardes jurés (27). — Ont autorité sur les gendarmes de la marine (28). — Défenses (29). — Président les assemblées de pêcheurs; à qui ils peuvent déléguer cette présidence (33). — Apposent leur *vu payer* sur le procès-verbal des séances des communautés où il a été statué sur l'emploi des fonds (37). — Cotent et parafent les registres des communautés (41). — Compte à leur rendre par les patrons qui ont laissé des filets pleins à la mer et par ceux qui les ont relevés (70); — par les pêcheurs qui ont perdu ou trouvé des filets (82). — Désignation des jours de sortie pour la pêche des huîtres, concertée avec les commissaires de l'inscription maritime (85). — Font procéder par les commissions compétentes à la visite annuelle des bancs d'huîtres (90). — Transmettent les rapports de ces commissions, avec l'expression de leur opinion, à l'administrateur supérieur du sous-arrondissement (94). — Compte à leur rendre par les officiers ou agents qui ont suspendu la pêche des huîtres sur les bancs en exploitation : réunissent la commission de visite; direction qu'ils donnent au rapport de cette commission; avis qui doit l'accompagner (96). — Déclaration que doit leur faire celui qui a découvert un nouveau banc d'huîtres (97). — Désignent les bateaux pêcheurs qui effectueront, sur les bancs, le report des petites huîtres (100). — Déterminent les lieux où les dragues seront déposées (103). — Prononcent définitivement, en cas de contestation, sur la répartition des huîtres mélangées (104). — L'autorité municipale doit leur indiquer les jours par elle fixés pour la coupe du goémon de rive (112). — Notification du présent décret aux détenteurs de parcs et pêcheries (145). — Recensement général des pêcheries qu'ils doivent opérer; par qui secondés; procès-verbal à dresser (146). — État descriptif des établissements de pêcheries à établir par leurs soins; direction qu'il reçoit (147). — Registre des pêcheries à tenir dans les quartiers (148). — Dans quel cas ils peuvent autoriser la jouissance provisoire des parcs, dépôts ou étalages (181). — Déclaration qui doit leur être faite par ceux qui font habituellement la pêche à pied avec filets (187). — Arrêtent chaque année la liste des personnes qui demandent à faire la pêche dans les bassins ou ports de commerce, et choisissent les plus méritantes (190). — Déterminent l'époque de la visite annuelle des bateaux pêcheurs (202). — Procurations qu'ils doivent viser (303). — Les recettes et les dépenses des communautés s'opèrent sur leurs mandats : — *Granville* (220). — Examinent le compte annuel des communautés; direction qu'il reçoit : — *Granville* (221), *Saint-Malo* (275). — Rapport à leur transmettre, en cas d'infraction, lors de la sortie des bateaux pour la pêche des huîtres : — *Granville* (228). — Donnent leur avis sur le nombre de bateaux étrangers qui peuvent être admis à concourir à la pêche des huîtres : — *Granville* (231), *Saint-Malo* (286), *Paimpol* (390). — En présence de quels agents ils procèdent au tirage au sort des bateaux inscrits excédant le nombre de ceux qui peuvent participer à la pêche; procès-verbal à dresser; de quelle manière les pêcheurs sont informés, à Granville et à Régneville, du résultat de l'opération : — *Granville* (232), *Saint-Malo* (319), *Saint-Brieuc* (370).

Brest (427). — Compte à leur rendre lorsque, par suite d'encombrement d'huîtres sur le parc commun, la sortie des bateaux est interdite : — *Granville* (235). — Passent, à la fin de chaque année, l'inspection des parcs et des étalages : — *Granville* (262), *Saint-Malo* (331, 339). — Prononcent sur les exclusions des marchés d'huîtres : — *Saint-Malo* (302). — Reçoivent la déclaration des patrons étrangers qui demandent à concourir à l'exploitation des huîtrières ou des amendements marins; donnent leur avis sur le chiffre des admissions qui peuvent être autorisées : — *Saint-Malo* (318), *Saint-Brieuc* (369), *Brest* (426). — Délivrent des bulletins de pêche aux bateaux étrangers admis au dragage : — *Saint-Malo* (320), *Saint-Brieuc* (371). — *Commissaire de l'inscription maritime à Saint-Malo.* — Donne son avis sur les modifications aux divisions actuelles des étalages de Cancale, qui pourraient être proposées (333). — Désigne les membres de la commission de visite établie à Saint-Malo (315). — *Commissaire de l'inscription maritime à Morlaix.* — Désigne le lieu où les bateaux dragueurs d'huîtres se placeront au retour de la pêche, pour la visite des produits (410). — *Commissaire de l'inscription maritime à Brest.* — Fait partie de la commission des marchés d'huîtres (437) et de la commission chargée de la visite des huîtrières et des amendements marins (418). — Son action en ce qui concerne la police et la surveillance de la pêche en rade de Brest (421). — Consignes et ordres du jour à transmettre au préfet maritime par son intermédiaire (423).

COMMISSION DES GARDES JURÉS. — Par qui délivrée (18). — **Voir** *Tribunaux de première instance.*

COMMISSION DES MARCHÉS. — Commission chargée de la passation des marchés d'huîtres à Brest; composition (437).

COMMISSIONS DE RÉPARTITION. — Nouvelle répartition, répartition annuelle des parcs à huîtres, à moules, étalages et dépôts de coquillages à opérer par ces commissions (179, 180, 181). — Déterminent l'étendue du parc commun : — *Granville* (258). — Choisissent à la fin de chaque année, s'il y a lieu, de nouveaux détenteurs de parcs et d'étalages : — *Granville* (262), *Cancale* (331, 339). — Déterminent le chiffre de la cotisation annuelle des détenteurs de parcs et des étalagistes : — *Cancale* (329, 342). — Examinent annuellement le compte de la caisse des étalagistes : — *Cancale* (345). — **Voir** *Ministre de la marine.*

COMMISSIONS DE VISITE. — Visite annuelle des huîtrières (90). — Visite des huîtrières communes (91). — Indications que les rapports des commissions doivent contenir; suite à y donner (92, 93, 94). — Composition : — *Granville* (223), *Cancale* (278), *Saint-Malo* (315), *Dinan* (351), *Saint-Brieuc* (366), *Paimpol* (381), *Rivières de Tréguier et du Trieux* (386, 393), *Sous-quartier de Roscoff et rade de Morlaix* (408), *Brest* (418), *Quimper* (445). — Suite à donner aux rapports des commissions établies à Granville et à Cancale (224, 279). — Attributions : — *Saint-Malo* (315), *Brest* (419). — Donnent leur avis, lorsqu'il y a lieu de suspendre la pêche sur un ou plusieurs bancs : *Saint-Malo* (316), *Dinan* (352), *Saint-Brieuc* (367), *Paimpol* (382), *Roscoff et Morlaix* (409). — Cas dans lesquels la commission de visite établie à Brest peut être convoquée (424). — **Voir** *Commissaires de l'inscription maritime, Préfet maritime.*

COMMUNAUTÉS DE PÊCHEURS. — Élisent à part leurs gardes jurés (15). — Peuvent nommer des gardes jurés spéciaux (25). — A quelle condition les communautés peuvent être établies; qui en fait partie (31). — Formes à suivre pour leur création (32). — Par qui présidées (33). — Statuent sur l'emploi des fonds restés en caisse et de ceux qui peuvent y être versés : procès-verbal à dresser (36). — Délèguent deux patrons de bateaux pour reconnaître les dépenses urgentes et les ordonnancer (37). — Les dépenses doivent être faites dans l'intérêt de la communauté (40). — Les membres des communautés doivent assister aux séances (43). — Supportent les frais occasionnés par le placement des bouées (93). — Maintien des communautés de Granville, de Régneville et de Cancale; qui en fait partie (213, 267). — Rapports à communiquer aux communautés; avis qu'elles expriment : — *Granville* (223), *Cancale* (278). — Placement de bouées aux frais des communautés de Granville, de Régneville et de

Cancale (227, 282). — Adjonction des pêcheurs de Régneville à la communauté de Granville (249). — Signal pour la réunion de la communauté des pêcheurs de Cancale (277); elle fixe les salaires du garde juré chargé de la police des parcs (330). — Voir *Solde, Gardes jurés, Registres des communautés, Cotisations, Patrons de bateaux, Marchés, Comptabilité des communautés, Peines disciplinaires, Président des communautés de pêcheurs, Caisse des communautés, Caissier des communautés, Deniers à Dieu.*

Communes. — Voir *Goémon de rive.*

Comptabilité de la caisse des étalagistes de Cancale. — Par qui tenue; de quelle manière s'opèrent les recettes et les dépenses; leur justification (344). — Taxation accordée au syndic de Cancale chargé de la tenue de la comptabilité (346). — Voir *Commissions de répartition.*

Comptabilité des communautés. — Comptes à rendre tous les six mois (36). — Régularisation des recettes et des dépenses; dépenses urgentes et imprévues; ordonnancement; en présence de qui les recettes s'opèrent (37). — Pièces semestrielles (39). — But des dépenses (40). — *Comptabilité des communautés de Granville, de Régneville et de Cancale.* — Par qui tenue; recettes et dépenses (220, 274). — Compte annuel: par qui vérifié et approuvé (221, 275). — Voir *Registres des communautés, Procès-verbaux, Inspecteurs des pêches, Patrons de bateaux, Gardes jurés, Caisse des communautés, Caissier des communautés.*

Concussion. — Officiers et agents qui peuvent être poursuivis comme concussionnaires (29).

Confiscations. — Voir *Amendes.*

Congre. — Poisson long. — Dimension minimum: 0m,270 (133).

Conseil d'administration. — L'état descriptif des pêcheries à dresser en conformité de l'article 147 doit être examiné à Brest, en conseil d'administration (147).

Conseil général du département du Finistère. — Un membre dudit conseil fait partie de la commission de visite mentionnée à l'article 418 (418).

Conseil municipal. — Voir *Municipalités.*

Consignes. — Voir *Commissaire général, Préfet maritime, Commissaires de l'inscription maritime.*

Contraventions. — Par qui peuvent être constatées les contraventions aux lois et règlements sur la pêche côtière (30). — Voir *Peines disciplinaires.*

Contributions indirectes. — Attributions des employés des contributions indirectes et des octrois, en ce qui concerne la police des faits de vente du frai, etc. (1, § 5).

Coques du Levant. — Appât défendu (143).

Coquillages. — Vente ou transport des coquillages (1, § 5). — Coquillages qu'il est interdit de pêcher (133). — Coquillages dont la pêche est autorisée quelle que soit leur dimension (135). — Commerce défendu (137). — Voir *Visites, Pêche des coquillages.*

Cordes. — Voir *Pêche à l'hameçon.*

Costaise (Huîtrières de la). — Peuvent être exploitées par les pêcheurs de Régneville, de même que celles de Saint-Germain, Geffoses et Senequet (248).

Côtes-du-Nord et Ille-et-Vilaine (Point séparatif des départements des). — Limites du quartier de Saint-Malo, en amont (263), et du quartier de Dinan, en aval (348), sur la rive droite de la Rance.

Cotisations. — Cotisations que peuvent s'imposer les communautés de Granville, de Régneville (219) et de Cancale (273). — Destination et affectation du produit des cotisations des étalagistes de Cancale (343). — Voir *Caisse des étalagistes, Commissions de répartition.*

Couesnon (Rivière du). — Limite sud du quartier de Granville (210); limite nord du

quartier de Saint-Malo (263). — Point de délimitation de l'emploi du chalut dans ce dernier quartier (266, n° 5).

Couteaux, Crochets, Pelles en bois ou en fer. — Destinés à la pêche du lançon, etc.; permis toute l'année; exception relative aux pelles en bois ou en fer (56, n° 34). — Autorisés dans les quartiers de Granville (212, n° 18), Saint-Malo (266, n° 19), Dinan (350, n° 20), Saint-Brieuc (365, n° 20), Paimpol (380, n° 24), Morlaix (407, n° 22), Brest (417, n° 23), Quimper (444, n° 21). — Voir *Faucilles.*

Couteaux à moules. — Longueur; lame : employés sur les moulières qui découvrent à la basse mer (56, n° 27). — Autorisés dans les quartiers de Saint-Malo (266, n° 13), Dinan (350, n° 14), Saint-Brieuc (365, n° 14), Paimpol (380, n° 18), Morlaix (407, n° 17), Brest (417, n° 17), Quimper (444, n° 25, *note*).

Crabes. — Voir *Claies, Varveux.*

Crochets. — Voir *Couteaux, Fer à cheval.*

Crocs en fer. — Destinés à la pêche des poissons à croûte; permis toute l'année (56, n° 32). — Autorisés dans les quartiers de Granville (212, n° 16), Saint-Malo (266, n° 17), Dinan (350, n° 18), Saint-Brieuc (365, n° 18), Paimpol (380, n° 22), Morlaix (407, n° 20), Brest (417, n° 21), Quimper (444, n° 19).

Crustacés. — Les œufs de poissons et de crustacés sont assimilés au frai; défense de les pêcher; exception; crustacé assimilé au frai (132). — Crustacés dont la pêche est interdite (133). — Crustacés qu'il est permis de pêcher sans dimension de taille (135). — Commerce défendu (137). — Voir *Pêche des crustacés, Réservoirs à crustacés.*

Cuiller en fer pour la pêche des amendements marins. — Forme; dimension à sa surface inférieure (56, n° 26). — Autorisée pour l'enlèvement des amendements marins (127). — L'emploi en est permis dans le quartier de Brest (417, n° 16).

Cultivateurs. — Autorisation accordée aux cultivateurs et à leurs valets de ferme pour le transport par bateau du goémon poussant en mer; restriction (124); — pour l'enlèvement des amendements marins (129).

D

Dards ou Foënes. — Destinés à la pêche des poissons plats : nombre et écartement des branches; période et mode d'emploi (56, n° 18). — Autorisés dans les quartiers de Saint-Malo (266, n° 9), Dinan (350, n° 9), Saint-Brieuc (365, n° 10), Paimpol (380, n° 12), Morlaix (407, n° 12), Brest (417, n° 11), Quimper (444, n° 11).

Déclarations. — Déclaration obligatoire pour faire la pêche des huîtres à Granville (231, 233), à Cancale (286, 288), à Saint-Malo (318, 320), à Saint-Brieuc (369, 371), en rivières de Tréguier et du Trieux (390, 392, 394); — pour faire, en rade de Brest, la pêche des huîtres et des amendements marins (426, 428, 430). — Déclarations à faire par les marchands ou acheteurs d'huîtres de Granville (243, 246). — Voir *Commissaires de l'inscription maritime.*

Décret (Présent). — Application du présent décret sur les fleuves, rivières et canaux (46). — Les acheteurs d'huîtres doivent déclarer se soumettre à ses dispositions (246). — Voir *Commissaires de l'inscription maritime.*

Délimitation. — Voir *Signes de délimitation.*

Demandes d'huîtres. — Inscription des demandes d'huîtres : — *Granville* (240). — Ordre d'inscription des acheteurs d'huîtres présents : — *Cancale* (296). — Quotité maximum des inscriptions : — *Cancale* (300, 301). — De la part de qui sont admises les demandes d'huîtres : — *Cancale* (301). — Inscription de navires : — *Cancale* (305). — Demandes d'huîtres moyennes inférieures aux quantités pêchées; répartition de l'excédent : — *Cancale* (313). — Voir *Acheteurs d'huîtres, Deniers à Dieu, Mandataires, Marchands d'huîtres, Navires, Etalages à huîtres.*

Demi-cercle. — Les écluses peuvent avoir la forme d'un demi-cercle (151). — Voir *Fer à cheval.*

G

H

(167). — Interdits dans la baie de Saint-Brieuc (372), dans les quartiers de Paimpol (395), Morlaix (412), Brest (439), Quimper (447).

Havaux. — Voir *Havenet.*

Haveneaux. — Voir *Bouteux.*

Havenet, Havet ou Havaux. — Mailles; usage; construction; ouverture; défense: permis toute l'année (56, n° 15). — Autorisé dans le quartier de Morlaix (407, n° 10).

Havenet à chevrettes. — Mailles; construction; défense: interdit pendant la nuit (56, n° 21). — Autorisé pendant la période y mentionnée dans les quartiers de Granville (212, n° 12), Saint-Malo (266, n° 10), Dinan (350, n° 10), Saint-Brieuc (365, n° 11), Paimpol (380, n° 14), Morlaix (407, n° 13), Brest (417, n° 12), Quimper (444, n° 12).

Havet. — Voir *Havenet.*

Herbes marines. — Classification des diverses herbes marines (108). — Voir *Goémon, Goémon de rive, Goémon épave, Goémon poussant en mer, Détenteurs de pêcheries.*

Hermelles (Banc des). — Point de délimitation de l'emploi du chalut dans le quartier de Saint-Malo (266, n° 5).

Héronnière (Roche de). — Voir *Arguenon* (*Rivière de l'*).

Herpin (Roche de). — Point de délimitation de l'emploi du chalut dans le quartier de Saint-Malo (266, n° 5).

Homards. — Crustacés. — Dimension minimum : 0m,200 (133). — Voir *Pêche des homards, Réservoirs à homards, Claies, Varveux.*

Houle (La). — Pavillon à arborer au centre du port de la Houle pour les réunions de la communauté (277).

Huîtres. — Huîtres au-dessous des dimensions réglementaires : report sur les bancs; triage (100). — Triage et report aux frais des pêcheurs (101). — Huîtres mélangées (104). — Dimension minimum des huîtres ordinaires; — des huîtres de Tréguier (133). — *Quartier de Granville.* — Exportation par mer interdite (236). — Huîtres qu'il est interdit de recevoir dans les parcs (254). — *Baie de Cancale.* — Exportation et transport interdits (291). — Diverses espèces d'huîtres dont la consommation et le transport peuvent être immédiatement autorisés (295). — Demandes d'huîtres (301). — Lieu de dépôt provisoire qui peut être assigné aux acheteurs d'huîtres (309). — Livraison des huîtres; partage de l'excédent (313). — Huîtres déposées sur les étalages, en vertu d'inscriptions prises dans les marchés (340). — *Quartier de Paimpol.* — La livraison des huîtres est faite sur la plage (383). — Triage et report sur les bancs des huîtres dont la pêche est prohibée (384, 389). — Transport d'huîtres (385). — Quantités d'huîtres à déposer dans les parcs de la rivière de Tréguier (402). — *Quartier de Brest.* — Suspension du dragage des huîtres (420, n° 3). — Voir *Administrateurs de la marine, Visites, Arbitres, Livraisons d'huîtres, Caisse des invalides, Dépôts de coquillages, Étalages à huîtres, Marchés, Parcs à huîtres, Pêche à pied, Triage des huîtres, Bateaux, Commissaires de l'inscription maritime, Gardes jurés, Saisies, Talard, Mandataires, Navires, Parc commun, Exportations, Pêche des huîtres, Demandes d'huîtres.*

Huîtrières. — Huîtrières à tenir en réserve; huîtrières où doivent être reportées les petites huîtres (92). — Marées pendant lesquelles il est interdit de draguer; bancs qui ne peuvent être exploités (98). — Les pêcheurs doivent se tenir exclusivement sur les bancs désignés (99). — Distance des huîtrières à laquelle doit s'exercer le dragage des amendements marins (130). — Visite annuelle des huîtrières : — *Granville* (223), *Cancale* (278), *Saint-Malo* (315), *Saint-Brieuc* (366), *Paimpol* (381), *Rivières de Tréguier et du Trieux* (386, 393), *Roscoff et Morlaix* (408), *Brest* (418). — Suspension de l'exploitation des bancs : — *Granville* (224), *Cancale* (279), *Saint-Malo* (316), *Saint-Brieuc* (367), *Paimpol* (382), *Morlaix* (409). — Division des huîtrières situées dans le quartier de Granville et le sous-quartier de Cancale (225, 280). —

Limites dans lesquelles doivent se tenir les pêcheurs de Granville et de Cancale (226, 281). — Exploitation des bancs limitrophes : — *Granville* (227), *Cancale* (282). — Exploitation des huîtrières par des bateaux étrangers aux quartiers où elles sont situées; tirage au sort : — *Granville* (230, 231, 232), *Cancale* (285, 286, 287), *Saint-Malo* (318, 319), *Saint-Brieuc* (368, 369, 370), *Tréguier* (390, 391), *Brest* (426, 427). — Bancs que peuvent exploiter les pêcheurs de Régneville : conditions imposées (248, 249). — Dispositions applicables en rivière du Trieux (394). — Exploitation, en rade de Brest, des huîtrières où se trouve le goémon rouge; suspension du dragage (420, n° 2; 424). — **Voir** *Commissions de visite, Immondices, Ministre de la marine, Pêche au chalut, Affiches, Dragage, Amers, Bouées, Huîtres, Signes de délimitation.*

I

Îles désertes. — La récolte des herbes marines est permise pendant toute l'année sur les rochers situés en mer et sur les rives des îles désertes (122).

Ille-et-Vilaine (Département d'). — **Voir** *Côtes-du-Nord.*

Immondices. — Défense de jeter des immondices ou du lest de navires sur les huîtrières, les étalages (102) et les moulières (106). — Défense de déposer aucune immondice sur les parcs : — *Granville* (256), *Cancale* (327), *Dinan* (358), *Saint-Brieuc* (376). — **Voir** *Chemins de servitude.*

Indemnités. — Indemnité accordée à celui qui a relevé des filets laissés pleins à la mer (70). — Aucune indemnité n'est due aux détenteurs de parcs dépossédés en vertu de la loi du 9 janvier 1852 (255, 328, 337, 359, 377). — Transport d'huîtres par les vendeurs ne donnant droit à aucune indemnité : *Cancale* (310). — Indemnité due au garde juré en présence duquel les détenteurs d'étalages demandent à effectuer leurs livraisons d'huîtres : — *Cancale* (341). — **Voir** *Acheteurs d'huîtres, Solde.*

Inscription des demandes d'huîtres. — **Voir** *Demandes d'huîtres.*

Inscription maritime. — Limites de l'inscription maritime sur les fleuves, rivières et canaux (46).

Inscrits maritimes. — **Voir** *Gens de mer.*

Inspecteurs des pêches (1). — Attributions (1, § 4; 21). — Établissement, choix et nomination (3). — Subordination (4). — *Agents placés sous leurs ordres* (20). — *Dressent un rapport annuel sur la conduite des gardes jurés* (24). — Défenses (29). — *Formes à suivre pour l'établissement des communautés* (32). — *Présidence qui peut leur être confiée par délégation* (33). — *Apposent leur vu payer sur le procès-verbal des séances des communautés où l'emploi des fonds a été décidé* (37). — *Sont consultés pour la désignation des jours de sortie des bateaux dragueurs d'huîtres* (85). — *Décisions sans appel* (87). — Dans quel cas ils font procéder au triage des huîtres aux frais des pêcheurs (101). — *Répartition des huîtres confondues* (104). — Vérifient et approuvent le compte annuel des communautés : — *Granville* (221). — Font partie de la commission chargée de la visite des huîtrières : — *Granville* (223), *Cancale* (278). — Compte à leur rendre par les gardes jurés au retour de la pêche; rapport à transmettre, s'il y a lieu : — *Granville* (228), *Cancale* (283). — Assistent au tirage au sort des bateaux inscrits pour la pêche des huîtres : — *Granville* (232), *Cancale* (287). — Cas dans lequel ils peuvent interdire la sortie des bateaux; compte à rendre : — *Granville* (235), *Cancale* (290). — Les marchés d'huîtres se passent en leur présence : — *Granville* (238), *Cancale* (294). — Déterminent les réductions dans les demandes d'huîtres : — *Granville* (241), *Cancale* (299). — Déclaration à faire par les marchands d'huîtres : — *Granville* (243). — Prononcent sur toutes les contestations concernant les marchés : — *Granville* (247). — Font partie de la commission chargée de l'examen du compte annuel à rendre par le caissier des communautés : — *Cancale* (275). — Suspension

(1) Les dispositions *soulignées* sont communes aux inspecteurs des pêches et aux syndics des gens de mer, à défaut d'inspecteurs des pêches.

des livraisons d'huîtres; dépôt provisoire à assigner à chaque acheteur d'huîtres : — *Cancale* (302, 309). — Exercent spécialement la police des parcs : — *Cancale* (330). — Demande à faire par les détenteurs d'étalages qui désirent effectuer leurs livraisons d'huîtres en présence d'un garde juré : — *Cancale* (341). — **Voir** *Uniforme, Force majeure, Administrateurs de la marine.*

Inspection des étalages de Cancale. — Par qui faite et à quelle époque (339).

Inspection des parcs de Granville et de Cancale. — Par qui passée et à quelle époque (262, 331).

Instruments de pêche. — **Voir** *Bouées, Filets, Lettres initiales.*

Instruments sédentaires. — Défense d'en placer à l'intérieur des écluses et des bouchots (158). — **Voir** *Chaudières.*

L

Lançon. — Le lançon peut être pêché quelle que soit sa dimension (135). — **Voir** *Sprat.*

Langoustes. — Crustacés. — Dimension minimum : 0m,200 (133). — **Voir** *Pêche des homards, Réservoirs à langoustes.*

Léhon (Écluse de). — Limite du quartier de Dinan, en amont, sur la Rance (348).

Lesques. — **Voir** *Canières (Petites).*

Lest. — **Voir** *Immondices.*

Lettres initiales. — Lettres initiales et numéros des bateaux (191). — Indication des lettres initiales par quartiers et sous-quartiers (192). — Placement et dimension des lettres et des numéros (193). — Défense de les couvrir, cacher ou effacer (194). — Doivent être portés sur les instruments de pêche des bateaux (195).

Lézardrieux (Pont de). — L'usage du ciseau est interdit dans la rivière du Trieux, en amont du pont de Lézardrieux (380, n° 13).

Lieu. — Poisson rond. — Dimension minimum : 0m,160 (133).

Lignes. — **Voir** *Pêche à l'hameçon.*

Limande. — Poisson plat. — Dimension minimum : 0m,160 (133).

Lingue. — Poisson long. — Dimension minimum : 0m,270 (133).

Liquides. — Défense de répandre dans les eaux salées des liquides susceptibles de faire périr le poisson (205). — **Voir** *Drogues.*

Listes. — Listes à dresser pour l'élection des candidats à l'emploi de garde juré : par qui établies (14, 16).

Livraisons d'huîtres. — Suspension des livraisons : — *Cancale* (302). — Livraisons aux bâtiments : — *Cancale* (307). — Livraisons après le triage : — *Cancale* (313). — **Voir** *Acheteurs d'huîtres, Arbitres, Marchés, Gardes jurés, Huîtres, Indemnités, Inspecteurs des pêches.*

Louves. — **Voir** *Verveux.*

M

Maërl. — Instruments autorisés pour l'enlèvement du maërl, des sables coquilliers et des vases de mer (127). — Époques d'enlèvement (128). — Dragage du maërl en rade de Brest (420, n° 1; 424). — **Voir** *Pêche du maërl, Goémon rouge.*

Mailles. — Les mailles des filets doivent présenter les dimensions réglementaires, lorsque ces filets sont mouillés (60).

Mailles-royales. — **Voir** *Canières (Petites).*

Maîtres de port de commerce. — **Voir** *Officiers de port de commerce.*

Maîtresses appareilleuses. — Obligations; défenses (259).

Mandataires. — Demandes d'huîtres admises de la part des mandataires d'acheteurs forains : — *Cancale* (303). — Signent sur le registre des marchés : — *Cancale* (304). — Mandataires des capitaines de navires en chargement : — *Cancale* (305). — Absence des acheteurs forains ou de leurs mandataires : — *Cancale* (308). — Huîtres dont les mandataires d'acheteurs forains ont pris livraison pour le compte de leurs commettants : — *Cancale* (311). — Voir *Procurations.*

Mandats. — Mandats à émettre pour la régularisation des recettes et des dépenses des communautés de pêcheurs de Granville, de Régneville (220) et de Cancale (274); — pour la régularisation des recettes et des dépenses de la caisse des étalagistes de Cancale (344). — Voir *Commissaires de l'inscription maritime.*

Mannes. — Signaux au moyen de mannes (82).

Maquereau. — Poisson rond. — Dimension minimum : $0^m,120$ (133). — Voir *Pêche du maquereau.*

Maquereaulières. — Voir *Cauières (Petites).*

Marchands d'huîtres. — Autorisations qui peuvent leur être accordées, en ce qui touche les parcs servant de lieux de dépôt au coquillage (150). — Achat du coquillage provenant de la plus prochaine sortie des bateaux : — *Granville* (243). — Répartition de la pêche quotidienne entre les marchands forains et ceux du pays : *Cancale* (298). — Conditions à remplir par les marchands pour l'admission de leurs demandes d'huîtres : — *Cancale* (301); — pour l'obtention de la jouissance d'un parc : *Cancale* (325). — Marchands d'huîtres auxquels des étalages peuvent être concédés : *Cancale* (338, n° 4). — Voir *Commandes, Inspecteurs des pêches, Marchés, Patentes.*

Marchés. — Passation, par les communautés de pêcheurs, de marchés à profit commun : — avis à exprimer par les patrons de bateaux; — conditions et prix établis d'office; — vote au scrutin secret; — validité des marchés (42). — Droits des caisses des communautés des pêcheurs de Granville, de Régneville (219) et de Cancale (273, 304). — Registre des marchés : — *Granville* (222), *Cancale* (276). — Obligation de concourir à l'exécution des marchés communs; défense de pêcher pour son propre compte : — *Granville* (231, 234), *Cancale* (280, 289). — Les marchés particuliers sont interdits : — *Granville* (237), *Cancale* (293). — Les marchés sont stipulés à profit commun et au millier; en présence de qui ils sont passés : — *Granville* (238). *Cancale* (294, 295). — Comment est payé chaque bateau pêcheur : — *Granville* (238). — Communication des offres des marchands; — signal à donner : — *Granville* (239). — Mode d'exécution des marchés; demandes simultanées : — *Granville* (240). — Quantités d'huîtres inférieures à celles stipulées dans les marchés; réductions : — *Granville* (241), *Cancale* (299). — Deux marchés sont passés à Granville (242). — Marchés interdits : — *Granville* (244). — Signature des commandes; soumissions à souscrire par les acheteurs d'huîtres : — *Granville* (246). — Contestations; par qui jugées : — *Granville* (247). — Les marchés passés à Granville sont communs aux pêcheurs de Régneville; disposition spéciale à Régneville (250). — Convocation des patrons de bateaux : — *Cancale* (294). — Espèces d'huîtres comprises dans les marchés passés à Cancale (295). — Prix invariable stipulé pour chaque espèce d'huîtres : — *Cancale* (296). — Sur quel pied les huîtres sont livrées : — *Cancale* (296). — Huîtres livrables; contestations : — *Cancale* (297). — Quotité maximum des inscriptions ; prime : — *Cancale* (300). — Exclusion des marchés; marchés d'huîtres accomplis : — *Cancale* (302, 309, 314). — *Marchés passés à Brest.* — Passation des marchés; commission (437). — Quantités fixes stipulées; chiffre qu'elles ne peuvent excéder (437). — Titulaires de marchés (437). — Les marchés doivent être exécutés de bonne foi; surveillance à exercer (438). — Voir *Marchands d'huîtres, Président des communautés de pêcheurs, Gardes jurés, Inspecteurs des pêches, Mandataires, Deniers à Dieu, Acheteurs d'huîtres, Navires.*

Mares. — Dans quel cas il est interdit de former des mares (204).

Marins pêcheurs. — Voir *Gens de mer.*

Marques particulières. — Marques particulières qui peuvent être apposées sur les filets et autres engins de pêche; avis à donner au syndic (195).

Matériaux. — Les détenteurs dépossédés ne peuvent enlever les matériaux entrant dans la construction de leurs établissements (255, 328, 337, 359, 377).

Matricules des gens de mer. — Annotation à consigner sur les matricules des gens de mer, en ce qui concerne les gardes jurés (24).

Médailles. — Médaille en argent accordée, à titre de récompense honorifique, aux gardes jurés non rétribués par les communautés (26). — Médaille à porter comme marque distinctive par les prud'hommes pêcheurs et les gardes jurés (44).

Médecins de la marine. — Un médecin de la marine, professeur d'histoire naturelle, fait partie de la commission de visite mentionnée à l'article 418 (418).

Menusse. — Voir *Blanche*.

Merlan. — Poisson rond. — Dimension minimum : 0m,120 (133).

Ministre de la marine. — Interdit, suspend ou limite la pêche côtière en temps de guerre maritime; compte à lui rendre par le préfet maritime, lorsqu'il exerce le même droit (2). — Nomme les inspecteurs des pêches (3). — La création de communautés de pêcheurs est soumise à son approbation (32). — Filets dont l'usage peut être autorisé dans les quartiers par décision du ministre (58). — Arrêtés qui doivent être transmis au ministre dans la quinzaine de leur date (94). — Compte à rendre au ministre en cas de suspension de la pêche des huîtres sur les bancs en exploitation (96). — L'état descriptif des établissements de pêcheries à dresser en conformité de l'article 147 doit être adressé au ministre, qui statue (147). — La position des écluses et des bouchots ne peut être modifiée sans l'autorisation du ministre (165). — Le projet de répartition nouvelle des parcs, dépôts, etc., est soumis à son approbation (180). — Peut augmenter ou diminuer le nombre des gardes jurés (217, 271). — Compte à rendre au ministre en cas de modifications ultérieures dans les divisions actuelles des étalages de Cancale (333).

Modes de pêche. — Voir *Filets, Pêches maritimes*.

Momie. — Appât défendu (143).

Mont-Dol. — Point de délimitation de l'emploi du chalut dans le quartier de Saint-Malo (206, n° 5).

Monthuchon (Bouquet d'arbres de). — Point de délimitation de l'emploi du chalut dans le quartier de Granville (212, n° 5).

Montmartin (Église de). — Point de délimitation de l'emploi du chalut dans le quartier de Granville (212, n° 5).

Morlaix (Quartier de). — Limites (405). — Époque d'ouverture et de clôture des différentes pêches (406). — Rets, filets, engins, etc., permis (407). — Pêche des huîtres (408 à 411). — Hauts parcs (412). — Bas parcs (413). — Parcs à huîtres (414).

Mortier. — Voir *Bois*.

Morue. — Poisson rond. — Dimension minimum : 0m,270 (133).

Moules. — Coquillage. — Longueur minimum : 0m,030 (133) — Moules qu'il est interdit d'exposer ou de mettre en vente (139). — Voir *Pêche des moules*.

Moulières. — Dispositions relatives aux moulières importantes (107). — Voir *Immondices*.

Moulin (Ruisseau du). — Limite sud du quartier de Brest (415); limite nord du quartier de Quimper (442).

Mulet. — Poisson rond. — Dimension minimum : 0m,160 (133).

Muletières. — Voir *Canières (Petites)*.

Municipalités. — Attributions des conseils municipaux, en ce qui concerne la vente et le transport du goémon de rive (111). — Deux membres du conseil municipal de Saint-Pol-de-Léon font partie de la commission chargée de la visite des bancs d'huîtres

du sous-quartier de Roscoff (408). — Deux membres du conseil municipal font partie de la commission chargée de la visite des bancs de la rade de Morlaix (408). — **Voir** *Goémon de rive, Commissaires de l'inscription maritime.*

Murs. — Murs des parcs à huîtres des quartiers de Dinan (355) et de Brest (441).

Musc. — Appât défendu (143).

N

Nappes. — **Voir** *Tramaux sédentaires.*

Naufrage. — Substitution de navire autorisée en cas de naufrage : — *Cancale* (307).

Navires. — Moules recueillies sur la carène des navires (139). — Quotité maximum des demandes d'huîtres : *Cancale* (300). — Obligations imposées aux bâtiments qui chargent des huîtres; absence du navire lorsque son tour d'inscription est arrivé : — *Cancale* (305). — Substitutions de navires interdites, — autorisées : — *Cancale* (307). — Transport d'huîtres des lieux de dépôt à un navire : — *Paimpol* (385). — **Voir** *Deniers à Dieu, Livraisons d'huîtres, Mandataires, Naufrages, Pêche du maquereau.*

Noix de cyprès. — Appât défendu (143).

Noix vomiques. — Appât défendu (143).

Notables. — Deux notables font partie de la commission chargée de la visite des huîtrières en rivière de Tréguier; — communes qu'ils représentent (386).

Noues. — **Voir** *Batardeaux.*

Numéros des bateaux. — **Voir** *Lettres initiales.*

Numéros d'ordre des pêcheries. — Numéros d'ordre des pêcheries en pierre ou en bois (166); — des parcs à huîtres de Granville (253), de Cancale (323); — des étalages de Cancale (334); — des parcs à huîtres du quartier de Dinan (356).

O

Octrois. — **Voir** *Contributions indirectes.*

Odet (Rivière de l'). — Limite sud de l'arrondissement de Brest (45) et du quartier de Quimper (442).

Œufs. — **Voir** *Crustacés.*

Officiers chargés de la police des pêches. — Défenses faites aux officiers et agents chargés de la police des pêches; exception en faveur des gardes jurés (29). — Leurs devoirs lorsque des bancs d'huîtres sont suffisamment exploités (96). — Cas de force majeure dont ils sont juges (98). — **Voir** *les attributions et obligations de ces divers officiers et agents sous la dénomination propre à chacun d'eux.*

Officiers de police judiciaire. — Leurs attributions (1, § 5).

Officiers de port de commerce. — Les officiers et maîtres de port de commerce sont tenus de déférer aux ordres des commissaires de l'inscription maritime concernant la police des pêches (1, § 6). — Les maîtres de port de Tréguier, de Roscoff et de Morlaix font partie de la commission chargée de la visite des huîtrières (380, 393 408).

Officiers de vaisseau. — Un officier de vaisseau doit être adjoint au commissaire de l'inscription maritime pour opérer le recensement général des pêcheries (146). — L'officier commandant la station de Granville est membre de la commission chargée de la visite des huîtrières en ce quartier (223) et dans le sous-quartier de Cancale (278). — **Voir** *Garde-pêche.*

Ordres du jour. — **Voir** *Commissaire général, Préfet maritime, Commissaires de l'inscription maritime.*

Ouverture des pêcheries. — Ouverture des écluses (152); — des bouchots (154, 155); — des réservoirs à homards, langoustes, etc. (177); — des pêcheries non réglementaires (208); — des parcs à huîtres du quartier de Brest (441).

Ouvriers des professions maritimes. — Ordre de concession des étalages de Cancale aux ouvriers inscrits sur les matricules de ce sous-quartier (338, n° 5).

P

Paille. — Autorisation de remplir de paille ou de vase l'intervalle compris entre le double clayonnage des parcs à huîtres de Granville (252), de Cancale (322), de Dinan (355), de Saint-Brieuc (374), de Paimpol (397), de Tréguier (400), de Morlaix (414), de Quimper (449).

Pailleule. — **Voir** *Zostère marine.*

Paimpol (Quartier de). — Limites (378). — Époque d'ouverture et de clôture des différentes pêches (379). — Rets, filets, engins, etc., permis (380). — Pêche des huîtres en mer (381 à 385), en rivières de Tréguier (386 à 392) et du Trieux (393, 394). — Hauts parcs (395). — Bas parcs (396). — Parcs à huîtres (397 à 399). — Parcs de la rivière de Tréguier (400 à 403); — de la rivière du Trieux (404).

Paniers. — Défense de fermer l'ouverture des bouchots, du 1er mai au 1er septembre, par des filets, grilles, paniers, etc. (154). — **Voir** *Claies.*

Pannes. — Bras ou pannes des écluses et des bouchots (160); — des bas parcs formés en équerre (171). — Autorisation nécessaire pour modifier la direction des pannes (165).

Parc commun. — Encombrement d'huîtres dans le parc commun (235). — Son objet (258). — Huîtres déposées dans le parc commun (259). — Séjour maximum (260). — **Voir** *Commissions de répartition.*

Parcs à huîtres. — Maintien provisoire (144). — Construction, numéros d'ordre, inoccupation, défenses : — *Granville* (252, 253, 254), *Cancale* (322, 323, 326), *Dinan* (355, 356, 357). — Détenteurs dépossédés : — *Granville* (255), *Cancale* (328), *Dinan* (359), *Saint-Brieuc* (377). — Les parcs doivent être maintenus en bon état : chemins de servitude : — *Granville* (256), *Cancale* (327), *Dinan* (358), *Saint-Brieuc* (376). — Inspection des parcs : — *Granville* (262), *Cancale* (331). — Entretien des parcs : — *Cancale* (329), *Dinan* (359), *Saint-Brieuc* (377). — *Parcs à huîtres de la baie de Cancale.* — Huîtres admissibles sur les parcs (292). — Huîtres que les mandataires des acheteurs forains peuvent déposer sur leurs parcs (311). — Position des parcs (321). — Parcs réservés par l'administration de la marine (324). — Dispositions applicables aux parcs à huîtres du quartier de Saint-Malo en dehors de la baie de Cancale (347), — aux parcs à huîtres de la rivière du Trieux (404). — Construction des parcs à huîtres des quartiers de Paimpol (397), Morlaix (414), Brest (441), Quimper (449). — *Parcs à huîtres du quartier de Saint-Brieuc.* — Construction, inoccupation, défenses (374, 375). — *Parcs à huîtres du quartier de Paimpol.* — Formalités qui précèdent le dépôt des huîtres dans les parcs (383). — Transport d'huîtres des lieux de dépôt à un parc (385). — *Parcs à huîtres de la rivière de Tréguier.* — Construction et balisage (400, 401). — Chemins de servitude (403). — **Voir** *Bois, Dépôts de coquillages, Clayonnages, Gardes jurés, Huîtres, Marchands d'huîtres, Immondices, Paille, Pêche à pied, Police des parcs, Tréguier (Rivière de), Voitures, Planches.*

Parcs à moules. — Maintien provisoire (144). — **Voir** *Dépôts de coquillages.*

Parcs (Bas). — **Voir** *Bas parcs.*

Parcs (Hauts). — **Voir** *Hauts parcs.*

Passavants. — Bateaux qui doivent avoir des passavants (229).

Passelis. — **Voir** *Digues.*

Patentes. — Patentes exigées des marchands d'huîtres pour être compris dans les demandes; marins étalagistes et veuves de marins affranchis de l'obligation de produire des patentes : — *Cancale* (301).

Patrons de bateaux. — Les gardes jurés sont choisis parmi les patrons de bateaux (12). — Font partie du bureau chargé du dépouillement des votes concernant les candidats à l'emploi de garde juré (14). — Réunion des patrons de bateaux en assemblée gé-

nérale pour l'élection des gardes jurés (17). — Font seuls partie des communautés de pêcheurs (31). — Arrêtent et signent les comptes du caissier (38). — Obligations des patrons de bateaux, si une sortie, refusée d'abord, a lieu ensuite sur leur demande (87). — Patrons qui refusent d'opérer le triage et le report des petites huîtres (101). — Patrons admis à faire partie des communautés de pêcheurs : — *Granville* (213), *Cancale* (267). — Comptes soumis à leur examen : — *Granville* (221). — Patrons de bateaux membres de la commission chargée de la visite des huîtrières à Granville (223), Cancale (278), Saint-Malo (315), Dinan (351), Saint-Brieuc (366), Paimpol (381), Tréguier (386), Trieux (393), Roscoff et Morlaix (408), Quimper (445). — Compte à rendre sur la conduite des patrons pendant la pêche des huîtres : — *Granville* (228), *Cancale* (283). — Formalités à remplir par les patrons étrangers pour être admis au dragage des huîtres ou des amendements marins : — *Granville* (230, 231, 232), *Cancale* (285, 286, 287), *Saint-Malo* (318, 319), *Saint-Brieuc* (368, 369, 370), *Tréguier et Trieux* (390, 391, 394), *Brest* (426, 427, 428, 429). — Bulletins de pêche à délivrer aux patrons de bateaux : — *Granville* (233), *Cancale* (288), *Saint-Brieuc* (371). — Obligation qui leur est imposée en ce qui concerne la pêche des huîtres et les marchés : — *Granville* (234), *Cancale* (289). — Deux patrons de bateaux sont membres de la commission des marchés : *Brest* (437); — de la commission chargée de la vérification du compte du caissier des communautés : — *Cancale* (275). — **Voir** *Communautés de pêcheurs, Commissaires de l'inscription maritime, Appareilleurs, Gardes maritimes, Marchés.*

PATRONS DE BATEAUX. — Indemnité de déplacement (223, 278, 351, 366, 381, 408, 445 : *notes*).

PAVILLONS. — Signaux au moyen de pavillons (69, 85). — Pavillon à arborer pour la convocation des pêcheurs d'huîtres de Granville et de Cancale (239, 277, 294).

PÊCHE À LA LIGNE. — **Voir** *Pêche à l'hameçon.*

PÊCHE À L'HAMEÇON. — La pêche à la ligne, à l'hameçon ou aux cordes est permise pendant toute l'année (56, n° 33). — Obligations imposées aux bateaux pêchant aux cordes (199, 200). — **Voir** *Hameçon.*

PÊCHE À PIED. — Période d'interdiction de la pêche à pied des huîtres et des moules; exception (54). — Filets interdits (55, n°s 1, 2, 3, 4 et 5). — Dispositions applicables à la pêche à pied (188). — La pêche des huîtres à pied ne peut se faire qu'à la main (189). — Elle est permise pendant toute l'année dans les quartiers de Granville (211), Saint-Malo (264), Dinan (349). — *Quartier de Granville.* — Défense d'exporter par mer ou de recevoir dans les parcs des huîtres provenant de la pêche à pied ou du rebinage (236, 254). — Saisie et vente des huîtres provenant de la pêche à pied ou du rebinage, déposées dans les parcs (257). — *Sous-quartier de Cancale.* — Huîtres provenant de la pêche à pied : exportations et transport interdits (291). — *Quartier de Morlaix.* — Visite à laquelle sont soumises les huîtres provenant de la pêche à pied (411). — **Voir** *Commissaires de l'inscription maritime, Bêtes de somme.*

PÊCHE AU CHALUT. — Distance des huîtrières à laquelle peut se pratiquer la pêche au chalut; elle est interdite dans les fleuves, rivières et canaux (56, n° 6). — Défense d'exercer la pêche au chalut dans les lieux où se fait la pêche dérivante (84). — **Voir** *Chalut.*

PÊCHE AUX BAS PARCS. — Période d'interdiction (175). — **Voir** *Bas parcs.*

PÊCHE AUX CORDES. — **Voir** *Pêche à l'hameçon.*

PÊCHE DANS LES BASSINS ET DANS LES PORTS DE COMMERCE. — Par qui, à quelles conditions et en faveur de qui cette pêche peut être autorisée (190). — **Voir** *Commissaires de l'inscription maritime.*

PÊCHE DE LA SARDINE. — Ouverture et clôture (47). — Défense de mouiller la nuit dans les lieux où se fait la pêche de la sardine (73). — Achats des produits de pêche par les patrons d'embarcations qui font le commerce de la sardine (74). — **Voir** *Résure.*

PÊCHE DE L'ÉPERLAN BÂTARD. — **Voir** *Pêche du prêtre.*

PÊCHE DES CHEVRETTES. — **Voir** *Bouteux, Chaudières.*

PÊCHE DES COQUILLAGES. — Coquillages dont la pêche est permise toute l'année (55).— Voir *Coquillages.*

PÊCHE DES CRUSTACÉS. — Crustacés dont la pêche est permise toute l'année (55). — Voir *Crustacés.*

PÊCHE DES HOMARDS ET DES LANGOUSTES. — Ouverture et clôture (55). — Permise toute l'année dans les quartiers de Granville (211), Saint-Malo (265), Dinan (349). — Interdite du 30 avril au 1er août dans les quartiers de Saint-Brieuc (364), Paimpol (379), Morlaix (406), Brest (410), Quimper (443). — Voir *Homards, Langoustes.*

PÊCHE DES HUÎTRES. — Ouverture, clôture, interdiction (51). — Permise exclusivement sur les huîtrières déterminées (53). — Désignation des jours de sortie; signal pour commencer et pour finir la pêche (85). — Sortie et rentrée des bateaux (86).— Sortie refusée (87). — Époques d'ouverture et de clôture de la pêche; bancs à exploiter déterminés par arrêtés (94). — Dépôt des dragues après la clôture de la pêche (103). — Dispositions applicables à Régneville (251). — Dans quel cas la pêche doit cesser : — *Cancale* (314). — Dispositions applicables à la pêche des huîtres en rivière du Trieux (394). — Par qui est exercée la surveillance de la pêche des huîtres en rade de Brest (421).— Voir *Dragage, Gardes jurés, Marchands d'huîtres, Huîtres, Tréguier (Rivière de), Bateaux, Huîtrières, Bulletins de pêche, Patrons de bateaux, Marchés, Commissions de visite, Garde-pêche, Pêche à pied, Déclarations.*

PÊCHE DES LANGOUSTES. — Voir *Pêche des homards.*

PÊCHE DES MOULES. — Ouverture et clôture (52).— Permise exclusivement sur les moulières déterminées (53). — Instruments de pêche autorisés (105). — Voir *Pêche à pied, Moules.*

PÊCHE DES POISSONS À CROÛTE. — Poissons à croûte dont la pêche est permise toute l'année (55). — Voir *Claies.*

PÊCHE DES POISSONS D'EAU DOUCE. — Ouverture et clôture de la pêche des poissons d'eau douce qui peuvent se trouver momentanément en aval du point de cessation de la salure des eaux dans les fleuves, rivières et canaux affluant à la mer (49). — Voir *Poissons d'eau douce.*

PÊCHE DU GOÉMON ROUGE. — Pêche du goémon rouge en rade de Brest (420).

PÊCHE DU HARENG. — Ouverture, clôture, interdiction (47). — Voir *Filets.*

PÊCHE DU MAËRL. — Pêche du maërl en rade de Brest (420).

PÊCHE DU MAQUEREAU. — Départ pour la pêche du maquereau des navires inscrits pour des demandes d'huîtres : — *Cancale* (307). — Voir *Filets.*

PÊCHE DU PETIT PRÊTRE. — Voir *Pêche du prêtre.*

PÊCHE DU POISSON FRAIS. — Défenses (71). — Dépôt des dragues à huîtres, lorsque les bateaux sortent pour la pêche du poisson frais (103).

PÊCHE DU PRÊTRE, PETIT PRÊTRE OU ÉPERLAN BÂTARD. — Ouverture et clôture (48).

PÊCHE EN FLOTTE. — Position des pêcheurs arrivant sur les lieux de pêche (61). — Solidarité (64). — Mouillage accidentel (68). — Défense de louvoyer parmi les bateaux pêcheurs (71). — Voir *Garde-pêche, Gardes maritimes, Térébenthine, Feux, Filets.*

PÊCHE FLUVIALE. — (40, § 3, *note*).

PÊCHERIES. — Généralité des dispositions relatives aux pêcheries énoncées au titre IX (58). — Maintien provisoire (144). — Pêcheries non réglementaires (208). — Voir *Goémon de rive, Goémon épave, Dépôts de coquillages.*

PÊCHERIES À GOÉMON. — Interdites (120).

PÊCHERIES À POISSON. — Voir *Dépôts de coquillages.*

PÊCHERIES EN BOIS. — Voir *Bouchots.*

PÊCHERIES EN PIERRE. — Voir *Écluses.*

PÊCHERIES TEMPORAIRES. — Dispositions concernant les pêcheries temporaires (167 à 176). — Voir *Bas parcs, Hauts parcs.*

(1) Les dispositions *soulignées* sont communes au préfet maritime et au chef du service de la marine à Saint-Servan.

Q

R

V

Z

FIN DE LA TABLE ALPHABÉTIQUE ET ANALYTIQUE DES MATIÈRES.

(Extrait de l'édition refondue du *Bulletin officiel de la Marine et des Colonies.*)

www.ingramcontent.com/pod-product-compliance
Ingram Content Group UK Ltd.
Pitfield, Milton Keynes, MK11 3LW, UK
UKHW020152130726
13696UKWH00002B/468

9 782013 690935